नागार्जुन
चुनी हुई रचनाएँ-२

२

नागार्जुन

चुनी हुई रचनाएँ

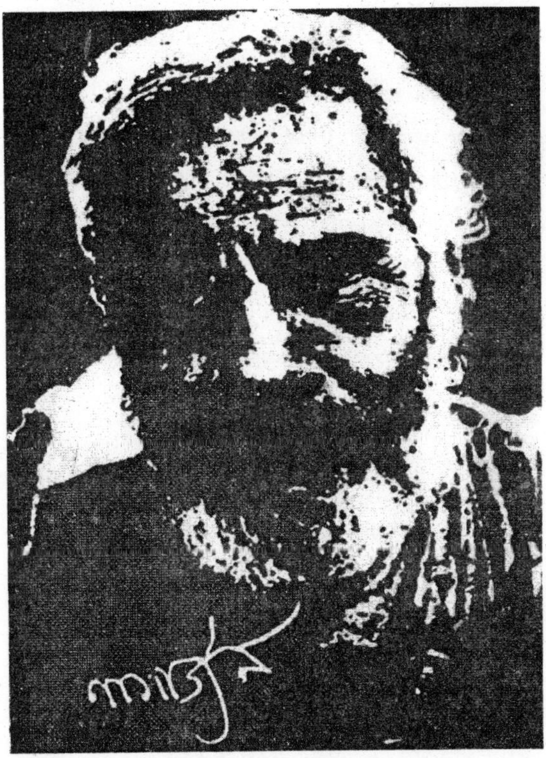

वाणी प्रकाशन
4695, 21-ए, दरियागंज, नयी दिल्ली 110 002
फ़ोन : +91 11 23273167 फ़ैक्स : +91 11 23275710
शाखाएँ
अशोक राजपथ, पटना 800 004, बिहार
कॉफ़ी हाउस कैम्पस, महात्मा गांधी मार्ग, इलाहाबाद 211 001, उत्तर प्रदेश
महात्मा गांधी अन्तरराष्ट्रीय हिन्दी विश्वविद्यालय, वर्धा 442 001, महाराष्ट्र
सुल्तानिया रोड, मोतिया पार्क, भोपाल 462 001, मध्य प्रदेश
www.vaniprakashan.com
marketing@vaniprakashan.in
sales@vaniprakashan.in

NAGARJUN : CHUNI HUYEE RACHNAYEN-2
by Nagarjun

ISBN : 978-93-5000-088-5
Selected works of Nagarjun

प्रथम संस्करण 1985
द्वितीय संस्करण 1999
तृतीय संस्करण 2021

सम्पूर्ण (सेट) मूल्य : ₹ 4500

सिटी प्रेस, दिल्ली-110 095 में मुद्रित

वाणी प्रकाशन का लोगो मक़बूल फ़िदा हुसेन की कूची से

जिनकी उम्र छै महीनोंसे
ज़्यादा की नहीं हुई, मुझे
उन नव-जातकोंकी बोलियोंके
व्याकरण सीखने थे...
मेरी पुतलियां चमकने लगीं,
तूने कहा — "मैं सिखला
दूंगी वो सब..."
कणिका डियर, तू हमारे
परिवारकी कनिष्ठ मेम्बर है।
अब छठा महीना पूरे करेगी...
किलकारियोंका
'शार्ट कोर्स' तू रोज़ ही
मेरे सामने खोलती है...
आगेकी कई सदियोंका
आभास पा रहा हूं इनमें...

कणिका, माई डियर !

कहाँ पैदा हुई थी तेरी मम्मी!
कहाँ पैदा हुए थे तेरे पापा!
और, कहाँ आकर तू पैदा हुई?
सोचता हूँ, भविष्य का मानव
'इन्टर कान्टिनल' होगा... भविष्य की
मानवी 'युनिवर्सल' होगा... और,
तब, आज के साहित्य की
प्रासंगिकता टिक पाएगी क्या?

तू लेकिन अपनी किलकारियों में
ही शायद इन शंकाओं का
समाधान कर रही है!
कणिका, माई डियर...

— नागार्जुन
जुलाई '85.

नागार्जुन की उम्र उस समय तेरह वर्ष की रही होगी। संस्कृत की प्रथम-परीक्षा के बाद अपने गाँव में ही रह रहे थे। अपने ग्रामीण पण्डित अनिरुद्ध मिश्र उन दिनों उस अंचल के विद्वानों में प्रतिष्ठित थे। मिश्रजी ने इस बालक को संस्कृत के कुछ छन्दों की व्यावहारिक शिक्षा दी। इस प्रकार काव्य रचना का आरम्भ संस्कृत के माध्यम से हुआ। उसी क्रम में 1930 तक आते-आते मातृभाषा (मैथिली) से जुड़े। उसका श्रेय पं० सीताराम झा को है। मैथिली संस्कृत एवं हिन्दी काव्य रचना में झा जी को ऊँची प्रतिष्ठा प्राप्त थी। तत्कालीन मैथिली के कवियों में तो झा जी मूर्धन्य थे ही। सम्मानार्थ काशी के विद्वानों ने उन्हें 'कवि-रत्न' की उपाधि दे रखी थी। १९३३ के मध्य में अपने मामाजी के साथ नागार्जुन कलकत्ता रहने लगे तो महामहोपाध्याय पं० सकलनारायण शर्मा (आरा, बिहार वाले) की स्नेहिल छाया सुलभ हुई।

१९३० में प्रकाशित मैथिली में सवैया छन्द के चार टुकड़े प्रकाशित रचनाओं में पहली रचना है।

प्रथम प्रकाशित हिन्दी रचना 'हे राम' लाहौर से प्रकाशित साप्ताहिक 'विश्वबन्धु' में राम-जन्म के अवसर पर १९३५ में छपी थी।

बंगला भाषा तथा उसकी संगीतमयता की पहली छाप नागार्जुन के बाल मन पर आठ वर्ष की उम्र में ही अपने बुआ के घर भागलपुर में पड़ी।

नागार्जुन को हम १९३५-३६ में साहित्य सदन, अबोहर (जिला फिरोजपुर, पंजाब) से प्रकाशित मासिक-पत्रिका 'दीपक' के सम्पादक आचार्य वैद्यनाथ मिश्र के रूप में पाते हैं।

संस्कृत की रचनाएँ गद्य-पद्य—दोनों प्रकार की हैदराबाद (सिन्ध) से प्रकाशित १९४१-४२ की 'कौमुदी' संस्कृत मासिक में पर्याप्त मात्रा में दृष्टिगोचर होती है।

नागार्जुन-यात्री का पहला प्रकाशित काव्य संग्रह 'चित्रा' मूलतः मैथिली-रचित अट्ठाईस कविताओं का था। १९४९ में इलाहाबाद से प्रकाशित मैथिली काव्य रचना का यह विशिष्ट संकलन तब से अब तक बिहार के विभिन्न विश्व-

विद्यालयों के मैथिली आनर्स एवं एम० ए० के पाठ्यक्रमों में रहता आया है। इससे काफी पूर्व १६४१ में 'बूढ़ वर' एवं 'विलाप' नाम से मैथिली के दो बुकलेट ट्रेन में घूम-घूमकर बेचने के लिए छपवाईं। यह प्रयोग सफल रहा।

१६४८ में शुरू में गाँधी हत्या के डेढ़ सप्ताह के अन्दर रचित क्षोभव्यंजक चार रचनाएँ (शपथ आदि) हिन्दी दैनिक जनशक्ति (पटना) में छपती गईं और वर्जित रचनाओं की कोटि में डालकर तात्कालीन प्रशासन ने अपने ढंग से इन कविताओं को 'सम्मानित' किया। १६५२ में प्रथम आम चुनाव के समय 'चना जोर गरम' वाली शैली में इसी नाम से बुकलेट इलाहाबाद से प्रकाशित किया गया।

१६५३ मूलतः हिन्दी रचित कविताओं का पहला संग्रह 'युगधारा' का इलाहाबाद प्रकाशन हुआ।

युगधारा से लेकर अब तक निम्न काव्य संग्रह छप चुके हैं—

१. बूढ़वर ('४१, मैथिली बुकलेट)
२. विलाप ('४१, मैथिली बुकलेट)
३. शपथ ('४८, हिन्दी बुकलेट)
४. चित्रा ('४६, मैथिली काव्य संग्रह)
५. चना जोर गरम ('५२, हिन्दी बुकलेट)
६. युगधारा ('५३, हिन्दी बुकलेट)
७. खून और शोले ('५५, हिन्दी बुकलेट)
८. प्रेत का बयान ('५७, हिन्दी बुकलेट)
६. सतरंगे पंखोंवाली ('५६, हिन्दी काव्य संग्रह)
१०. प्यासी पथराई आँखें ('६२, हिन्दी काव्य संग्रह)
११. पत्रहीन नग्न गाछ ('६७, मैथिली काव्य संग्रह)
१२. अब तो बन्द करो हे देवी, यह चुनाव का प्रहसन, ('७१, हिन्दी बुकलेट)
१३. तालाब की मछलियाँ ('७४, हिन्दी काव्य संग्रह)
१४. चन्दना ('७६, हिन्दी काव्य संग्रह)
१५. तुमने कहा था ('८०, हिन्दी काव्य संग्रह)
१६. खिचड़ी विप्लव देखा हमने ('८०, हिन्दी काव्य संग्रह)
१७. हजार-हजार बाहों वाली ('८१, हिन्दी काव्य संग्रह)
१८. पुरानी जूतियों का कोरस ('८३, हिन्दी काव्य संग्रह)
१६. रत्नगर्भ ('८४, हिन्दी काव्य संग्रह)
२०. ऐसे भी हम क्या! ऐसे भी तुम क्या ('८५, हिन्दी काव्य संग्रह)

'मेघदूत' का हिन्दी रूपान्तर १६५३-५४ में किया गया। पुस्तकाकार के रूप में 'मेघदूत' १६५५ में प्रकाशित हुआ।

मूलतः बंगला और संस्कृत में रचित रचनाओं का संग्रह देखने नहीं आई है। यद्यपि पर्याप्त मात्रा में इन दोनों भाषाओं की रचनाएँ हैं। कापियाँ खोती रहती हैं। रचनाओं का प्रणयन होता रहा है। एक घुमक्कड़ के अन्दर जो लापरवाहियाँ सम्भाव्य हैं, उनका ज्वलन्त सबूत नागार्जुन स्वयं हैं।

मैथिली-बंगला और संस्कृत की रचनाओं के कतिपय नमूने जानबूझकर यहाँ अपने मौलिक रूप में डाल दी गई हैं, इसके लिए कवि का स्वयं ही आग्रह था।

—शोभाकान्त

भूमिका

नागार्जुन : हमारे लिए यह कोई अपरिचित नाम नहीं है जिसकी रचनाओं को या जिसे किसी भूमिका की दरकार हो। नागार्जुन नाम है एक जीवित रचनाशीलता का, जीवित—मात्र जिन्दा के अर्थ में नहीं, अच्छी तरह, भरे-पूरे रूप में, एक मुकम्मल आदमी की तरह जिन्दा रहने के अर्थ में, शब्द-स्पर्श-रूप-रस और गन्ध की सारी न्यामतों को भोगते हुए, मन और विवेक की पूरी सजगता और सक्रियता के बीच, मानवीय जीवन के प्रति गहरे सम्वेदनात्मक लगाव के साथ उसे सही अर्थों में मानवीय बनाने के सारे प्रयासों, स्वप्नों और संघर्षों में दूसरों के साथ भागीदारी निभाते हुए जीने के अर्थ में। सचमुच, जब-जब नागार्जुन का नाम सामने आता है उसके साथ लगा चला आता है एक ऐसा बहुआयामी, जीवित और जाग्रत रचना-संसार, जो अनन्त रूपात्मक है अनेक भावात्मक है, बड़ा ही कठोर, बड़ा ही कोमल, बहुत गहरा और कहीं-कहीं बहुत हलका, एक बड़े सजग और जाग्रत विवेक वाले बड़े मनमौजी और बहुत सम्वेदनशील, बड़े फक्कड़ और बड़े जिम्मेदार आदमी तथा सर्जक का रचना-संसार वास्तविक अर्थों : में एक कृती कवि की दुनिया, क्योंकि हम जानते हैं कि रचना करने का दावा करने वाले सभी रचनाकार नहीं होते, सभी कृती नहीं होते, सभी प्रजापति नहीं होते। नागार्जुन चूंकि वास्तविक अर्थों में सर्जक हैं, रचनाकार हैं, अतएव उनके रचना-संसार से होकर गुजरना अपने में एक अद्वितीय अनुभव है, बड़े सुख का क्षण है, जहाँ से होकर गुजरने वाले को खोना कुछ नहीं, पाना-ही-पाना है। नागार्जुन की रचनाओं से होकर गुजरने के माने हैं अपने को, अपनी मनुष्यता को समृद्ध करना, अपने साहित्य-विवेक और काव्य-विवेक को कसौटी पर उतारते हुए उसे चमकाना, माँजना और निखारना, एक नई ऊर्जा से ऊर्जस्वित होना, अपनी परम्परा तथा अपने वर्तमान परिवेश के गहरे अहसास से युक्त होना और आमूल सामाजिक बदलाव की एक चल रही मुहिम में करोड़ों-करोड़ साधारण जनता के हित में शरीक होना, वह सब कुछ पाने का हौंसला रखना जिसके बिना एक भरी-पूरी सार्थक मानवीय जिन्दगी को नहीं जिया जा सकता। ये बातें मैं नागार्जुन या उनकी सर्जना की प्रशंसा में नहीं कह रहा, ये उनसे जुड़ी ऐसी सच्चाई हैं जो हिन्दी भाषी, मैथिल भाषी, बंगला भाषी तथा भारत की दूसरी भाषाओं के विशाल कविता प्रेमी पाठक समाज के दिल-दिमाग पर नक्श हो चुकी हैं, और महज कविता-प्रेमी पाठक समाज के दिल और दिमाग पर ही नहीं, खेतों में काम करने वाले, कल-कारखानों में ड्यूटी बजाने वाले होटलों-दूकानों, गली-बाजार,

चौराहों-नुक्कड़ों अथवा मध्यवर्गीय और निम्न मध्यवर्गीय घर-परिवारों से जुड़े, नाना कामों तथा नाना पेशों में लगे हुए एक बहुत बड़े जन समाज के दिल-दिमाग पर भी नक्श है, जो शायद कविता-प्रेमी पाठक समाज से कई गुना बड़ा मनुष्य-समाज है। मिथिला वाले उन्हें वैद्यनाथ मिसिर या यात्री के नाम से जानते हैं, तो हिन्दी प्रदेश में वे नागार्जुन, बाबा, नागा बाबा, आदि नामों से पुकारे जाते हैं, और यही नहीं, उनके और-और सम्बोधन तथा अभिधान भी हैं। बहुत बड़ा परिवार है, नागार्जुन का, जो देश-भर में फैला है। ऐसे व्यक्ति और ऐसे रचनाकार की सर्जना पर कुछ लिखना सचमुच में एक सुखद अनुभव है।

प्रस्तुत संकलन में नागार्जुन की प्रारम्भ से लेकर अब तक की चुनी हुई प्रतिनिधि कविताएँ संकलित हैं। नागार्जुन का पहला कविता संकलन था 'युगधारा' और हाल का संकलन है 'ऐसे भी हम क्या! ऐसे भी तुम क्या!!' उनकी सभी कविताएँ अभी संग्रहीत होकर संकलन के रूप में नहीं आई हैं। संकलनों के प्रकाशन-क्रम और काल को केन्द्र बनाकर नागार्जुन की कविता के विकास का अध्ययन नहीं किया जा सकता, कारण कई संकलन पुराने संकलनों की कविताओं को लिए हुए हैं, कई में पुरानी-नई कविताएँ एक साथ हैं। नागार्जुन की कविता के विकास का अध्ययन किया जा सकता है, कविताओं के साथ दिए गए प्रकाशन-काल की दृष्टि से। कविताएँ भले ही पहले या बाद के संकलनों में आती रही हों उनका रचनाकाल ध्यान रखकर दिया गया है ताकि पता चल सके कि कौन-सी रचना सबसे पहले कब लिखी गई। अब तक कुल मिलाकर नागार्जुन के निम्न-लिखित कविता संकलन प्रकाशित हुए हैं—१. युगधारा, २. सतरंगे पंखों वाली, ३. प्यासी पथराई आँखें, ४. तालाब की मछलियाँ तथा अन्य कविताएँ, ५. हजार-हजार बाँहों वाली, ६. खिचड़ी विप्लव देखा हमने, ७. तुमने कहा था ८. पुरानी जूतियों का कोरस ९. ऐसे भी हम क्या…ऐसे भी तुम क्या। जैसा कहा गया, इन संकलनों में नई रचनाओं के साथ पुरानी रचनाएँ भी मिलेंगी। [वस्तुतः 'युगधारा', 'सतरंगे पंखों वाली' और 'प्यासी पथराई आँखों' तक तो क्रम ठीक चलता है परन्तु उसके बाद बिगड़ जाता है। 'सतरंगे पंखों वाली' तथा 'प्यासी पथराई आँखों' की कुछ रचनाएँ बाद के संग्रहों में आती हैं, 'तालाब की मछलियाँ' संग्रह की सारी रचनाएँ बाद के संकलनों में आ जाती हैं और इस संग्रह को फिर नहीं छापा जाता। 'युगधारा' तो लम्बे अन्तराल के बाद दुबारा छपती है, परन्तु इन संकलनों के आलावा नागार्जुन के कुछ पैम्फलेट-नुमा कविता-संकलन भी समय-समय पर प्रकाशित हुए हैं, मसलन, 'प्रेत का बयान', 'अन्न पचीसी' आदि, किन्तु बाद के संकलनों में इनकी रचनाएँ शामिल कर ली गई हैं। हमारे कहने का कुल तात्पर्य यहाँ इतना ही है कि नागार्जुन की रचनाशीलता का पुस्तकों के रूप में व्यवस्थित प्रकाशन नहीं हो सका। पत्र-पत्रिकाओं में वे लगातार छपती गई और ढूँढ़-ढाँढ़कर उन्हें संकलित किया जाता रहा है। बहुत बड़ी संख्या ऐसी रचनाओं की है जो आज भी पत्र-पत्रिकाओं में बिखरी पड़ी हैं, उन्हें ढूँढ़ा और

संकलित नहीं किया जा सका है। बहुत-सी रचनाएँ खो गई हैं। बाबा की आदत डायरी में तमाम-तमाम कविताएँ लिख लेने की है। नई रचनाएँ भी पहले डायरी में आती हैं, फिर पत्र-पत्रिकाओं को प्रकाशन के लिए भेजी जाती हैं। नागार्जुन घुमन्तू जीव हैं। एकाधिक बार यात्राओं में उनकी डायरियाँ खो गई हैं और पहले की प्रसिद्ध रचनाओं के साथ ताजा रचनाएँ भी हमारे समक्ष आने से वंचित हो गई हैं। यह है नागार्जुन की रचनाओं और उनके प्रकाशन का हाल। परन्तु इस स्थिति का दायित्व शायद नागार्जुन पर नहीं, हम पर है, हमारी व्यवस्था पर है।

पहले की लिखी गई अपनी बात को दुहराते हुए कहूँगा कि इतने विराट प्रगतिशील आन्दोलन और विराट जन-समर्थन के बावजूद हम इस बात की व्यवस्था नहीं कर पाए कि प्रगतिशील रचनाकारों के कृति व का, महत्त्वपूर्ण कृतित्व का प्रकाशन तथा उसकी समुचित वितरण व्यवस्था हो, अपनी रचनाओं के प्रकाशन के हेतु प्रगतिशील रचनाकारों को व्यक्तिगत प्रकाशकों के दरवाजे न खटखटाने पड़ें ? अपने सीमित साधन जोड़-बटोरकर उन्हें स्वत: अपनी रचनाओं के प्रकाशन की व्यवस्था न करनी पड़े, उनकी रचनाएँ प्रकाश देखने को न रह जायँ। जबकि हुआ यही कि न केवल प्रगतिशील रचनाकारों, महत्त्वपूर्ण रचनाकारों, की रचनाएँ प्रकाशन से रह गईं, वे इतनी बेतरतीब प्रकाशित हुईं कि उनका सही जायजा भी समय पर नहीं लिया जा सका। प्रगतिशील रचनाशीलता के प्रचार-प्रसार तथा रचनाकारों के मनोबल को बनाए रखने में महत्त्वपूर्ण भूमिका निभाई गैर-व्यवसायी पत्र-पत्रिकाओं ने, जिनके माध्यम से हमें निरन्तर प्रगतिशील रचनाशीलता की बानगी मिलती रही, और आज जबकि एक संगठित प्रयास के तहत हम प्रगतिशील रचनाकारों के कृतित्व का एक अंश प्रकाशित करने का उपक्रम कर रहे हैं, हमें इन पत्र-पत्रिकाओं के पिछले अंकों को ढूंढ़ना-उलटना पड़ रहा है, ताकि हम रचनाओं को एकत्र कर सकें। वे मिल भी जाती हैं, और नहीं भी मिल पातीं। स्वत: नागार्जुन की ढेरों रचनाएँ, कुछ प्रसिद्ध रचनाएँ तक, अप्राप्य हैं।

बहरहाल, जैसा और जो कुछ सम्भव और प्राप्य है, प्रकाशित और उपलब्ध रहा है, उसी को आधार बनाकर नागार्जुन की प्रतिनिधि काव्य रचनाओं का यह संकलन तैयार हुआ है। ग्रन्थावलियों और रचनावलियों के वर्तमान माहौल में नागार्जुन की महज प्रतिनिधि रचनाओं के इस संकलन के पीछे तर्क यह है कि नागार्जुन, जैसा कि हम कह चुके हैं, एक जीवित रचनाशीलता के प्रतीक हैं, उनकी सर्जना आधी शताब्दी के समय को समेटते हुए भी अपने तरोताजा रूप में आज भी जारी है। वे अपने को दुहरा नहीं रहे, सर्जनशीलता तथा उम्र के इस दौर में भी नई राहें खोज रहे हैं, नए अनुभवों को वाणी दे रहे हैं, नई स्थितियों का साक्षात्कार कर रहे हैं, सामाजिक यथार्थ के रू-ब-रू होकर उससे टकरा रहे हैं, उसे बदलने के संघर्ष में शिरकत कर रहे हैं, हिरावल में रहकर, अन्यों के साथ कन्धे

से-कन्धा भिड़ाकर। उनकी ज्ञानेन्द्रियाँ अभी भी पूरी तरह सजग तथा मन और विवेक पूरी तरह जाग्रत है। उनसे निरंतर हमने जो कुछ पाया है उससे आगे की चीज पाने के लिए अभी हम प्रतीक्षारत हैं, अतएव सम्पूर्ण रचनावली का कोई सवाल ही नहीं उठता। जरूरत उनकी रचनाओं के प्रतिनिधि संकलनों की है ताकि हम उनकी रचनाशीलता के अब तक के विकास को उसके प्रतिनिधि रूप में देख सकें और महज उसके आस्वाद में नहीं, उससे उपजी प्रेरणाओं में अपने मन, वचन तथा कर्म के साथ शिरकत कर सकें।

प्रस्तुत संकलन में नागार्जुन की बहुआयामी कविता अपने सारे तेवरों के साथ मौजूद है। इस कविता पर रचनाकार नागार्जुन के बहुआयामी व्यक्तित्व की छाप गहराई से अंकित है। इन कविताओं का संसार कोई सीमित संसार नहीं है। जिसे आचार्य रामचन्द्र शुक्ल ने नर जगत, नरेतर बाह्य जगत और उससे भी आगे समूचे चराचर जगत की संज्ञा दी है, नागार्जुन की कविता इन सबको अपनी परिधि में समेटती है। असाधारण और साधारण सब उसके दायरे में हैं, और सबके भीतर एक ऐसे रचनाकार की मानवीय सम्वेदना का तार विद्यमान है जो इस अनंत रूपात्मक जगत की अनेक रूपा भावराशि को संजोए उसके एक-एक स्पन्दन से स्पन्दित है, उसकी एक-एक गति से गतिवान है और उसके एक-एक परिदृश्य से अपने मन तथा ज्ञान की सारी इंद्रियों की सजगता मे एकात्म है। इस संकलन में ऐसी रचनाएँ भी हैं जो नागार्जुन की वैयक्तिक सम्वेदना के मार्मिक अंशों को उजगार करती है तथा इसमें वे कविताएँ भी हैं जो नागार्जुन की कवि सम्वेदना के प्रशस्त सामाजिक सरोकारों को वैश्विक स्तर तक पहुँचते हुए हमारे सामने उद्‌धाटित करती है। जिन कविताओं में कवि की निजी सम्वेदनाएँ मुखरित हुई हैं वहाँ भी कवि निजबद्ध नहीं है, नितान्त मानवीय है अपने को बाहर की दुनिया से भी जोड़े हुए है। अपने अंचल तथा अपनी धरती से घनिष्ठ रूप में जुड़ा होकर भी वह आंचलिक नहीं है, अपने राष्ट्र से एकात्म होते हुए भी राष्ट्र की सीमाओं में बद्ध नहीं है। वह आंचलिक और राष्ट्रीय होते हुए भी अन्तर्राष्ट्रीय है, साधारण जन का है, वह कहीं का भी जन क्यों न हो। उसके लिए 'सबै भूमि गोपाल की है' नागार्जुन ने कुछ कविताएँ दाम्पत्य प्रेम की भी लिखी हैं। उनकी 'सिन्दूर तिलकित भाल' कविता तो काफी प्रसिद्ध है परन्तु 'यह तुम थीं' कविता से कदाचित् पाठक उतना परिचित नहीं है। दाम्पत्य प्रेम को अभिव्यक्ति देने वाली कविताएँ और भी हैं, कुछ बंगला भाषा में भी हैं। दाम्पत्य प्रेम की इन कविताओं की चर्चा हम आगे करेंगे, यहाँ महज इतना ही कहना है कि दाम्पत्य प्रेम की इन कविताओं में भी दम्पति का एकालाप नहीं है, सब कुछ को परे हटाकर, दीन-दुनिया से बेखबर, अपना एक अलग संसार बसाने की रोमानी मानसिकता नहीं, यहाँ भी अपनी धरती, घर-द्वार, गाँव-जवार के आत्मीयों का स्नेहपूर्ण स्मरण और उनके साथ भी एक मार्मिक सम्वाद है। हमने कोशिश की है कि नागार्जुन अपने पूरे तेवरों के साथ संकलन में आएँ अपने पाठकों से बात करें, ताकि उनके

पाठक उन्हें उनकी सम्पूर्णता में पहचान सकें।

संकलन की कविताओं को हमने विषय के अनुसार बाँटने की कोशिश नहीं की है। फिर भी, नागार्जुन के कवि के भिन्न-भिन्न तेवर उन विषयों से हमारी पहचान जरूर कराएँगे। मसलन, संकलन में कुछ कविताएँ ऐसी हैं जो व्यक्तियों को सम्बोधित हैं या उन पर लिखी गईं हैं। इनमें देश-विदेश के राजनेता हैं, कवि-कलाकार हैं, विचारक-मनीषी हैं। कुछ नागार्जुन के पूर्ववर्ती हैं, कुछ समकालीन, कुछ उनके श्रद्धेय, कुछ नितान्त आत्मीय। कुछ के प्रति उनका श्रद्धा-सम्मान व्यक्त हुआ है, कुछ के प्रति उनका प्यार और आत्मीयता, किन्तु वे सब ऐसे हैं जिनकी चिन्ता समूची मनुष्यता के प्रति रही है। ये रचनाएँ उस प्रकार की औपचारिक रचनाएँ नहीं हैं जो किसी लाभ-लोभ से प्रेरित होकर तथाकथित बड़ों के प्रति लिखी जाती हैं या जिनमें किसी बड़े का उसके जन्म दिन या अन्य किसी विशिष्ट अवसर पर अतिरंजनापूर्ण स्मरण कर औपचारिकता का निर्वाह करते हुए छुट्टी पा ली जाती है, जो निहायत ठण्डे किस्म की निर्जीव कविताएं होती हैं। नागार्जुन रस्म-अदायगी करने वाले रचनाकार नहीं हैं और ऐसी कविताओं में भी वे अपने रचनाकार की समूची ऊर्जा के साथ हमसे मुखातिब होते हैं। ये कविताएँ जनकवि नागार्जुन की प्रणति हैं अपने बड़ों के प्रति, सच्चे अर्थों में श्रद्धेयों के प्रति, ये उनकी निश्चल आत्मीयता तथा स्नेह से सिक्त रचनाएँ हैं अपने समवयस्कों तथा अपने से छोटों के प्रति। अनुभूति और विचार के गहरे तालमेल मे लिखी गई कविताएँ हैं, एक निहायत आत्मसम्मानित कवि की निश्छल अभिव्यक्तियाँ हैं, और ऐसों को ही सम्बोध्य हैं जिनसे सही मायनों में कवि ने कुछ बहुत मूल्यवान पाया है और सँजोया है। ये उन मूल्यों और निष्ठाओं के प्रति समर्पित कविताएँ हैं जिन्हें नागार्जुन के आदर और स्नेह के पात्र इन व्यक्तियों ने जिया है। इनमें रवि बाबू हैं, कालिदास हैं, महात्मा गाँधी हैं, भारतेन्दु और निराला हैं, केदारनाथ अग्रवाल हैं और हाँ राजकमल चौधरी भी हैं, हिन्दी का बोहेमियन, बीट, गुमराह, पथभ्रष्ट, चरित्र-भ्रष्ट और आत्मघाती रचनाकार राजकमल चौधरी, जो अपने विद्रोह को अतिवाद तक जरूर ले गया, आत्मघात के स्तर तक पहुँच गया परन्तु जिसके मन में इस भद्दी अमानवीय दुनिया को खूबसूरत और बेहतर बनाने की, मानवीय दुनिया बनाने की बड़ी गहरी आकांक्षा थी, जो एक पारिवारिक जिन्दगी जीना चाहता था, जिसे अपनी सन्तान से और दुनिया-भर के बच्चों से, मजलूमों से, बेहद प्यार था और जो समाज की अनीति और अन्याय को देखकर, व्यवस्था की गलाजत को देखकर और अनुभव कर, क्रोध से, खीझ से पागल हो जाता था, बहक जाता था, नियन्त्रण खो देता था, गुमराह हो जाता था। परन्तु उससे जुड़ी सारी विकृति उसके मन-प्राणों की उस लालसा को दबा नहीं सकी कि दुनिया सचमुच में इन्सानों के रहने योग्य बने, मक्कारों और धूर्तों से, उठाईगीरी और मौत के सौदागारों से मुक्त हो। जो सचमुच में जीनियस था, भले ही पथभ्रष्ट जीनियस, और जो भले ही अपने अतिवादों के

चलते अकाल ही हमारे बीच से उठ गया। नागार्जुन ने उसका बड़े प्यार से, उस 'दुष्ट' का बड़े प्यार से स्मरण किया है, उसे अपना स्नेह दिया है। रवि बाबू में उन्हें करीम चाचा की याद आती है, उनकी कविताओं में वे समूची मनुष्यता के प्रति प्रेम और समर्पण का भाव देखते हैं, उनके प्रति इस कारण विनत होते हैं कि सम्पन्नता भी उनकी मानवीय सम्वेदना को मद्धिम न कर सकी, उनसे मात्र यही आशिष माँगते हैं कि अपनी निर्धनता के बावजूद, अपनी अकिंचनता में भी वे अपना आत्मसम्मान बनाए रखें, पथभ्रष्ट न हों। निराला का जीवन उन्हें संघर्ष में भी अडिग रहने की प्रेरणा देता है, और कामरेड लेनिन में उन्हें संतप्त मनुष्यता की मुक्ति के मसीहा के दर्शन होते हैं। कहने का मतलब यह है कि नागार्जुन की ये कविताएँ बड़े सात्विक मनोभाव में जन्मी कविताएं हैं। इन कविताओं में कवि की मनःस्थिति अनेक तेवरों में अपने को अभिव्यक्त करती है जिन्हें इनकी भाषा तथा शैलीगत भंगिमाओं में लक्ष्य किया जा सकता है। केदार नागार्जुन के आत्मीय हैं और उन पर लिखी गई उनकी कविता अनेक अर्थों में एक विशिष्ट कविता है। अपने समानधर्मा, समवयस्क, समकालीन रचनाकार के प्रति ऐसी निश्छल हार्दिकता कम ही दिखाई देगी। केदार पर लिखते हुए नागार्जुन जैसे स्वयं केदारमय हो गए हैं और बिना किसी अतिरंजना के उन्होंने बुन्देलखण्ड की धरती के इस कवि को उसकी धरती के सारे ऐतिहासिक और भौगोलिक वैशिष्ट्य के साथ उसके अन्तर्बाह्य की समूची वास्तविकता में बड़े ही मनयोग से प्रस्तुत किया है। कविता लम्बी है परन्तु अपनी आन्तरिक लय में अटूट और एकतान। नागार्जुन की कल्पना, यथार्थ का उनका पर्यवेक्षण, अनुभूति और विचार की समरसता को सही फलश्रुति तक पहुँचाने वाली उनकी रचना प्रक्रिया तथा आकांक्षित को समूची भास्वरता तथा काव्यात्मक वैशिष्ट्य के साथ प्रस्तुत कर देने वाली उनकी चित्रात्मक भाषा और शैली कितनी प्रभावी है इसका उदाहरण उनकी यह कविता है— केन कूल की काली मिट्टी वह भी तुम हो···

और भी कविताएँ जो व्यक्तियों के बारे में इस संकलन में हैं, नागार्जुन की कवि प्रतिभा को अपने सन्दर्भों में उजागर करती है।

नागार्जुन हिन्दी कविता में एक व्यंग्यकार के रूप में, विशेष रूप से जाने जाते हैं। सामाजिक व्यंग्य की जो परम्परा भारतेन्दु युग के बाद अवरुद्ध हुई-सी जान पड़ती थी कविता के प्रगतिशील, यथार्थवादी युग में आकर नागार्जुन तथा दूसरों के द्वारा वह फिर से जीवन्त हुई, इसे हिन्दी कविता के लिए बहुत शुभ मानना चाहिए। यथार्थ की जमीन पर ही व्यंग्य अपने पाँव रोपता है और जैसे ही हिन्दी कविता का छायावाद के परवर्ती दौर में यथार्थ से साक्षात्कार होता है व्यंग्य का रूप भी उभर उठता है। 'ग्रामदेवता' कविता में कोमलकान्त कल्पना के लिए विख्यात पन्त व्यंग्य की जमीन पर उतरते हैं और कहने की बात नहीं कि उनका व्यंग्य उनकी तमाम सारी कोमल कल्पनाओं को मात देता है। निराला सन् ३६ के बाद व्यंग्य के क्षेत्र में बड़ी सामर्थ्य के साथ आते हैं और उसे एक

मानक ऊँचाई पर पहुँचाते हैं। नागार्जुन में निराला और भारतेन्दु की यही व्यंग्य परम्परा अपनी नई जमीन पाती है। नई जमीन इसलिए कि नागार्जुन एक प्रतिबद्ध रचनाकार हैं और उनकी प्रतिबद्धता साधारण जन को मुक्ति के वैज्ञानिक दर्शन से है, फलतः साधारण जन के दुख दैन्य तथा शोषणमूलक व्यवस्था की उनकी समझ बहुत साफ समझ है और जब एक गहरी मानवीय करुणा के तहत वे साधारण जन के यातना के जिम्मेदार वर्तमान शोषणमूलक समाज व्यवस्था के हिमायतियों पर वज्र बनकर टूटते हैं, उठाईगीरों के शासन तन्त्र पर, युद्धखोरों के युद्धोन्माद पर तथा पाखण्डियों और धूर्तों के समाज तन्त्र पर तिलमिला देने वाले व्यंग्य-बाणों की बौछार करते हैं, उनके मुखौटों को उतारते हुए, उनके ऊपर चढ़े सभ्यता के लिबास को तार-तार करते हुए उनकी असलियत खोलते हैं, उन्हें सबके सामने नंगा करते हैं, उनकी मखौल उड़ाते हैं, उन पर फब्तियाँ कसते हैं, चिकोटियाँ काटते हैं, तो यह सब कुछ एक बड़े लक्ष्य के लिए करते हैं, बड़ी गहरी सम्वेदना के तहत करते हैं, बड़े मानवीय सरोकारों के तहत करते हैं। सामन्तवादी-साम्राज्यवादी-पूंजीवादी गठजोड़ का भंडाफोड़ करने वाले, देशी-विदेशी शासक-शोषक वर्गों के कुचक्र का पर्दाफाश करने वाले, साधारण जन के दुख-दर्द से प्रेरित नागार्जुन के ये व्यंग्य हिन्दी कविता की बड़ी मूल्यवान उपलब्धि हैं। सामाजिक यथार्थ के उदघाटन के बड़े सशक्त माध्यम के रूप में नागार्जुन ने इन व्यंग्यों का इस्तेमाल किया है। नागार्जुन यों भी इस हथियार को चलाने में माहिर हैं। नए-नए अंदाज में, विविध प्रकार की मनःस्थितियों में, कभी हल्के-फुल्के, कभी बड़े मारक और गहरे रूप में, कभी क्रोध से आगबबूला होते हुए, कभी मसखरी करते हुए, कभी नितान्त गम्भीर बनकर और कभी निहायत शरारती मुद्रा में पात्र, प्रसंग और अवसर के अनुरूप, भाषा और शैली, लय और तान के अनूठे मेल-मिलाप में वे इन व्यंग्यास्त्रों को चलाते हैं। बहुत बड़ी ताकत हैं उनके ये व्यंग्य, बहुत बड़ी सम्पदा है यह उनकी, उनके मिजाज के सर्वथा अनुरूप, उनकी सामर्थ्य की पूरी अनुकूलता में। आधुनिक कविता के व्यंग्य लेखकों में वे सिरमौर हैं। राजनीति, समाजतन्त्र, अर्थनीति, शासन-तन्त्र, धर्मनीति, देश-विदेश के नेता, समाज के प्रभु, नौकरशाह, थैलीशाह, राजनीतिक छुटभैये, चापलूस, बटमार, साधु-सन्यासी, पीर-फकीर, पण्डित-मौलवी, सब उनके व्यंग्यों की लपेट में आए हैं और सबकी असलियत उन्होंने खोली है। वे आधुनिक कविता के कबीर हैं।

जाहिर है कि जिसके पास व्यंग्यों की इतनी विशाल पूंजी हो, उसमें कुछ अपेक्षाकृत बहुत सीधा तथा सपाट भी शामिल हो गया हो, व्यंग्य व्यंग्य न रहकर अभिधा पर उतर आया हो तो आश्चर्य नहीं होना चाहिए, परन्तु साहित्यिक पैमाने पर उसमें कोर-कसर भले देखी जाए, उनका कथ्य अकाट्य ही रहेगा। परन्तु हम नागार्जुन को उनके उन व्यंग्यों के लिए महत्त्व देते हैं, उनकी उस प्रतिभा के कायल हैं जो अपने युग के बड़े सटीक व्यंग्य लेकर सामने आई है, ऐसे व्यंग्य

जिनकी मिसाल नहीं है, मसलन प्रेत का बयान, मन्त्र, तालाब की मछलियां, मांजो और मांजो, वे और तुम, तो फिर क्या हुआ, घिन तो नहीं आती, आओ रानी, भूले स्वाद बेर के, तीनों बन्दर बापू के, छब्बीस जनवरी पन्द्रह अगस्त जैसी व्यंग्य रचनाएँ भुलाने की चीज़ नहीं हैं। इनके अलावा उनके ढेरों राजनीतिक व्यंग्य हैं जिनका सिरमौर है। उनकी 'शासन की बन्दूक' रचना और फिर इन्दु जी पर लिखी गई उनकी तमाम नुक्कड़ कविताएँ तथा 'बाघिन', 'पैने दांतों वाली' जैसी उनकी रचनाएँ, नेहरू पर 'तुम रह जाते दस साल और' कामराज योजना पर 'खड़ाऊँ थी गद्दी पर' और मोरार जी, गुलजारी लाल नन्दा आदि के अलावा सम्पूर्ण क्रान्ति अथवा खिचड़ी विप्लव पर लिखी गई उनकी छोटी-मझोली रचनाएँ, विदेशी महाप्रभुओं जैसे 'महाप्रभु जानसन' पर लिखी कविता आदि-आदि। हमने कहा है ये सब अलग-अलग मिजाज तथा तेवर की व्यंग्य रचनाएँ हैं और इन व्यंग्यों की परिधि बड़ी व्यापक है। सामाजिक, राजनीतिक व्यंग्यों की इतनी विपुल और इतनी सार्थक सम्पदा आधुनिक युग के किसी भी रचनाकार के पास नहीं है। नागार्जुन ने इस लिहाज से भारतेन्दु और निराला की परम्परा को समृद्ध ही नहीं किया एक नई परम्परा की शुरुआत भी की है।

नागार्जुन देश, जनता तथा धरती के कवि हैं। देश, जनता तथा धरती उनके यहाँ अमूर्त न होकर एकदम सगुण साकार है, अपने समूचेपन में, अपनी पूरी वास्तविकता में। देश उनके लिए महज एक भौगोलिक इकाई ही नहीं एक सजीव सत्ता है जिसे उन्होंने उसकी सारी अच्छाइयों और बुराइयों के साथ जाना-समझा है, पेश किया है। यदि उसके राशि-राशि सौन्दर्य तथा अनन्त रूपात्मक भाव-भंगिमों पर वे अभिभूत और मुग्ध हुए हैं तो उसकी बहुआयामी विकृतियों के प्रति उतनी ही तीखी विरक्ति भी उन्होंने प्रदर्शित की है। देश उनके लिए उसमें बसने वाले जनों से अलग कभी नहीं रहा, देश का जीवन तथा स्पन्दन उन्होंने उसके निवासियों के जीवन तथा स्पन्दन को ही माना है। उसका सौन्दर्य और उसकी कुरूपता उसके लोगों के सौन्दर्य तथा कुरूपता के रूप में ही उन्होंने परिभाषित की है। देश और देश की जनता, देश और देश की धरती, उनके लिए कभी अलग-थलग नहीं रहे। उन्होंने उनके हर्ष-विषाद, सुख-दुख, आशाएँ-आकांक्षाएँ, उनके स्वप्न तथा संघर्ष सबको अपनी अभिव्यक्ति का विषय बनाया है। नगर तथा गाँव सब उनकी दृष्टि की परिधि में रहे हैं और सबको उनके सामाजिक जीवन के संगति में उन्होंने भरपूर देखा, भोगा और जिया है। इनकी पर्त-पर्त से वे वाकिफ हैं, इनके रंग-रेशे से उनका परिचय है। उन्हें इन पर गर्व भी है और कोफ्त भी। किन्तु इनकी जो सारभूत सच्चाई है वह उनकी निगाह से कभी ओझल नहीं हुई। देश तथा धरती के नरक को भोगती हुई, किन्तु उससे उबरने के लिए आकुल और संघर्षरत साधारण जनता के प्रति वे सम्पूर्ण मन, वचन तथा कर्म से समर्पित रहे हैं। जन शक्ति, श्रमजीवी जनता तथा इस जनता के जीवन को उन्होंने निहायत संजीदगी से अपनी समूची मानवीय तथा रचना-

त्मक सम्वेदना से, उससे पूर्णतः एकात्म होकर चित्रित किया है। साधारण जन की व्यथा को, धरती माता के कष्ट को तथा अपने देश की छाती पर अंकित दंशों को उन्होंने बार-बार आकुल होते हुए चूमा, सहलाया और पुचकारा है, आहत हुए हैं उनके दुख-दैन्य से, उल्लसित हुए हैं उनके जागने और करवटें लेने से। वे भागीदार बने हैं, इस देश की धरती और जनता की सार्वत्रिक मुक्ति के प्रत्येक अभियान में, उसके बेहतर जीवन के लिए छेड़े गए हर संग्राम और इसी का परिणाम है देश, धरती और जनता का वह बहुआयामी सामाजिक यथार्थ जो नागार्जुन की कविता में इतने पारदर्शी रूप में सामने आया है कि उनकी कविता सामाजिक यथार्थ की जीती-जागती प्रतिमा बन गई है। संकलन में ऐसी कविताओं की संख्या सबसे अधिक है जो मौजूदा देश-दशा से, यहाँ के निवासियों के बहुरंगी जीवन से, यहाँ की धरती की वस्तुनिष्ठ गाथा से हमें निहायत प्रामाणिक तरीके से परिचित कराती है। इस सामाजिक यथार्थ में, जैसा कि हमने कहा, देश, जनता तथा धरती के सुख-दुख की गाथा ही प्रधान है, सुख-दुख की गाथा के मायने उनके सुख-दुख-भरे जीवन की गाथा। इस सामाजिक यथार्थ में सदियों से वर्गों तथा वर्णों में विभाजित, हमारे देश तथा उसकी जनता का सामाजिक जीवन है, प्रभुओं और प्रभुओं के लिए श्रम करने वालों की दास्तान है, अमीरी और गरीबी के नजारे हैं, सच और झूठ का टकराव है, छल-कपट, फरेब और सत्ता के आतंक का घिनौना रूप है, और उससे जूझते-लड़ते और हार-हारकर भी नए मोर्चे बाँधने वालों का सौन्दर्य है, राजनीति, समाजनीति तथा अर्थनीति की तिकड़में, पहेलियाँ तथा तिलस्म हैं और उनकी गिरफ्त में फँसे, उन्हें खोलने के लिए संकल्पबद्ध साधारण जन की आस्था, विश्वास तथा मेहनत है, हमारे देश तथा धरती को नरक बनाने वालों की साजिश है और इस साजिश को चकनाचूर करने के लिए कटिबद्ध-श्रमरत जनता की अदम्य निष्ठा है, यातना और दुख के बावजूद इसमें साधारण जन के हर्षोल्लास के क्षण हैं, तथा सारी सुविधा को बटोरे रहने के बावजूद जनशक्ति के उफान से घबराए महामहिमों तथा महन्तों के भयभीत चेहरे भी। अकाल, बाढ़, महामारी, दमन-चक्र, अन्याय, अत्याचार की हरिजन गाथाएँ हैं, तो उन्हीं के बीच पैदा हुए कल्कि अवतार की अगवानी भी, जो इस सारे दमन-चक्र के लिए काल स्वरूप है। इसमें शान्ति और अहिंसा की बातें भी हैं, और गोलियाँ तथा बन्दूकों की चर्चा भी। कहने का मतलब यह कि नागार्जुन की कविताओं में सामाजिक यथार्थ का रूप इतना बहुआयामी, बहुरंगी और वैविध्यपूर्ण है कि उसके मध्यम से अपने देश के और विदेश की भी, मौजूदा सम्पूर्ण छवि को बड़ी सफाई और प्रामाणिकता में देखा जा सकता है। ये कविताएँ नहीं, जीती-जागती हकीकतें हैं उस युग और व्यवस्था की, उन लोगों और उनके क्रियाकलापों की, जिनके बीच हम जी रहे हैं, जिनका हम अंग हैं।

नागार्जुन हिन्दी के उन कवियों में हैं जिन्होंने अपनी प्रतिबद्धता को ही नहीं

अपनी पक्षधरता को भी ऐलानिया तौर पर स्पष्ट किया है, और जैसा कि हम कह चुके हैं, यह पक्षधरता है वर्ग-विभक्त मौजूदा समाज व्यवस्था में उनकी ओर से बोलना, उनके अभियानों में, सुख-दुख में, भागीदारी निभाना जो मज़लूम हैं, यातनाग्रस्त हैं, शोषित हैं, सर्वहारा हैं, दलित और पीड़ित हैं। इनकी मुक्ति के लिए, यातना तथा सामाजिक अन्याय से इनकी मुक्ति के लिए, नागार्जुन सदैव हिरावल में शिरकत करने वाले रचनाकार हैं। शालीनता और भलमनसाहती का मुखौटा ओढ़े इनके दुख-दर्द पर महज आँसू बहाने वालों में, परम प्रभु से इनके दुखों को दूर करने की याचना करने वालों में वे नहीं हैं, वे 'एक्शन' के कवि हैं, और लोकतान्त्रिक जन संघर्ष से लेकर गुरिल्ला-मानसिकता में उतरकर वे नए अभियानों की बात करते हुए उनमें कूद पड़ने को भी तत्पर हैं। हमने जिस हरिजन गाथा का जिक्र किया है, सत्ता के सारे दमन-चक्र, तथा आतंक के माहौल में भी उसमें उन्होंने 'मंगल सूत्र' के प्रेमचन्द की भाँति अपने इस विश्वास को व्यक्त किया है कि देवता बने रहने के दिन लद गए। दरिन्दों से जूझने के लिए हथियार भी उठाने होंगे। 'हरिजन गाथा' तथा बिहार के भोजपुर अंचल के नए मुक्ति अभियानों की उनकी तरफदारी उनके साहस और निर्भीकता का ही नहीं, उनकी अदम्य जन-निष्ठा का भी परिचय देती है, इस बात की गवाह है कि कितनी गहरी नफरत और वितृष्णा है उनके मन में अन्याय और अनीति की इस प्रकार की तिजारत करने वालों से। अपनी एक बहुत पुरानी कविता 'वह कौन था' में भी वे रात के अँधेरे में, आतंक और दमन के खिलाफ पोस्टर चिपकाने वाले अज्ञात-अनाम व्यक्ति की चर्चा करते हैं, और इस प्रकार जनमुक्ति के लिए छेड़े गए हर प्रकार के संग्राम में अपने साथी बनने का उद्‌घोष करते हैं। नागार्जुन, सच पूछा जाए तो, हर कोण से निहायत तरोताजा सम्वेदना के धनी हैं। उनकी घुमन्तू जिन्दगी उन्हें हर रोज नए अनुभव देती है और वे कभी भी बासी या पुराने नहीं लगते। उनके समकालीन तथा समवयस्क अनेक कवि जहाँ अब या तो अपने को दुहरा रहे हैं या कविता छोड़कर दूसरे धन्धों में लग गए हैं, नागार्जुन अछूती जिन्दगी के जीवन्त पहलुओं से और जानी-बूझी जिन्दगी के पेचीदे तेवरों से हमें काव्य-शिल्प की नई भंगिमाओं में परिचित करा रहे हैं।

कठोर और कोमल का समन्वित रूप ही नागार्जुन की कविता है और यही नागार्जुन के मनुष्य का परिचय है। अपनी अनेक कविताओं में वे जहाँ नितान्त द्रवणशील, करुणार्द्र तथा अतिशय सम्वेदनशील, कभी-कभी भावुकता के स्तर तक उदार और तरल दिखाई पड़ते हैं, मसलन 'गुलाबी चूड़ियाँ', 'खुब गए दूधिया निगाहों में', 'यह कैसे होगा, यह क्योंकर होगा', 'कैसा लगेगा तुम्हें', 'एक मित्र को पत्र', 'आओ प्रिय आओ', जैसी कविताओं में, वहाँ कुछ दूसरी कविताओं में बेहद कठोर, आक्रामक, दृढ़ और अनमनीय अस्मिता के धनी रचनाकार और व्यक्ति के रूप में सामने आते हैं। उनकी एक कविता है, 'प्रतिहिंसा ही स्थायी भाव है मेरे कवि का', इस कविता में वे अपने को, अपने कवि-स्वभाव

को, अपनी मूलवर्ती कवि-सम्वेदना को परिभाषित करते हैं, अपना सही परिचय देते हैं। शासक-शोषक तन्त्र के खिलाफ उनका गैर समझौतावादी रुख उनके कवि-जीवन के प्रारम्भ से लेकर आज तक वैसा ही विद्यमान है। पश्चिम बंगाल का छद्म चुनाव हो, जिसे उन्होंने प्रहसन की संज्ञा दी है अथवा शासन का जगह-ब-जगह चलने वाला दमन चक्र, उन्होंने उसकी तीव्रतम भर्त्सना की है, उसके हिमायतियों को, वह फिर कितनी भी ऊँची कुर्सी पर क्यों न बैठा हो, एक पल के लिए भी नहीं बख्शा है। नेहरू और इन्दिरा गांधी पर लिखी उनकी कविताएँ, हमारे इस कथन का प्रमाण है कि इस जनकवि को सत्ता का कैसा भी आतंक, कैसा भी प्रलोभन कभी दबा और झुका नहीं पाया। उनके संकल्पों का पैनापन, उनके स्वभाव की दृढ़ता और निर्भीकता तथा अपने लक्ष्य के प्रति उनकी अदम्य निष्ठा का सबसे अच्छा परिचय उनकी ऐसी ही कविताएँ देती हैं जहाँ वे अपनी प्रतिबद्धता और जन पक्षधरता को पूरी ऊर्जा से बड़ी-से-बड़ी चुनौतियाँ के बीच भी अभिव्यक्त करते हैं।

नागार्जुन हिन्दी कविता के मंच पर छायावाद के परवर्ती दौर में आते हैं। संस्कृत, हिन्दी और मैथिल कविता की समृद्ध परम्पराओं को आत्मसात करके निखरा हुआ उनका कवि-व्यक्तित्व उसी समय अलग से ही पहचाना जाने लगता है। चूंकि वे प्रगतिशील आन्दोलन के पहले उत्थान के रचनाकार हैं और प्रारम्भ से ही प्रतिबद्धता की जमीन पर मजबूती से खड़े होकर अपने कवि का परिचय देते हैं अतएव गहरे-से-गहरे रोमानी मूड में भी धरती तथा युग के यथार्थ से वे अलग नहीं हो पाते। कविता के जो शाश्वत विषय माने गए हैं, मसलन प्रेम और प्रकृति आदि, इनके क्षेत्र में उतरते हुए भी, और साधिकार उतरते हुए, वे अपनी पहचान पूर्ववर्ती मानसिकता से भिन्न ही बनाते हैं। हिन्दी-संस्कृत तथा मैथिली भाषा की काव्य-परंपराएँ काव्य सम्वेदना की, काव्य शिल्प की एक विरासत से तो परिचित कराती है किन्तु इस विरासत का वे अपने युग सन्दर्भों में, अपनी दृष्टि के अनुरूप, अपने संकल्पों के तहत ही इस्तेमाल करते हैं, और इसी नाते ये परम्पराए उन पर बोझ नहीं बनतीं, उनसे दूषित नहीं होतीं, उनकी शक्ति बनते हुए उनके द्वारा नई दिशा पाती हैं, नई जमीन पाती हैं, उनसे समृद्ध होती हैं। संस्कृत कविता की क्लासिकल भंगिमाओं को, वे लोक जीवन की अनुकूलता में नया संस्कार देते हैं, और विद्यापति की 'देसिल बयना' को सही मायनों में लोक-लयों की मिठास से भर देते हैं और हिन्दी कविता की भक्तिकाल की समर्पणमयी भावना को किसी अलक्षित सत्ता के स्थान पर सगुण साकार जन देवता से जोड़ते हुए जैसे नई ऊर्जा दे देते हैं। यही नागार्जुन की मौलिकता है, यही उनका प्रदेय है कि वे परम्परा को रूढ़ि न बनने देकर सचमुच में शक्ति का एक स्रोत, नए अभियानों का प्रारम्भ बिन्दु बना देते हैं।

हमने ऊपर कविता के शाश्वत माने जाने वाले विषयों, जैसे प्रेम और प्रकृति का उल्लेख किया है। हमने नागार्जुन के कवि व्यक्तित्व की एक पहचान उनकी

कोमल मृदु सम्वेदनाओं को भी माना है। उनके कठोर रुख पर हमने काफी कुछ कहा है। थोड़ा उनके इस कोमल-मृदु पक्ष को भी देखें और वह भी प्रेम और प्रकृति जैसे विषयों के भीतर।

प्रेम जैसे विषय पर छायावादी कवियों ने भी खूब लिखा है और अपनी रोमानी सम्वेदना के अनुरूप बहुत अच्छा भी लिखा है। प्रेम छायावाद में नारी पुरुष के शारीरिक सम्बन्धों का अतिक्रमण कर आत्मा की गहराइयों तक पहुँचा है, एक दिव्य, अभूतपूर्व दैवी प्रेरणा बन सका है। संयोग और वियोग दोनों आयामों पर वह कलुषित नहीं है, सात्विक ही बना रहा है। एक ऊँचाई दी है उसे छायावाद के प्रसाद, पन्त और निराला जैसे कवियों ने। जहाँ वह लौकिक मानवीय तथा शरीर-सम्बन्धों की व्यंजना करता है वहाँ भी उसका एक स्तर है, वह सांकेतिक है, कुण्ठाहीन है, सच्चे और सात्विक राग से प्रेरित है। अपवादों को छोड़ वह प्राय: परकीया प्रेम ही है या फिर काल्पनिक भावी पत्नी के प्रति, काल्पनिक प्रेयसी के प्रति, और इस ज़मीन पर भी वह बहुत अधिक आदर्शात्मक, बहुत स्वप्निल और बहुत वायवी है। कुल मिलाकर, छायावादी कवियों की प्रेम-भावना सूक्ष्म, सांकेतिक प्लेटोनिक, तथा प्रेम को एक दिव्य प्रेरणा, एक दिव्य अनुभूति मानने की ही है। वहाँ नारी पुरुष के बीच के इस प्रेम को यदि लाँघने की कोशिश हुई है तो या तो रहस्यवाद के अन्तर्गत जहाँ भी वह नारी-पुरुष दायरे में बँधा होते हुए भी ईश्वर या ब्रह्म को ही पुरुष के रूप में मानकर चला है, जैसे महादेवी में। प्रेम का एक और आयाम छायावाद में प्रकृति तथा मानव प्रेम का है, राष्ट्र तथा विश्व प्रेम का है, किन्तु अपनी व्याप्ति में भी उसकी मूलवर्ती जमीन रोमेण्टिक ही है, आदर्शात्मक और वायवी ही है। राष्ट्र या मनुष्य वहाँ अमूर्त्त इकाई के रूप में ही अधिकतर उभरते हैं, जीवित सत्ताओं के रूप में कम। तथापि छायावाद की उपलब्धियों में उसकी प्रेम-विषयक कविताएँ निश्चय ही बहुत महत्त्वपूर्ण हैं। निराला जैसे कवियों में छायावाद की सीमाएँ टूटी भी हैं और प्रेम और भी अधिक मूल्यवान बनकर उनकी रचना में अभिव्यक्त हुआ है। उसमें नए आयाम भी जुड़े हैं। वह वात्सल्य और दाम्पत्य तक भी बड़े समर्थ रूप में पहुँचा है।

प्रगतिशील कविता के युग में कविता का नजरिया ही बदल जाता है और नजरिया बदलने के क्रम में कविता की एक अधिक वास्तविक सजीव दुनिया हमारे सामने खुलती है। प्राय: प्रगतिशील कविता की उपलब्धियों के बारे में पूछा जाता है, इस नीयत से, गोया प्रगतिशील कविता की अपनी कोई खास उपलब्धियाँ न हों, उसे आसानी से उपेक्षा की वस्तु बनाकर छुट्टी पाई जा सकती हो। बात जब सही नीयत से शुरू न होगी तो वह खत्म भी बदनीयती से ही होगी और इसी का परिणाम है कि प्रगतिशील कविता की बात आते ही उसकी जो छवि सामान्य पाठक के मन में उभरती है वह मजदूर-किसानों की दुख और शोषण गाथा की, शोषक सत्ताओं के अन्याय और उन पर आक्रोश बरसाने वाली

कविता की ही छवि होती है। वह राजनीतिक तथा स्थूल सामाजिक विषयों को लेकर चलने वाली कविता की छवि होती है, वह समाजवाद-मार्क्सवाद की विचारधारा से जुड़ी कविता की छवि होती है। प्रगतिशील कविता जीवन की समग्रता की कविता है, वह एक मुकम्मल कविता है जिसके दायरे में मनुष्य का वैयक्तिक और सामाजिक जीवन अपने समूचे अन्तर्बाह्य के साथ अभिव्यक्त हुआ है, प्रगतिशील कविता की इस छवि को जानबूझकर पूर्वाग्रहों के तहत नहीं उभारा गया। कुछेक अपवादों को छोड़ यह नहीं कहा गया कि प्रगतिशील कविता छायावाद के आगे की कड़ी है और उसकी उपलब्धियाँ वस्तु और शिल्प दोनों आयामों पर छायावाद के आगे की उपलब्धियाँ हैं, बल्कि सच्चाई यही है। वह एक जीवन्त दृष्टि की कविता है और दृष्टि की इसकी जीवन्तता ने जीवन के हर पहलू को, जिसे भी उसने छुआ है, एक जीवन्तता दी है, वह व्यक्ति का वैयक्तिक जीवन हो या सामाजिक जीवन। खैर, हम इस बात को आगे न बढ़ाकर महज प्रेम और प्रकृति जैसे विषयों के दायरे में, जिनके सन्दर्भ में छायावादी कविता को अप्रतिम माना गया है, मात्र नागार्जुन कविता का साक्ष्य लेकर यह दिखाना चाहेंगे कि इन क्षेत्रों में भी प्रगतिशील कविता छायावाद के आगे की उपलब्धियाँ कर सकी है, और जो उससे कम मूल्यवान भी नहीं हैं। शेष प्रगतिशीलों की चर्चा हम यहाँ नहीं करेंगे। जिनके काव्य में प्रेम और प्रकृति का पूरा-का-पूरा नया संसार अपनी सारी वास्तविकता में, अपने समूचे सौन्दर्य तथा व्याप्ति में मौजूद है। हम यहाँ अपने को नागार्जुन तक ही सीमित रखेंगे और बताएँगे कि प्रगतिशील कवि महज सामाजिक क्रान्ति पर ही नहीं लिखता, गोकि उस पर भी लिखता है और एक मानवीय जिम्मेदारी के तहत लिखता है, वह व्यक्ति जीवन की कोमल सम्वेदनाओं को भी अपनी दृष्टि तथा सम्वेदना की परिधि में लाता है, और पूरी सामर्थ्य के साथ लाता है।

प्रेम कविताएँ नागार्जुन ने उसके सारे आयामों को मूर्तिमान करते हुए लिखी हैं। उनके यहाँ प्रेम महज स्त्री-पुरुष सम्बन्धों के राग को ही अन्तिम मानकर नहीं रह गया है, बरन् उससे आगे वात्सल्य, अंचल, देश, देश के जन, देश की धरती, मनुष्य और मनुष्य मात्र तक व्याप्त है। यह सब कुछ नागार्जुन में एक बड़े मानवीय तथा सामाजिक आशय के तहत आया है और बड़े विस्तार और गहराई के साथ आया है, इसकी चर्चा हम कर चुके हैं। मनुष्य, देश तथा धरती के प्रति नागार्जुन की प्रेम-भावना से पाठकों का अंतरंग परिचय है, किन्तु 'यह दंतुरित मुस्कान', 'जया' जैसी वात्सल्य की कविताएँ भी भुलाने की चीज नहीं हैं। जहाँ तक स्त्री-पुरुष के बीच के प्रेम-सम्बन्धों का प्रश्न है, सचमुच नागार्जुन ने उसे अधिक नहीं छुआ है, और जहाँ छुआ भी है, वहाँ उसे दाम्पत्य के भीतर ही छुआ है, वास्तविक संवेदनाओं के अन्तर्गत छुआ है। परकीया प्रेम, काल्पनिक प्रेम तथा प्रेम के प्रचलित समारोहों का आयोजन करने का अवकाश ज़रूर उन्हें नहीं रहा परन्तु दाम्पत्य प्रेम को जिन थोड़ी-सी कविताओं में उन्होंने अभिव्यक्ति दी

है वे न केवल उनके हृदय के राग को उसके सम्पूर्ण कोमल-मृदु तन्तुओं के साथ पेश करती हैं, दाम्पत्य को उसकी सही गरिमा भी देती हैं, उसे नितान्त मानवीय तथा वास्तविक बनाकर भी पेश करती हैं। कवि की इस गहरी दाम्पत्य रति को, उसकी निहायत सात्विक निष्ठा को, सात्विक भजन-पूजन वाले अर्थों में नहीं, उसके छलकते छलछलाते प्यार को, उसकी सारी तरलता में देखना हो तो उनकी वह बंगला कविता देखें जिसमें वृद्धावस्था में झड़ चुके केशों वाली अपनी पत्नी प्रिया से कवि पूछता है कि अपनी माँग का वह अंश तो बताओ, जहाँ किसी समय तुम सिन्दूर लगाया करती थी, जो कि अब केशों के झड़ जाने के कारण सपाट हो गया है, या फिर उनकी 'यह तुम थीं' कविता देखें, जो इस संकलन में है और जिसमें बड़े सार्थक बिम्बों में कवि ने जीवन के सान्ध्यकाल में पहुँचे दम्पति के बीच के गहरे प्रेम सम्बन्ध को एक अद्‌भुत जीवनी शक्ति के रूप में पारिभाषित किया है। शुक्लजी ने प्रेम को लम्बे साहचर्य का परिणाम माना है और यह साहचर्य उसे निरन्तर गहराता है, ऐसा भी कहा है। नागार्जुन की ये रचनाएँ लम्बे साहचर्य जनित इस दाम्पत्य प्रेम को उसकी सारी गहराई और ऊर्जा के साथ अभिव्यक्त करती है। उम्र के साथ दम्पति का प्रेम कम नहीं होता, और भी प्रगाढ़ होता है। जीवन में जब किसी ओर से जीने की कोई प्रेरणा नहीं मिल पाती, आगे बस मौत का अन्धकार ही दिखाई देता है, सब उपेक्षित मानकर अलग-थलग हो जाते हैं, अपशकुन मानने लगते हैं, उस समय प्रिया-पत्नी का एक हल्का-सा स्पर्श जैसे जीवन को जीने की एक नई किश्त देता है। जो प्रेरणा, जो किरण अन्धकार को चीरते हुए जीने की आकांक्षा के रूप में मन में कौंध जाती है, वह और कोई नहीं होती, प्रिया ही होती है। 'यह तुम थीं' में 'तुम' भी और कोई नहीं, कवि की प्रिया उसकी पत्नी ही है, और गूलर-कचनार भी और कोई नहीं, अपेक्षित बुढ़ापा ही है, यह कविता दाम्पत्य प्रेम की उन कविताओं में है जिसकी मिसाल नहीं है न छायावाद में और न उसके बाद। 'सिन्दूर तिलकित भाल', कविता अपेक्षाकृत अधिक प्रसिद्ध है जिसमें प्रवास के दिनों में कवि को अपनी प्रियतमा पत्नी और उसके 'सिन्दूर तिलकित भाल' की याद आती है और उसके साथ ही याद आता है अपना प्यारा अंचल, प्यारी धरती, उसके लोग और उसकी प्रकृति, कमल-कुमुदिनि-तालमखान सब। नागार्जुन की ये कविताएँ, जैसा कि हमने कहा, दाम्पत्य की कविताएँ होते हुए भी पति-पत्नी का एकालाप नहीं हैं, रोमानी मानसिकता की कविताएँ नहीं हैं। कवि इनमें भी एक वृहत्तर परिवेश से जुड़ा हुआ है, पूरी आत्मीयता के साथ। प्रिया या पत्नी की याद के साथ वह सबकी याद करता है, ललक पड़ता है प्रिया के अलावा उस धरती का भी सामीप्य पाने के लिए, अपनी उस गँवई पगडण्डी की चन्दन-वर्णी धूल माथे पर लगाने के लिए। यह मानसिकता कुछ वैसी ही है जैसी कालिदास के यक्ष की है जो अपनी प्रिया को सन्देश भेजते हुए मेघ से कहता है कि उन जगहों पर बरस-कर कुछ हलके हो जाना जहाँ किसान-कन्याएँ वर्षा के अभाव में तुम्हारी ओर

नेत्र उठाए हुए देखती हुई मिलें। प्रिया का ध्यान अपनी सारी सघनता के बावजूद कालिदास के यक्ष को बाकी चीजों से असम्पृक्त नहीं कर पाता। यह कालिदास के प्रेम-चित्रण, दाम्पत्य-चित्रण की विशिष्टता है, और यही नागार्जुन के भी दाम्पत्य चित्रण का वैशिष्ट्य है।

प्रकृति नागार्जुन की रचनाओं में अपने सारे रंग रूपों में, सारी मुद्राओं में, सारे संभार के साथ आई है। प्रकृति के प्रति इतना उन्मुक्त और खुला हुआ अनुराग, उसके प्रति इतनी ललक-भरी आत्मीयता, उसके आकाशीय और धरती से जुड़े वैभव की इतनी सूक्ष्म और गहरी पकड़, उसका इतना बारीक और सम्वेदनामय पर्यवेक्षण आधुनिक कविता में कम ही मिलेगा। बहुत बड़ी संख्या है नागार्जुन की प्रकृति कविताओं की, और एक अच्छी-खासी संख्या इस संकलन की कविताओं में भी बानगी के तौर पर है। एक बड़ी प्रसिद्ध कविता है 'अमल धवल गिरि के शिखरों पर बादल को घिरते देखा है'। यह कविता उनके 'युगधारा' संकलन में सबसे पहले प्रकाशित हुई थी। कालिदास के 'कुमार संभवम्' के हिमालय वर्णन से जो लोग वाकिफ हैं वे मेरे इस कथन की ताईद करेंगे कि नागार्जुन की यह कविता अपनी सीमित परिधि में भी हिमालय की वैसी ही अनुभूति देती है और संस्कृत की क्लासिकल शैली की अनुरूपता में उसे और भी प्रगाढ़ कर देती है। परन्तु यह कविता कालिदास की अनुकृति नहीं है, यह नागार्जुन की अपनी देखी हुई प्रकृति है जिसका वे बार-बार उल्लेख करते हैं। कालिदास का यक्ष, उनका रामगिरि, उनकी अलका, उनकी व्योम गंगा तो कल्पित थीं, किन्तु नागार्जुन बड़े विश्वास से कहते हैं कि वे जो कुछ चित्रित कर रहे हैं वह उनका अपना देखा है। बात कालिदास के प्रकृति चित्रण को कल्पित कहने और अपने को वास्तविक बताने की नहीं, बात यह है कि नागार्जुन के यहाँ प्रकृति रोमानी नहीं काल्पनिक नहीं, अलंकारों से सजी-सजाई नहीं, वायवी नहीं, एक सजीव वास्तविकता है, अपने समूचेपन में, अपनी सारी मुद्राओं में। धरती और आकाश, गाँव और नगर, सब तक उनकी व्याप्ति है। प्रकृति के साधारण-असाधारण सारे रूप उनके यहाँ हैं, उसका सौन्दर्य और उसकी कुरूपता, दोनों ही उन्हें प्रिय हैं, उसके मनोहारी रूपों के प्रति भी उनकी अनुरक्ति है और उसके रौद्र रूपों के प्रति भी उनमें दुराव नहीं है। बसन्त, शरद और हेमन्त ऋतुएँ उन्हें जितनी प्रिय हैं, ग्रीष्म, शिशिर, पावस से भी उन्हें उतना ही प्यार है। पावस तो उन्हें बेहद प्रिय है। उसके फलस्वरूप आने वाली बाढ़ तथा महामारियों का चित्रण भी वे करते हैं, जनता के कष्ट से व्यथित भी होते हैं, परन्तु पावस के प्रति उनकी ममता कम नहीं होती। कदाचित् ही आधुनिक युग के किसी कवि ने पावस के कीचड़ का अभिनन्दन किया हो। नागार्जुन 'जय हे कीचड़' नाम से कविता ही नहीं लिखते, पावस पंक की हरिचंदन से उपमा देते हैं। वर्षा पर जितनी कविताएँ नागार्जुन ने उसमें भीगकर लिखी हैं, कम कवियों ने ही लिखी होंगी।

उनकी ढेरों कविताएँ बादल पर हैं। एक का जिक्र हम कर चुके हैं, परन्तु

उनकी संख्या काफी है। उनके यहाँ हर ऋतु के बादल हैं, बादल ही नहीं, बदलियाँ भी हैं, मेघकुल की बदलियाँ, शरारती और बदनाम बदलियाँ, और यही नहीं, घन-कुरंग भी हैं, चौकड़ी भरते हुए घन-कुरंग, शशि से शरमाते हुए घन-कुरंग। नागार्जुन ने बादलों के पूरे परिवार को अपनी कविताओं का विषय बनाया है।

हिमालय और उसके शिखरों से भी नागार्जुन को बेहद मोह है। 'अमल धवल गिरि' शीर्षक कविता के अलावा हिमालय उनकी कविताओं में बराबर मौजूद है। उसकी प्रकृति को बड़े मोहक और वास्तविक रूपरंगों में नागार्जुन ने अपनी तमाम कविताओं में चित्रित किया है और इधर की तमाम कविताएँ अभी संकलनबद्ध भी नहीं हो पाई हैं। प्रस्तुत संकलन में नागार्जुन की प्रकाशित और अप्रकाशित दोनों प्रकार की प्रकृति कविताएँ हैं। हिमालयीन प्रकृति पर लिखते हुए वे देवदारु और चिनार की बात अलग, बच्चा-चिनार को भी नहीं भूल पाए हैं। एक कविता उस पर भी है। बसन्त गोकि उन्हें सबसे ज्यादा प्रिय है परन्तु शिशिर, ग्रीष्म, हेमन्त सब पर उन्होंने लिखा है। एक कविता है 'अबके इस मौसम में कोयल आज बोली है पहली बार'। बसन्त आ चुका है, पर कलमुँही चुपचाप कहीं बैठी निठुराई के खेल देख रही है। न जाने क्या मन में आता है कि अचानक कूक उठती है। सारी कविता बड़ी प्यारी है, और बेमिसाल है। शिशिर विष कन्या का चित्र भी नागार्जुन ने दिया है और ग्रीष्म के दाह दिनों का वर्णन और चित्रण भी उनमें है। वर्षा होते ही पात अपना दाह दिन भूलकर शीतल हो जाते हैं, धुल जाते हैं। नाना प्रकार के पुष्पों कमल कुमुदिनि आदि के साथ उनके यहाँ कदम्ब भी है, डाली-डाली पर कन्दुक के समान झूलते हुए कदम्ब, फूले हुए कदम्ब। रजनीगंधा, हरसिंगार, कचनार सब उनके यहाँ हैं अपना-अपना सौरभ बिखेरते हुए। चाँदनी और धूप के खेल भी उनकी कविताओं में हैं। बोतल के टुकड़ों पर फिसलती-मचलती चाँदनी केदार की बसन्ती हवा की याद दिलाती है। खेत-खलिहान, बीज और अंकुर, हाल के निकले टूसे, अर्ध-विकच कलियाँ, सबको नागार्जुन के प्रकृति प्रेमी मन ने देखा है, उसकी भाषा को पढ़ा है, उनके अन्तरंग को थाहा है। उनकी एक कविता है 'तीन दिन तीन रात'। कविता पूर्णिया के छात्र उपद्रव की है जिसमें बसें जला दी जाती हैं, सारे शहर में तीन दिन तीन रात का कर्फ्यू लग जाता है। आवागमन के साधन बन्द हो जाते हैं। नगर से गाँव की ओर जाने वाली बस भी तीन दिन बन्द रहती है। यह नागार्जुन की सम्वेदनशील कवि प्रतिभा ही है जो इन तीन दिनों पूर्णिया नगर में फैली उदासी तथा मौन के कारण गाँव जाने वाली सड़क के किनारे खड़े पेड़ों के दिल की धड़कन को भी सुन लेते हैं, उनकी व्यथा को भी भाँप लेते हैं। 'पंक्तिबद्ध वृक्षों के दिल भला क्यों न धड़कें तीन दिन तीन रात' पंक्ति उनकी इस व्यथा को साकार करती है कि जो वृक्ष अपने सामने से रोजाना गाँव जाती हुई बस को देखने के आदी थे उनके दिल इसलिए धड़क रहे हैं कि वह बस तीन दिनों से उनकी नजरों के सामने से नहीं गुजरी। संस्कृत कविता में मिसाल मिले तो मिले,

इतनी बारीक सम्वेदना और इतना बारीक पर्यवेक्षण हिन्दी कविता में दुर्लभ है। और फिर भी कहा जाता है कि नागार्जुन तो व्यंग्य कवि हैं, सामाजिक-राजनीतिक विषयों पर लिखने वाले, कविता की सम्वेदना तथा कला-शिल्प के प्रति बेहद लापरवाह कवि हैं, और यही बात प्रगतिशील कविता के बारे में भी कही जाती है।

गरज यह कि बहुत समृद्ध दुनिया है नागार्जुन की प्रकृति कविताओं की। नागार्जुन की बहुआयामी रचनाशीलता की प्रतिनिधि रचनाओं का यह संकलन इसीलिए है ताकि नागार्जुन को उनकी समग्रता में पहचाना जाए और उन पर रायजनी करते हुए उनकी कवि-सम्वेदना के सारे पक्षों को दृष्टि की परिधि में लाया जाए। हमने कहा है कि अपनी मूलवर्ती प्रगतिशील आस्थाओं के साथ जिनके प्रति वे प्रतिबद्ध हैं, अपनी मूलवर्ती जनपक्षधरता के साथ जिसे वे एक पल के लिए भी नहीं छोड़ सके हैं, वे एक मुकम्मल कवि हैं, जीवन की समग्रता के कवि हैं, मनुष्य के सम्पूर्ण के चितेरे हैं। कविता हर जगह नहीं, तो एक बहुत बड़े प्रसार में उनके यहाँ मानक ऊँचाई पाती है। भाषा का अद्‌भुत वैविध्य तथा सजीवता, शैली की अकृत्रिम जीवन्तता, काव्यरूपों के नए-नए प्रयोग, छन्दों की अनेकाविध प्रस्तुतियाँ नागार्जुन की कविता का वैशिष्ट्य हैं। इतनी जीवन्त तथा समृद्ध भाषा लिखने वाला, छन्दों को लेकर इतना परिश्रम करने वाला तथा रंगों-गन्धों-रूपों का इतना महीन तथा कुशल पारखी, इतने सूक्ष्म निरीक्षण पर्यवेक्षण का धनी कवि हिन्दी में, आधुनिक हिन्दी कविता में, निराला को छोड़कर दूसरा कोई नहीं है। यह बात मैं अधिकार से और बड़ी जिम्मेदारी से कह रहा हूँ।

नागार्जुन हमारे अपने युग के एक बुजुर्ग, वरेण्य, जीवन्त, सदाबहार तथा नितान्त मानवीय कवि हैं। वे हमारे वास्तविक जनकवि हैं। उन्हें हमारी प्रणति है। उनके इस संकलन को प्रस्तुत करते हुए मुझे अपार सुख है।

—शिवकुमार मिश्र

क्रम

मैथिली कविताएँ

बंगला रचनाएँ

संस्कृत रचनाएँ

रूपान्तर

उनको प्रणाम !

जो नहीं हो सके पूर्ण-काम
मैं उनको करता हूँ प्रणाम।

कुछ कुंठित औ' कुछ लक्ष्य-भ्रष्ट
जिनके अभिमंत्रित तीर हुए;
रण की समाप्ति के पहले ही
जो वीर रिक्त तूणीर हुए !
—उनको प्रणाम !

जो छोटी-सी नैया लेकर
उतरे करने को उदधि-पार;
मन की मन में ही रही, स्वयं
हो गये उसी में निराकार !
—उनको प्रणाम !

जो उच्च शिखर की ओर बढ़े
रह-रह नव-नव उत्साह भरे;
पर कुछ ने ले ली हिम-समाधि
कुछ असफल ही नीचे उतरे !
—उनको प्रणाम !

एकाकी और अंकिचन हो
जो भू-परिक्रमा को निकले;
हो गये पंगु, प्रति-पद इतने
अदृष्ट के दाव चले !
—उनको प्रणाम !

कृत-कृत नहीं जो हो पाए;
प्रत्युत फाँसी पर गये झूल
कुछ ही दिन बीते हैं, फिर भी
यह दुनिया जिनको गयी भूल !
—उनको प्रणाम !

थी उग्र साधना, पर जिनका
जीवन नाटक दुखान्त हुआ;

था जन्म-काल में सिंह लग्न
पर कुसमय ही देहान्त हुआ !
—उनको प्रणाम !

दृढ़ व्रत औ' दुर्दम साहस के
जो उदाहरण थे मूर्ति-मन्त;
पर निरवधि बन्दी जीवन ने
जिनकी धुन का कर दिया अन्त !
—उनको प्रणाम !

जिनकी सेवाएँ अतुलनीय
पर विज्ञापन से रहे दूर
प्रतिकूल परिस्थिति ने जिनके
कर दिये मनोरथ चूर-चूर !
—उनको प्रणाम !

१९३६

पीपल के पीले पत्ते

खड़-खड़-खड़ करने वाले
ओ पीपल के पीले पत्ते !
अब न तुम्हारा रहा ज़माना
शकल पुरानी रंग पुराना
सीख पुरानी ढंग पुराना
अब न तुम्हारा रहा ज़माना
आज गिरो कल गिरो कि परसों
तुमको तो अब गिरना ही है
बदल गयी ऋतु, राह देखती लाल-लाल पत्तों की दुनिया
हरे-हरे कुछ भूरे-भूरे टूसों से लद रहीं टहनियाँ !
इनका स्वागत करते जाओ
पतझर आया झरते जाओ
ओ पीपल के पीले पत्ते !

लाल गुलाबी पत्ते कैसे

लह-लह-लह-लह-लहा रहे हैं
कैसी सुन्दर रात, चाँद की
किरनों में ये नहा रहे हैं
छलक रहा इनमें जीवनरस
दौड़ रही है इन पर लाली
बुनने लगे आँख खुलते ही
ये स्वर्णिल सपनों की जाली
यह इनका युग, ये इनके दिन
रहे अंत की घड़ियाँ तुम गिन
हट जाओ, इनको अवसर दो
छोटे हैं, बढ़ने का वर दो
पूर्ण हो रही आयु तुम्हारी
तुम हलके, इनका दिल भारी
राह रोककर खड़े न होना
झूट-मूठ के बड़े न होना
सारा श्रेय तुम्हें ही देंगे
अपने पूर्वज की उदारता
जीवन भर ये याद रखेंगे
ओ पीपल के पीले पत्ते !

१९३७

बादल को घिरते देखा है

अमल धवलगिरि के शिखरों पर
बादल को घिरते देखा है।
छोटे-छोटे मोती जैसे
उसके शीतल तुहिन कणों को,
मानसरोवर के उन स्वर्णिम
कमलों पर गिरते देखा है,
बादलों को घिरते देखा है !

तुंग हिमालय के कन्धों पर

छोटी-बड़ी कई झीलें हैं,
उनके श्यामल-नील सलिल में
समतल देशों से आ-आकर
पावस की ऊमस से आकुल
तिक्त-मधुर बिसतन्तु खोजते
हंसों को तिरते देखा है,
बादल को घिरते देखा है।

ऋतु वसन्त का सुप्रभात था
मंद-मंद था अनिल बह रहा
बालारुण की मृदु किरणें थीं
अगल-बगल स्वर्णाभ शिखर थे
एक-दूसरे से विरहित हो
अलग-अलग रहकर ही जिनको
सारी रात बितानी होती,
निशाकाल के चिर-अभिशापित
बेबस उन चकवा-चकई का
बन्द हुआ क्रन्दन, फिर उनमें
उस महान सरवर के तीरे
शैवालों की हरी दरी पर
प्रणय कलह छिड़ते देखा है,
बादल को घिरते देखा है।

दुर्गम बर्फानी घाटी में
शत-सहस्र फुट की ऊँचाई पर
अलख नाभि से उठने वाले
निज के ही उन्मादक परिमल
के पीछे धावित हो-होकर
तरल-तरुण कस्तूरी मृग को
अपने पर चिढ़ते देखा है,
बादल को घिरते देखा है।

कहाँ गया धनपति कुबेर वह
कहाँ गयी उसकी वह अलका
नहीं ठिकाना कालिदास के
व्योम-प्रवाही गंगाजल का,

ढूंढ़ा बहुत परन्तु लगा क्या
मेघदूत का पता कहीं पर,
कौन बताए वह छायामय
बरस पड़ा होगा न यहीं पर,
जाने दो, वह कवि-कल्पित था,
मैंने तो भीषण जाड़ों में
नभ-चुम्बी कैलाश शीर्ष पर,
महामेघ को झंझानिल से
गरज-गरज भिड़ते देखा है,
बादल को घिरते देखा है।

शत-शत निर्झर-निर्झरिणी-कल
मुखरित देवदारु-कानन में,
शोणित-धवल भोजपत्रों से
छाई हुई कुटी के भीतर,
रंग-बिरंगे और सुगन्धित
फूलों से कुन्तल को साजे,
इन्द्रनील की माला डाले
शंख-सरीखे सुघढ़ गलों में
कानों में कुवलय लटकाये,
शतदल लाल कमल वेणी में,
रजत-रचित मणि-खचित कलामय
पानपात्र द्राक्षासव पूरित
रखे सामने अपने-अपने
लोहित चन्दन की त्रिपटी पर,
नरम निदाग बाल-कस्तूरी
मृगछालों पर पल्थी मारे
मदिरारुण आँखों वाले उन
उन्मद किन्नर-किन्नरियों की
मृदुल मनोरम अँगुलियों को
वंशी पर फिरते देखा है,
बादल को घिरते देखा है

१९३८

रजनीगन्धा

तुम खिलो रात की रानी !
हो म्लान भले यह जीवन और जवानी
तुम खिलो रात की रानी !

प्रहरी-परिवेष्टित इस इस बन्दीशाला में
मैं सड़ू सही, पर ताजी रहे कहानी
तुम खिलो रात की रानी !

यह प्रहरी के बूटों की कर्कश टापें
रह-रहकर वहुधा नींद तोड़ जाती हैं
आंखें खुलतीं तो बस झुंझला उठता हूँ···
ये हृदयहीन ! ये नर-पिशाच ! ये कुत्ते !
इतने में अनुपम सुवास से सुरभित
शीतल समीर का हल्का झोंका आता
सारे अभाव-अभियोग भूल जाता हूँ
यह आकुल मन इतना प्रमुदित हो जाता
जय हो, जय हो कल्याणी !

यह जेल और यह सेल-नियंत्रित प्राणी
इस आँगन में उस ओर तुम्हारा खिलना
यह भीनी-भीनी सारी रात महकना
दिन हुआ कि बस हो गई मौन तुम सजनी
आई निशा कि फिर खिलीं कौन तुम सजनी—
रजनीगन्धा बनकर भू-पर उतरी हो ?
अभिशापित देवसुता या कि परी हो !
पुलकित होते तन-मन, जगती है वाणी
जय जय जय जय कल्याणी !

१९३९

तव मैं तुम्हें भूल जाता हूँ

पहन शुक्र का कर्णफूल जब
पीछे की नीरव घड़ियों में
रजनी को निखरा पाता हूँ
नील गगन के नक्षत्रों को
जब अविरल बिखरा पाता हूँ
तव मैं तुम्हें भूल जाता हूँ

जब ऋतुओं के सन्धिकाल में
विकृति वायु से आहत होकर
आकुल क्षुब्ध और उद्वेलित
सागर की उत्ताल तरंगें
वसुधा की मेखला चूमतीं
चतुर नाविकों की नौकाएँ
जब उन पर निःशंक झूमतीं
तब उनका साहसमय जीवन
देख-देख मैं ललचाता हूँ
फिर तो तुम्हें भूल जाता हूँ

रंग-बिरंगी फूलों वाली
हरियाली से ढकी पहाड़ी
देवदारु की, सरो-चीड़ की
कोसों फैली हुई कतारें
उन ऊँचे हिममय शिखरों के
अद्‌भुत और विचित्र नजारे
इन दृश्यों के बीच बैठ जब
कालिदास के पद गाता हूँ
तब मैं तुम्हें भूल जाता हूँ

जब अबोध शिशुओं से घिरकर
मुदित चित्त बैठा होता हूँ
विना हेतु ही वे हँस पड़ते
मैं भी कुछ मुस्का देता हूँ
जव सहस्रदल कमलों का-सा

खिला हुआ उनका मुख-मण्डल
तनिक ध्यान में भी लाता हूँ
तब मैं तुम्हें भूल जाता हूँ

१९४१

चातकी

प्रतीक्षा थी, आस थी, विश्वास था
और, प्रियतम ! जले हिय पर लदा
वेदनाओं का विकट इतिहास था !
कंठगत थे प्राण तेरे ध्यान में
निठुर जग तो ले रहा था रस यहाँ
'पी कहाँ' की मर्मवेधक तान में !

सुहाई मुझको न काली घन-घटा
सुहाई मुझको न पावस की छटा
जलधि सातों ही मुझे खारे लगे
लगीं फीकी उमड़ती नदियाँ सभी
चित्त पर मेरे न चढ़ पाया कभी
वह सरोवर भी धवल कैलाश का !

टुकड़ियों में बँटे औ' बिखरे हुए
धन्य ! स्वाती के जलद, तुम धन्य हो
विकल थी चिर प्यास से यह चातकी
आ गए तुम, अब कमी किस बात की
किया दर्शन, नयन शीतल हो गए
उपालंभक भाव थे, सब सो गए
आ गई है जान में अब जान रे
कर लिया मैंने अमृत का पान रे
(चार बूँदें ही मुझे पर्याप्त थीं !)

१९४१

कालिदास

कालिदास, सच-सच बतलाना !
इन्दुमती के मृत्युशोक से
अज रोया या तुम रोये थे ?
कालिदास, सच-सच बतलाना !

शिवजी की तीसरी आँख से
निकली हुई महाज्वाला में
घृतमिश्रित सूखी समिधा-सम
कामदेव जब भस्म हो गया
रति का क्रन्दन सुन आँसू से
तुमने ही तो दृग धोये थे ?
कालिदास, सच-सच बतलाना
रति रोई या तुम रोये थे ?

वर्षा ऋतु की स्निग्ध भूमिका
प्रथम दिवस आषाढ़ मास का
देख गगन में श्याम घन घटा
विधुर यक्ष का मन जब उचटा
खड़े-खड़े तब हाथ जोड़कर
चित्रकूट के सुभग शिखर पर
उस बेचारे ने भेजा था
जिनके ही द्वारा सन्देशा
उन पुष्करावर्त मेघों का
साथी बनकर उड़नेवाले
कालिदास, सच-सच बतलाना
परपीड़ा से पूर-पूर हो
थक-थककर औ' चूर-चूर हो
अमल-धवल गिरि के शिखरों पर
प्रियवर, तुम कब तक सोये थे ?
रोया यक्ष कि तुम रोये थे ?
कालिदास, सच-सच बतलाना !

१९३८

जया

छोटे-छोटे मोती-जैसे दाँतों की किरणें बिखेरकर
नील कमल की कलियों-जैसी आँखों में भर
अनुनय सादर
पहले; पीछे शासक-सी तर्जना उठाकर
इंगित करती : नहीं तुम्हें मैं जाने दूंगी
चार साल की चपल-चतुर वह बहरी-गूंगी
कितनी सुन्दर, नयनाभिराम
उस लड़की का है जया नाम

एक खिलौना
अथवा कोई गगनबिहारी
मुझे जरूर समझती होगी वह बेचारी
क्योंकि मैं उसे छू सकता हूँ
और गुद्गुदा भी सकता हूँ
कभी-कभी तो
जी-भर उसका मन बहलाकर
स्नेहसुधा में कई-कई घण्टे नहलाकर
उसे तृप्त कर देता हूँ मैं
अपना रास्ता लेता हूँ मैं

फिर वह कृतज्ञ-सी हाथ जोड़
छन-भर बचपन को परे छोड़
कर लेती है मुझको प्रणाम
उस लड़की का है जया नाम

वह बोल नहीं सकती
लेकिन उसकी भी अपनी भाषा है
काफी है सूझ-समझ उसमें, सुख है, दुख है, अभिलाषा है
माँ-बाप गरीब, न कर सकते कुछ प्रतीकार बहरापन का
सोचा होगा, पकड़ा देंगे, कोई पथ जीवन-यापन का
बन सकती है वह चित्रकार
ले सकती है वह नाच सीख
जिससे न किसी पर पड़े भार

जिससे न माँगनी पड़े भीख
लेकिन यह तो बस सपना है
चलता भी कुछ बस अपना है !
कैसा असह्य, कितना जर्जर
यह मध्यवर्ग का निचला स्तर !
स्कूली जीवन के साधारण मास्टर का हो किसमें लेखा !
मैंने झाँका तो यह देखा—
बाहर सफेद, अन्दर धुंधला
क्या कर सकता वह बाप भला
बहरी-गूंगी उस बच्ची की शिक्षा-दीक्षा का इन्तजाम !
फिर भी काफी है होशियार
वह खेल-खेल में सीख चुकी
मुझसे ही अब तक कई काम
उस लड़की का है जया नाम !

१९४१

रवि ठाकुर !

रुन झुन रुन झुन
सुने थे तुमने
भगवती वीणापाणि शारदा के नूपुर
विश्वबन्द्य भारतीय महाकवि ठाकुर !
पाया था अनुपम प्रतिभा का अवदान
यहाँ से, वहाँ से;
जाने कहाँ-कहाँ से,
धन्य तुम पुरुषोत्तम !!
लाँघकर मरु, गिरि, जल और जंगल
युग-युग तक गुंजाते रहेंगे भूतल
तुम्हारे ये दिव्यगान।
चलता रहेगा अबाधित गति से
दिशा-विदिशा सभी को मुखरित करता हुआ
वनान्त के बंकिम पथ पर विचरता हुआ

तुम्हारा यह कालनेमि अद्‌भुत महायान…
हुए थे पैदा तुम
सुशिक्षित अभिजात धनाढ्य द्विज कुल में
सभी ओर सुख था
सभी ओर सुविधा
परिचर्या के लिए प्रतिपल तत्पर--
सेवक सेविकागण रहते थे घेरे
दिन में, रात में, साँझ में, सबेरे
नहीं खाई होगी अभाव की मार कभी
मालूम न पड़ा होगा संसार असार कभी
साधन थे प्रस्तुत, फिर न हुए क्यों तुम
अकर्मण्य, आलसी, विलासी, भू-भारमात्र ?
अहे कनककमनीय गात्र !
कवि के रूप में हो गये विकसित कैसे तुम अचानक ?
बाह्य आडम्बर उतना भयानक !! —
गला क्यों न घोंट सका
तुम्हारे महामानव का ?
कहाँ से मिली तुम्हें इतनी अनुभूतियाँ
पीड़ित मनुष्य के निम्नतम स्तर की ?
बात यदि करते तुम केवल ऊपर की—
अपने उच्च वर्ग की, अपने आडम्बर की—
तो भी क्या हानि थी !
तुम्हारा गुणगान मैं भला क्या करूँ
न उतना देखा है, न सुना है उतना
पैदा हुआ था मैं—
दीन-हीन-अपठित किसी कृषक-कुल में
आ रहा हूँ पीता अभाव का आसव ठेठ बचपन से
कवि ? मैं रूपक हूँ दबी हुई दूब का
हरा हुआ नहीं कि चरने को दौड़ते !!
जीवन गुजरता प्रतिपल संघर्ष में !!
मुझको भी मिली है प्रतिभा की प्रसादी…
मुझसे भी शोभित है प्रकृति का अंचल…
पर न हुआ ध्यान कभी !
किया न अनुमान कभी !
तुंगभद्र ! महानाम ! —
तुम्हारा यश-सागर असीम लहरा रहा

अग-जग में भू पर !!
तुम्हारी गुरुता का ध्वजपट
फहरा रहा हिमगिरि के ऊपर !!
मेरा क्षुद्र व्यक्तित्व
रुद्ध है, सीमित है—
आटा-दाल-नमक-लकड़ी के जुगाड़ में !
पत्नी और पुत्र में !
सेठ के हुकुम में !
कलम ही मेरा हल है, कुदाल है !!
बहुत बुरा हाल है !!
करूँ मैं किस वर्ग में गिनती अपनी !
लेखक ही बना रहूँ ?
पकड़ लूं वह पेशा—
बाप-दादा करते आये जो हमेशा ?
नहीं, नहीं; ऐसा नहीं।
आशीष दो मुझको—
मन मेरा स्थिर हो !!
नहीं लौटूं, चीर चलूं, कैसा भी तिमिर हो !!
प्रलोभन में पड़कर बदलूं नहीं रुख
रहूँ साथ सबके, भोगूं साथ सुख-दुख
गुरुदेव मेरे !
दाढ़ी यह तुम्हारी सन-सी सफेद है—
चाचा करीम और तुममें क्या भेद है ?
तुम भी शुकनास, वह भी शुकनास
(किन्तु तुम श्री निवास !)
अभी भी फुर्ती से कपड़ा वह बुनता है
सुनता हूँ, अन्त तक तुम भी रहे
बुनते किरणों की जाली !!
देखते देखते समता के सपने
कर गये खतम खेल तुम अपने
सौंप गये हमको सारी विश्वभारती
आज नहीं तो कल उतारेंगे आरती
अभी तो अकिंचन है
विकल है जनगण
दुर्लभ है अन्नकण
मैं भी अकिंचन

मैं भी विकल हूँ
आवेश में आकर बहुत कुछ कह गया
पितामह, क्षमा करो !
मेरी यह धृष्टता, कटुता, उद्दण्डता—
क्षमा करो पितामह ! !

रुन झुन रुन झुन···
सुने थे तुमने—
भगवती वीणापाणि शारदा के नूपुर !
विश्वबन्द्य भारतीय महाकवि ठाकुर ! !

१९४१

सिन्दूर तिलकित भाल

घोर निर्जन में परिस्थिति ने दिया है डाल !
याद आता तुम्हारा सिन्दूरतिलकित भाल !
कौन है वह व्यक्ति जिसको चाहिए न समाज ?
कौन है वह एक जिसको नहीं पड़ता दूसरे से काज ?
चाहिए किसको नहीं सहयोग ?
चाहिए किसको नहीं सहवास ?
कौन चाहेगा कि उसका शून्य में टकराय यह उच्छ्वास ?
हो गया हूँ मैं नहीं पाषाण
जिसको डाल दे कोई कहीं भी
करेगा वह कभी कुछ न विरोध
करेगा वह कुछ नहीं अनुरोध
वेदना ही नहीं उसके पास
फिर उठेगा कहाँ से निःश्वास
मैं न साधारण, सचेतन जन्तु
यहाँ हाँ—ना—किन्तु और परन्तु
यहाँ हर्ष-विषाद-चिन्ता-क्रोध
यहाँ है सुख-दुख का अवबोध
यहाँ हैं प्रत्यक्ष औ' अनुमान
यहाँ स्मृति-विस्मृति सभी के स्थान

तभी तो तुम याद आती प्राण,
हो गया हूँ मैं नहीं पाषाण !
याद आते स्वजन
जिनकी स्नेह से भींगी अमृतमय आँख
स्मृति-विहंगम की कभी थकने न देगी पाँख
याद आता मुझे अपना वह 'तरउनी' ग्राम
याद आतीं लीचियाँ, वे आम
याद आते मुझे मिथिला के रुचिर भू-भाग
याद आते धान
याद आते कमल, कुमुदिनि और तालमखान
याद आते शस्य-श्यामल जनपदों के
रूप-गुण-अनुसार ही रक्खे गये वे नाम
याद आते वेणुवन वे नीलिमा के निलय, अति अभिराम

धन्य वे जिनके मृदुलतम अंक
हुए थे मेरे लिए पर्यंक
धन्य वे जिनकी उपज के भाग
अन्न-पानी और भाजी-साग
फूल-फल औ' कंद-मूल, अनेक विध मधु-मांस
विपुल उनका ऋण, सधा सकता न मैं दशमांश
ओह, यद्यपि पड़ गया हूँ दूर उनसे आज
हृदय से पर आ रही आवाज—
धन्य वे जन, वही धन्य समाज
यहाँ भी तो हूँ न मैं असहाय
यहाँ भी हैं व्यक्ति औ' समुदाय
किन्तु जीवन-भर रहूँ फिर भी प्रवासी ही कहेंगे हाय !
मरूँगा तो चिता पर दो फूल देंगे डाल
समय चलता जायेगा निर्बाध अपनी चाल
सुनोगी तुम तो उठेगी हूक
मैं रहूँगा सामने (तसवीर में) पर मूक
सान्ध्य नभ में पश्चिमांत-समान
लालिमा का जब करुण आख्यान
सुना करता हूँ, सुमुखि उस काल
याद आता तुम्हारा सिन्दूरतिलकित भाल

१९४३

यह दंतुरित मुस्कान

तुम्हारी यह दंतुरित मुस्कान
मृतक में भी डाल देगी जान
धूलि-धूसर तुम्हारे ये गात···
छोड़कर तालाब मेरी झोपड़ी में खिल रहे जलजात
परस पाकर तुम्हारा ही प्राण,
पिघलकर जल बन गया होगा कठिन पाषाण
छू गया तुम से कि झरने लग पड़े शेफालिका के फूल
बाँस था कि बबूल ?
तुम मुझे पाये नहीं पहचान ?
देखते ही रहोगे अनिमेष !
थक गये हो ?
आँख लूँ मैं फेर ?
क्या हुआ यदि हो सके परिचित न पहली बार ?
यदि तुम्हारी माँ न माध्यम बनी होती आज
मैं न सकता देख
मैं न पाता जान
तुम्हारी यह दंतुरित मुस्कान

धन्य तुम, माँ भी तुम्हारी धन्य !
चिर प्रवासी मैं इतर, मैं अन्य !
इस अतिथि से प्रिय तुम्हारा क्या रहा सम्पर्क

उँगलियाँ माँ की कराती रही हैं मधुपर्क
देखते तुम इधर कनखी मार
और होतीं जबकि आँखें चार
तब तुम्हारी दंतुरित मुस्कान
मुझे लगती बड़ी ही छविमान

१९४३

सिन्धु नद

हे सिन्धु, देख तव अमियधार
गद्‌गद होता हूँ बार-बार
तुम आए कल कल छल छल कर
उस मानसरोवर से चलकर
पच्छिम हटकर फिर उत्तर से
हिमगिरि के वक्षस्थल पर से
हे सिन्धु, देख तव अमियधार
गद्‌गद होता हूँ बार-बार

हम पराधीन, तुम हो स्वतन्त्र
सिखलाते जाओ नया मन्त्र
हे हिमगिरि के साकार भाव
डूबे न हमारी भरी नाव
तुम बने रहो यों उदासीन
दिन दिन हम होते जाएँ क्षीण
अपनी निधि, अपना अमृत द्रव
अपना जीवन, बस सबका सब
लेकर पच्छिम की ओर बहे
हे निर्मम, तुमको कौन कहे
हो गया हाय, पूरब उजाड़
खिंच गया खून, रह गया हाड़
मत जाओ मिलने सागर से
सन्तोष करो इस गागर से
हम क्षुद्र सही, पर भाव-भरित
तेरे अपने हैं, महासरित
हम प्यासे हैं हम रहे तरस
इस शुष्क हृदय को करो सरस
गंगा जमुना औ' ब्रह्मपुत्र
कृष्णा कावेरी औ' रेवा
अपने को करती हैं कृतार्थ
इस पुण्य भूमि की कर सेवा
पर, सिन्ध, तुम्हारी बात और
आख्यान और इतिहास और

इस महादेश की जनता का
तेरे प्रति है विश्वास और
हे दूत, महान हिमालय के
सन्देश सुनाना भूल गये
तुम बने इधर चिर मूक, उधर
लाखों फाँसी पर झूल गये
हे महामहिम, बस हमको तो
वह याद जमाना आता है
इस तट पर वीर सिकन्दर-सा
कोई दीवाना आता है
तेरी धारा में डूब लगा
देता है अर्घ जुपीटर को
आगे रक्खे हैं स्वर्णपात्र
हैं आँख उठी कुछ ऊपर को

उस नृप की विश्वविजयिनी वह
सेना होकर के जब हताश
खाली हाथों ही लौटी थी
तब का तेरा हिमधवल हास—
अंकित है अब तक भली-भाँति
इस दिव्य भूमि के कण-कण में
लीलाएँ क्या-क्या हुई नहीं
तेरे इस अद्‌भुत प्रांगण में
रिपु का अप्रतिहत रणोन्माद
आकर जिसने कर दिया शान्त
वह चन्द्रगुप्त है खेल चुका
तेरे समक्ष नाटक सुखान्त
वोलन की घाटी इधर, उधर—
सतलज का आँचल है गवाह
अपनी बाहों से दुश्मन को
तुमने रोकी है सदा राह

मणि मोती सोना चाँदी के
शाही परियों के, बाँदी के
भारी भारों से लदे हुए
जाँचे परखे औ' सधे हुए

टन्-टन् करती घण्टी वाले
ऊनी नकेल कंठी वाले।
सौ-सौ ऊँटों की वह कतार
तुमने देखी है कई बार
अपनी छाती पर से जाते
ईरान अरब की ओर अरे!

तेरे तट पर कुछ अर्से तक
जिनके शासन का दौर चला
उन मीरों और कल्हरों को
कैसे सकते तुम भूल भला?

है याद तुम्हें वह नरनाहर
जिसको सब कहते थे दाहर
आजानुबाहु आयतस्कन्ध
सुन्दर ग्रीवा, सुगठित कबन्ध
नासिका तुंग लोचन विशाल
ऊँचा इतना जितना कि साल
चौड़ी छाती उन्नत ललाट
पौरुष की वह प्रतिमा विराट
आदिम मानव करता होगा
तेरी धारा में जल-विहार
बल्कलवसना मानवी उसे
रह-रह लेती होगी निहार—
तट पर कृष्णाजिन को थामे
अरुणोदय की शुभ वेला में
आदिम मानव करता होगा
जब इस धारा में जल विहार!

तेरे तट पर दाएँ-बाएँ
चरती होंगी कपिला गायें
चरते होंगे सित असित मेष
तज स्वर्गिक सुख, तज यज्ञ भाग
तज तज कर अपना हव्य भाग
वे इन्द्र वरुण अर्यमा आदि
उन सीधे सादे पशुओं का

बन जाते होंगे सहज बन्धु—
धर चरवाहों का सरल भेष !
चरते होंगे सित असित मेष
चरती होंगी कपिला गायें
तेरे तट पर दाएँ बाएँ

वह विश्वविजय की प्रबल प्यास
वह ऋचापाठ वह मन्त्रगान
तेरे हिय-पट पर अंकित है
उपनिषदों का वह आत्म-ज्ञान
ऋक् यजुष् साम अथर्व
संस्कृति का वह उद्योग पर्व
कल्पना यहीं अंकुरित हुई
चेतना यहीं संस्फुरित हुई
तुम धन्य मोहनजोदड़ो धन्य
वह विश्व विदित भग्नावशेष
तव अंचल में संचित शत-शत
भाषा - भूषा औ' भाव - भेष

मृगयाओं से थक थक करके
पीते होंगे छक छक करके
सुस्वादु सोमवल्ली कषाय
उथले चषकों में ढाल-ढाल
फिर श्रृंगविनिर्मित धनु सँभाल
भर तरकस में विषलिप्त तीर
तेरी कछार के झाड़ों में
गुल्मों में और दराड़ों में
दानवों दस्युओं को खोजा
करते होंगे वे आर्य वीर
भर तरकस में विषलिप्त तीर
औ' श्रृंगविनिर्मित धनु सँभाल

तेरी धारा में नहा नहा
नव जपा कुसुम के फूल बहा
कुछ खड़े-खड़े ही स्त्रोत मध्य
तो कुछ तट पर ही बैठ-बैठ

ऋषिगण सन्ध्या - वन्दन करते
शुक चंचुसदृश लाली वाले
या सोने की थाली वाले
शिशु रवि का अभिनन्दन करते
ऋषिगण-सन्ध्या वन्दन करते !
इक तारा पर गाने वाले
सूफ़ी सन्तों से तान मिली !
तुम जड़ थे, कविवर शाह धन्य
जिनसे तुमको यह जान मिली !

असुर वैदिक फिर बौद्ध-जैन
इस्लाम सिक्ख सबको देखा
तेरे इस बहते पानी पर
क्या खींच सका कोई रेखा

कुछ भेद नहीं, करते आए
स्वागत गुरुओं का, पीरों का
धोते आए हो हे उदार
तुम घाव सभी के तीरों का
हे सिन्धु देख तव अमियधार
गद्‌गद होता हूं बार - बार

१९४३

मन करता है…

मन करता है :
नंगा होकर कुछ घण्टों तक सागर-तट पर मैं खड़ा रहूँ
यों भी क्या कपड़ा मिलता है ?
धनपतियों की ऐसी लीला !

मन करता है :
नंगा होकर दूं आग लगा, जो पहन रखा है उसमें भी
फिर बनूं दिगम्बर बम्भोला

नंगा होकर विषपान करूँ सागर-तट पर—
ओ कालकूट तू कहाँ गया ?
ओ हालाहल तू कहाँ गया ?
अमृत की बात नहीं पूछो,
विष तक का बूँद नहीं मिलता
देवता हुए निर्लज्ज, सभी को छिपा दिया ।
कहते, जाओ, उनसे माँगो
जो क्षीर उदधि में शेषनाग की शैया पर कर रहे शयन ।
भण्डार हमारा खाली है,
भगवान सभी के मालिक हैं,
लाचारी है, कुछ भी हम तुमको दे न सके !

मन करता है :
मैं नंगा होकर चिल्लाऊँ
मैं ज़ोर-ज़ोर से चिल्लाऊँ
यदि मरा न होगा सुन लेगा भगवान विष्णु सागरशायी

मन करता है :
मैं उस अगस्त्य-सा पी डालूँ सारे समुद्र को अंजलि से
उस अतल-वितल में तब मुझको
मुर्दा भगवान दिखाई दे
उस महामृतक को ले आऊँ फिर इस तट पर
अन्त्येष्टि करूँ; लकडी तो बेहद महँगी है
इस बालू में दफ़ना दूँ
नंगा करके
निर्लज्ज देवता-गण, ले लेना तुम उसका वह भी पीताम्बर
अनमोल रेशमी पीताम्बर !
छिप-छिप उसको पहने सुरेश
छिप-छिप उसको पहने कुबेर
छिप-छिप उसको पहनो फिर तुम सब एक-एक कर बार-बार

मन करता है :
नंगा होकर मैं खड़ा रहूँ सागर-तट पर
कुछ घण्टों तक क्या, जीवन-भर
नंगा होकर—
यों भी क्या कपड़ा मिलता है !

१९४५

भिक्षुणी

भगवान् अमिताभ !
देखती हूँ अपने को तभी से विहार में
हुई जब सचेतन
हुई जब समझदार
भगवान् अमिताभ !
तुम्हारे इन चरणों में कब कैसे सौंप गये
मेरे मूर्ख माँ-बाप
यह नहीं जानती।
और नहीं कोई, तुम्हीं अब गति हो।
भगवान् अमिताभ !
कितना मनोरम है तुम्हारा यह मुखड़ा !
काया यह तुम्हारी कितनी सुडौल है !
भले ही कुछ दिन—
सुलभ रहा जिसको तुम्हारा यह बाहुपाश
अंकुरितयौवना धन्य वह यशोधरा !
मेरे मूर्ख माँ-बाप
आवेश में आकर
सौंप गये मुझको शरण में त्रिरत्न की !
कहने को मैंने भी तोती की भांति कहा—
एक नहीं, तीन बार—
जाती हूँ आज मैं
बुद्ध की, धर्म की, संघ की शरण में
संघ मुझे शिक्षा दे
संघ मुझे दीक्षा दे
सत्य की, अहिंसा की, अखण्ड ब्रह्मचर्य की !
रटाने पर रटती है जैसे मदनसारिका
मैंने भी वैसे रटा सूत्रपिकक सारा,
तुम्हीं हो साक्षी भगवान् अमिताभ !
हुई कुछ सयानी फिर
तुम्हारा वह मध्यमार्ग समझने का यत्न किया
महायान हीनयान सभी मैं जान गई
किन्तु नहीं जान सकी—
मानव का मानवी का सहजयान क्या है !

जीवन की यह ग्रन्थि मैं न सुलझा सकी
भगवान् अमिताभ !
मुझ पर कृपा करो
मेरी समस्यापूर्ति, देव तुम्हीं कर दो
वंचित हूँ अवसर दो
देख ली यह अति, वह अति भी देखूँ
तभी तो मेरी
समझ में आएगा—
तुम्हारा वह मध्यमार्ग भगवन् अमिताभ !

बैठ गई भिक्षुणी टेककर घुटने
तीन बार उसने
सादर प्रणाम किया
झुक-झुक अमिताभ को
फिर उठ खड़ी हुई, चारों ओर देखा
हतप्रभ-सी, मानो शिशिर-शशिलेखा !
उसे ऐसा भान हुआ—
बिजन विहार की शत-शत प्रतिमा
मुझी को घूर रहीं !
घण्टाकर्ण वज्रपाणि भयानक यक्ष वह
व्यंग-भरी दृष्टि से मुझे ही निहार रहा
वक्रमुख होकर ग्रीवाभंग करके
मानो कुछ क्षण में
करेगा उपहास
मेरे दुर्दैव का
मेरे दुर्भाग्य का !
ऐसा घटाटोप, इतना आडम्बर !
मेरी आत्मवंचना !
मूढ ही होगा जो न हँसें मुझ पर
हँसो हे हेरुक !
हँसो हे वज्र !
हँसो हे भैरव !
हँसो हे दण्डपाणि !
शान्ति का अभिनय उसे ही करने दो
क्योंकि वह बुद्ध है !
रुदन और हास को रोकना जानता !

देखो तो कैसा सुभग है, स्वस्थ है;
उसके मुखमण्डल की आभा अमित है !

(अमिताभ की ओर घूमकर)

अभी तो तरुणी हूँ—
चौंकते युव-जन
भिक्षापात्र लेकर जब मैं निकलती
मेरा यह काषाय…
जाने किस किसको उन्मादित करता
यह मुण्डित मस्तक उत्तेजित करता
कलित ललित कवि को
कोमल कलाकार को
भगवान् अमिताभ !
किन्तु…
किन्तु कौन पूछेगा मुझे कल परसों ?
गलित होगा यौवन जब !
पलित होंगे केश जब !
किसी की दृष्टि क्या मुझ पर उठेगी ?
भगवान् अमिताभ, सहचर मैं चाहती
चाहती अवलम्ब, चाहती सहारा
देकर तिलांजलि मिथ्या संकोच को
हृदय की बात लो, कहती हूँ आज मैं—
कोई एक होता
कि जिसको
अपना मैं समझती
भले वह पीटता, भले ही मारता,
किन्तु, किसी क्षण में प्यार भी करता
जीवन-रस उड़ेलता मेरे रिक्त पात्र में;
भूख मातृत्व की मेरी मिटा देता;
स्त्रीत्व का सुफल पाकर अनायास
धन्य मैं होती !
कृतकृत्य होती !
भगवान् अमिताभ, तव,
पूजा के समय पर कितने उत्साह से
घण्टा मैं बजाती !
तन्मय हो कितनी, आरती उतारती !

पास ही होता नटखट शिशु खेलता
यदि किसी भद्रमुख प्रतिभा से ढिटाई वह करता,
दिखा-दिखा तर्जनी मैं उसे रोकती !

१९८६

कल्पना के पुत्र हे भगवान

कल्पना के पुत्र हे भगवान
चाहिए मुझको नहीं वरदान
दे सको तो दो मुझे अभिशाप
प्रिय मुझे है जलन, प्रिय सन्ताप
चाहिए मुझको नहीं यह शान्ति
चाहिए सन्देह, उलझन, भ्रान्ति
रहूँ मैं दिन-रात ही बेचैन
आग बरसाते रहें ये नैन
करूँ मैं उद्दण्डता के काम
लूं न भ्रम से भी तुम्हारा नाम
करूँ जो कुछ, सो निडर, निश्शंक
हो नहीं यमदूत का आतंक
घोर अपराधी-सदृश हो नत बदन निर्वाक
बाप-दादों की तरह रगड़ूं न मैं निज नाक—
मन्दिरों की देहली पर पकड़ दोनों कान
हे हमारी कल्पना के पुत्र, हे भगवान,
युगों से आराधना की, आ गये अब तंग
—झाल और मृदंग
शंख करता आ रहा था युगों से आक्रन्द
तुम न पिघले, पड़ गई आवाज़ उसकी मन्द
न अब तक सुलझे तुम्हारे बाल
थक गई लाखों उँगलियाँ, हो गया अतिकाल
अँधेरे में रहे लोग टटोल—
ठोस हो या पोल ?
हो गये नीरस तुम्हारी चिन्तना में—

व्यस्त होकर तर्क औ' अनुमान
हे हमारी कल्पना के पुत्र, हे भगवान !
परिधि यह संकीर्ण, इसमें ले न सकते साँस
गले को जकड़े हुए हैं यम-नियम के फाँस
—पुराने आचार और विचार
गगन में नीहारिकाओं को न करने दे रहे
अभिसार
छोड़कर प्रासाद खोजूं खोह—
कह रहा है पूर्वजों का मोह
ज़ोर देकर कह रहे ये वेद और पुरान
मूल से चिपटे रहो नादान
बनूं मैं सज्जन, सुशील विनीत
हार को समझा करूँ मैं जीत
क्रोध का अक्रोध से कर अन्त
बनूं मैं आदर्श मानव सन्त
रह न जाए उष्णता कुछ रक्त में अवशिष्ट
गुरुजनों को भी यही था इष्ट
सड़ गयी है आँत
पर दिखाए जा रहे हैं दाँत
छोड़कर संकोच, तजकर लाज
दे रहा है गालियाँ यह जीर्ण-शीर्ण समाज
खोलकर बन्धन, मिटाकर नियति के आलेख
लिया मैंने मुक्ति पथ को देख
नदी कर ली पार, उसके बाद
नाव को लेता चलूं क्यों पीठ पर मैं लाद
सामने फैला पड़ा है शतरंज-सा संसार
स्वप्न में भी मैं न इसको समझता निस्सार
इसी में भव, इसी में निर्वाण
इसी में तन-मन, इसी में प्राण
यहीं जड़-जंगम सचेतन औ' अचेतन जन्तु
यहीं 'हाँ', 'ना', 'किन्तु' और 'परन्तु'
यहीं है सुख-दुख का अवबोध
यहीं हर्ष-विषाद, चिन्ता-क्रोध
यहीं है सम्भावना, अनुमान
यहीं स्मृति-विस्मृति सभी का स्थान
छोड़कर इसको कहाँ निस्तार

छोड़कर इसको कहाँ उद्धार
स्वजन-परिजन, इष्ट-मित्र, पड़ोसियों की याद
रहे आती, तुम रहो यों ही वितंडावाद
मूँद आँखें शून्य का ही करूँ मैं तो ध्यान ?
कल्पना के पुत्र हे भगवान !

१९४६

मनुष्य हूँ

नहीं कभी क्या मैं थकता हूँ ?
अहोरात्र क्या नील गगन में उड़ सकता हूँ ?
मेरे चितकबरे पंखों की भास्वर छाया
क्या न कभी स्तम्भित होती है
—हरे धान की स्निग्ध छटा पर ?
—उड़द मूंग की निविड़ जटा पर ?
आखिर मैं भी तो मनुष्य हूँ…

ऊरुरहित सारथि है जिसका
एकमात्र पहिया है जिसमें
सात-सात घोड़ों का वह रथ नहीं चाहिए
मुझको नियत दिशा का वह पथ नहीं चाहिए
पृथिवी ही मेरी माता है
इसे देखकर हरित भरित, मन कैसा प्रमुदित हो जाता है ?
सब हैं इस पर;
जीव-जन्तु नाना प्रकार के
तृण-तरु लता-गुल्म भी बहुविध
चन्द्र सूर्य हैं
ग्रहगण भी हैं
शत-सहस्त्र संख्या में बिखरे तारे भी हैं
सब हैं इस पर;
कालकूट भी यहीं पड़ा है
अमृतकलश भी यहीं रखा है

नीली ग्रीवावाले उस मृत्युञ्जय का भी बाप यहीं है
अमृत-प्राप्ति के हेतु देवगण
नहीं दुबारा
अब ठग सकते
दानव-कुल को
राहु-केतु का शिर-कबन्ध वह जुड़ा, देख लो
सुधा स्निग्ध इन अँगुलियों के स्पर्श मात्र से
नहीं, तुम्हारे ही युग का यह चमत्कार है

कवि हूँ, सच है
किन्तु षट्पदों-जैसा क्या मैं
फूल सूँघकर रह सकता हूँ ?
कवि हूँ, सच है
पर अशोक के कोमल किसलय
पहन ओढ़कर ही कैसे मैं रह सकता हूँ ?
कवि हूँ, सच है
किन्तु, क्षणिक तथ्यों को यों अवहेलित करके
शाश्वत का सीमान्त कभी क्या छू पाऊँगा ?
कवि हूँ, सच है
इसीलिए क्या
आतप वर्षा-हिम भी मुझसे दब जायेंगे ?
इसीलिए क्या वात-पित्त-कफ शान्त रहेंगे ?
नहीं, नहीं, सो कैसे होगा !
कवि हूँ पीछे, पहले तो मैं मानव ही हूँ
अतिमानव या लोकोत्तर किसको कहते हैं—
नहीं जानता !
कैसे जानूं
सुख-सुविधा में हुलस-हुलसकर
दुख दुविधा में झुलस-झुलसकर
सब जैसे अपने जीवन को बिता रहे हैं
वैसे मैं भी अपना जीवन बिता रहा हूँ !

कहते हैं
कविता सुन-सुनकर
लजवन्ती सकुचा जाती है;
सीपी का गर्भित अन्तरतर

हिल उठता है
खिल उठता है—
कमल-कुमुद बन
दिवस-निशा के भेद भूलकर !
आश्विन के ये रात्रिशेष जब
पुलकित करते शेफाली को
श्लथ वृन्तों च्युत हो-होकर
अनिवेदित ही जब जगदम्बा धरती पर वह
अर्पित होती रहती तब मैं—
—तब मैं चंचल हो उठता हूँ
सद्यः विकसित शुचि सित सुरभित
शेफाली के उन फूलों से
आदि काव्य के निर्माता का
तर्पण करता !

१९४६

जनकवि

मैं भी तो पहले देखा करता था सपने
साथी, अब तो रंग-ढंग ही बदल गए हैं
समझ गया हूँ
जीवन में इस धरा-धाम का क्या महत्त्व है
कैसे कहलाता कोई धरती का बेटा
आसमान में सतरंगी बादल पर चढ़कर
कैसे जनकवि धान रोपता
समझ गया हूँ
कैसे जनकवि जमींदार के उन अमलों को मार भगाता
हरे बांस की हरी-हरी लाठी लेकर···
सब समझ गया हूँ !

१९४७

लो, देखो अपना चमत्कार !

अब तक भी हम हैं अस्त-व्यस्त
मुदित-मुख निगड़ित चरण-हस्त
उठ-उठकर भीतर के कण्ठों में
टकराता है हृदयोद्गार
आरती न सकते हैं उतार
युग को मुखरित करने वाले शब्दों के अनुपम शिल्पकार !
हे प्रेमचन्द
यह भूख-प्यास
सर्दी-गर्मी
अपमान-ग्लानि
नाना अभाव अभियोगों से यह नोक-झोंक
यह नाराजी
यह भोलापन
यह अपने को ठगने देना
यह गरजू होकर बाँह बेच देना सस्ते...
हे अग्रज, इनसे तुम भली-भाँति परिचित थे
मालूम तुम्हें था हम कैसे थोड़े में मुर्झा जाते हैं
खिल जाते हैं थोड़े में ही
था पता तुम्हें, कितना दुर्वह होता अक्षम के लिए भार
हे अन्तर्यामी, हे कथाकार
गोबर, महगू, बलचनमा और चतुरी चमार
सब छीन ले रहे स्वाधिकार
आगे बढ़कर सब जूझ रहे
रहनुमा बन गये लाखों के
अपना त्रिशंकुपन छोड़ इन्हीं का साथ दे रहा मध्य वर्ग
तुम जला गये हो मशाल
बन गया आज वह ज्योति-स्तम्भ
कोने-कोने में बढ़ता ही जाता है किरनों का पसार
लो, देखो अपना चमत्कार !

१९४८

आत्मा की बाँसुरी

पता नहीं
कितने छेद हैं
तुम्हारी आत्मा की बाँसुरी में !
बजती है फूंक से,
अथवा बिन फूंके ही ?
पता नहीं—
रुपहली या सुनहली
कैसी है तुम्हारी आत्मा की बाँसुरी !
पहाड़ी या देशवाली, किस बाँस की बनी है ?
मारते हो फूंक
ज़ोर तो पड़ता ही होगा
कहते हैं : गूंजती है केवल
आत्मा की ही बाँसुरी पर
ईमानदारी अन्तरतर की
पकड़ नहीं पाते उसे हम अभागों के कान
पहले उदरपूर्ति तो हो ले
फिर देखा जाएगा···
ठोस या पोल जैसी भी होगी
पकड़ में आएगी न तो जाएगी कहाँ
आत्मा नानी ??

हृदय का षोड्शदल कमल
विलक्षण कुण्डलिनी
कूटस्थ गुह्य
सैन्धवलवणसम नीरन्ध्र
अणु से भी अणुतर अणीयमान्
महत से भी महत्तर महीयान्
मानस का शतदल-सहस्रदल अरविन्द
फिर भी परमशून्य···
विकट दरार में खोई हुई मणि-सा
जिसका मृदु मंद आलोक दिखाई न देकर
कल्पना की पूंछ में सहज ही जुड़ जाए
ऐसा वह परमब्रह्म परमात्मा

नमस्कार है दूर से ही उसको
हम तो ठहरे भई, मामूली आदमी
कुंदज़हन, तंगनज़र, मारने-मरने पै आमादा
तुम हो कि खड़े हो पैरों के पंजों के सहारे
उचक-उचक देख रहे···
प्रगतिवाद मर गया क़ब्ल-पैदाइश के...
वह रहा ह्विटमैन···
वह रहा रोलाँ···
वह रहा टैगोर···
वह रहा गोर्की···
वह रहा शरत्···
और वह प्रेमचंद···
बाक़ी क्या,
कुछ नहीं, छाड़न-ही-छाड़न !!
विष्ठा से भी कई गुना अधिक दुर्गन्धमय
तुम्हारे कलाकार का नारकीय टेबुल-टाक !!

जपते रहो निश-दिन माला बनाकर
परिमल-परिमल मकरंद-मकरंद
पराग-पराग-पराग सुरभि-सुरभि-सुरभि
मूठ-की-मूठ जलाओ अगरबत्तियाँ एक ही बैठक में
गुलाब-गुलदाउदी-चम्पा-चमेली की—
अधखिली कलियों से सजाओ गुलदस्ते
मटनचाप, आइसक्रीम, कटलेट, कॉफ़ी···
करो तरोताज़ा दिल-ओ-दिमाग़ को
और फिर निकालकर रेशमी रूमाल
तरल त्रिभुज अधरोष्ठ चट से पोंछ लो
आकर ब्वाय् ले गये तश्तरियाँ
आरम्भ करो चर्चा
सुलझे अलकों पर फेरकर अँगुलियाँ
आहिस्ते से बोलो···
शी शी शी शी फू फू फू फू···
आत्मा की बाँसुरी से उठता है अनहद नाद
सुनने को जिसे अन्तःश्रोत चाहिए
सर्वतन्त्र स्वतन्त्र, निर्लिप्त-निरंजन कलाकार
अन्तरतर के प्रति सर्वथा ईमानदार

बड़ी-बड़ी तनखाह, प्रचुरतम रायल्टी
एकमात्र शाश्वत सत्य के प्रति लायल्टी
बाक़ी सब ठीक है

सभी ओर धुन्ध
सब ओर कुहासा
निकलोगे कैसे विकट चक्रव्यूह से ?
लील तुम्हें जायेगा सांस्कृतिक संकट
नादान अभिमन्यु, क्या तुम करोगे ?
विदित है न व्यूहभेदन की परम्परा !
हम तो भई निहायत मामूली किस्म के
अदना-से आदमी ठहरे
पड़ती है उलझन
सुलझा भी लेते हैं
कैसी भी गाँठ हो, खुल ही जाती है
मोटी अक़ल है
अटपटे बोल हैं
शऊर है न कुछ भी
तुम हो संस्कृत-सुसंस्कृत
हम तो ठहरे अपभ्रंश-प्राकृत
इसी से कहते हैं तुम्हें चतुरचचा चिन्तक:
तौर-तरीक़ों के राजकुमार
बजाते हो दिन-भर में आत्मा की बाँसुरी
तीन सौ पैंसठ बार

१९४८

तालाब की मछलियाँ

पोषित-पालित चिर संरक्षित
छोटी-बड़ी मछलियों की अब मची हुई है लूट
परिधि गई है टूट
वन्या के प्लावन से सहसा पुष्करिणी की…
रोहू, ब्वारी, भाकुर, सौरा

भुनचट्टी औ नैनी
एक-एक से बढ़कर सुन्दर
स्वादु और स्पृहणीय···
उठा लीजिए
अजी, आपको कौन चाहिए
उठा लीजिए वही कि जिस पर मन चलता हो
कौन भला टोकेगा !
कौन भला रोकेगा !
कोशी की धारा ने आकर तोड़ दिया है भिण्डा
नहीं रहा पहले अधिपतियों का पोखर पर
नाम मात्र भी स्वत्व
बहुत दिनों के बाद मिली है
आज घूट इस बँधे हुए पानी को
स्फूर्ति नहीं है
वेग नहीं है
दिशा नहीं है, दृष्टि नहीं है
युग-युग की ये अन्तःपुरिका चटुल शफरियाँ
भूल गई हैं स्वाभाविक गति
प्रखर स्रोत में आसानी से
कैसे पहुँच सकेंगी ?
तो क्या यह उद्वेल परिप्लावन इनका यों
सत्यानाश करेगा ?
तो क्या बँधी भीड़ वाली पोखर ही
थी इनके उपयुक्त ?
···भले नहीं थी
निगल-निगलकर पोटा-थूक-खखार
करती थीं स्नानार्थी लोगों का भारी उपकार
समय-समय पर अण्डे देतीं जिससे होते छवरे लाख-हजार
इनके द्वारा
और भी कई
गुह्य प्रकट मल होते थे निःशेष
निश्चित जल-कर से कई गुनी
अधिक रकम ही
पाते थे पट्टीदार
···भले वहीं थी
क्रम न अनिश्चित था जीवन का

सब प्रबन्ध था संरक्षण का
आयु नियत थी, क्षेत्र नियत था
नियमित थे आहार-विहार
सपने में भी वहाँ नहीं था आकस्मिक चिन्ता का नाम
छोटी-सी सुन्दर दुनिया थी, टहल-बूल आना था काम
भले वहीं थी !
मुझे पता है
खाकर मछली-भात
धो-धाकर मुँह-हाथ
लेकर फिर मुखशुद्धि
सुपारी-लौंग-अड़ाँची-सौंफ
होकर के निश्चिन्त
तख्तपोश पर बैठ
करुणा-विगलित अभी आप तो यही सोचते होंगे
क्योंकि आपके दादा के परदादा ने खुदवायी थी पोखर
उसी बाध में
जो कि आज तक चला आ रहा
लाखिराज ब्रह्मोत्तर
(पटना या मुर्शिदाबाद के
किस नबाब की अनुकम्पा थी, कौन बताए)
तान्त्रिक पूर्वज की वह महिमा
भले बेचकर आप खा गए
किन्तु नहीं अविदित है पोखर की मछली का स्वाद
रह-रहकर आती होगी याद
तभी तो पाठकजी 'महराज'
स्वयं तत्पर थे आज
सरकी उधर लगा रखी थी
सहत हाथ में लिये हुए थे
बीच-बीच में ताजी छप-छप कर उठती थी
सगुन बना था
खूब लगी थीं हाथ मछलियाँ···
लाल-लाल मुंह वाले रोहू, भाकुर, ब्वारी, नैनी
निका-बनाकर
कुट्टी-कुट्टी करके
हल्दी-दही-नमक मिझड़ाकर
सूच्चा कड़ु तेल में तलने बैठी जब वह सकृत्प्रसूता

चार-चार लहठी वाली अट्ठारह साला
मृदुवैनी मृग नैनी
पांडुश्यामा मधुर-तृतीया
अपनी ही पत्नी;
कड़ कड़ कड़ाक कड़ कुस्स
घुस् सुस् सुस् सुस् सुस्...
तले जा रहे मछली के खण्डों से बारम्बार उठी खूब आवाज
तलते तलते
रोक छोलनी होकर कुछ ध्यानस्थ
लगी देखने शशिवदना वह दृश्य
फिर-फिर सुनने लगी वही आवाज...
रोहू का ललमुँहाँ मुंड़ क्या बोल रहा था ?
रजत-पिच्छिला मुनचट्टी की पेटी से क्या आती थी आवाज ?
धूसर भाकुर की वह मांसल कनपट्टी
पड़ पड़ पड़ पड़ फट फट फट फट फट
किस रहस्य की खोल रही थी गाँठ ?
—यह सब सचमुच ही अगम्य था
तभी समझ में आया
बहुत दिया जब ध्यान
दो टूटे दाँतों वाले इन भद्र अधेड़ महानुभाव
(मथुरा पाठक) की
मधुर तृतीया भार्या
प्राणों से भी प्यारी
वह कुलीन मैथिल की कन्या
फिर-फिर सुनने लगी वही आवाज...
"हम भी मछली, तुम भी मछली
दोनों ही उपभोग वस्तु हैं
ज्ञाता स्वाद सुधीजन, सजनी हम दोनों को
अनुपम बतलाते हैं
वनिता धर पल्लव में किंवा
जंबीरी रस-सिक्त मत्स्य खण्डों में
कहीं नहीं अन्यत्र
इन्हीं में
मिलती आई है अमृत द्रव की अशेष परितृप्ति
उन लोगों को;
इसीलिए तो हम तुम दोनों

युग-युग से पाती आई हैं
विपुल प्रशंसा
रसिकों की गोष्ठी में बहुशः;
इसीलिए तो
हमें इन्होंने कैद कर लिया तालाबों में
इसीलिए तो
तुम्हें इन्होंने कैद कर लिया
सात-सात डेवढ़ियों वाली हवेलियों में
सुविधा और सामर्थ्य मुताबिक
अपनी-अपनी रुचि के ही अनुसार वे सभी
रसना-रति के लेलिहान उस अग्निकुण्ड में
भून-भूनकर हमें खा गए···
और, अभी तक खाए जाते
चहबच्चों में, तालाबों में
बन्दी का यह निर्बाध जीवन
बहन, हमारे आत्मबोध पर
कालान्तर मे लगा चुका है पोची
किन्तु आज तो
कोशी की धारा ने आकर तोड़ दिया है बाँध
आज आ गईं, सखि, हम बाहर
एक-एक कर
उथल-पुथल है जन जीवन में
सभी ओर उत्क्रान्ति हो रही
टूट रहे हैं अन्तःपुर के ढाँचे
आज या कि कल
तुम भी तो निकलोगी बाहर
हवेलियों मे, डेवढ़ियों मे
फिर जनपद के खण्डहरक ये मिट जाएँगे
शब्दकोश को छोड़ कहीं भी
नहीं 'असूर्यम्पश्या' का अस्तित्व रहेगा
'पौरकुमारी' रह न जाएगी
धन्य हमारा भाग्य आज सखि,
धन्य हमारी हत्या
मिला मुक्ति का स्वाद
भूल गईं हम पिछली बातें, रहा न कुछ भी याद
बहुत दिनों पर पाई हमने छूट

मचने दो यदि मची हुई हत्या अथवा लूट
वन्या के प्लावन से सहसा पुष्करिणी की
परिधि गई है टूट

१९४८

वह कौन था ?

कोर्ट की दीवार पर
चुपचाप जो पोस्टर अभी चिपका गया
वह कौन था ?
जो चाय की दूकान के उस बरंडे पर
फेंककर नोटिस अभी गायब हुआ
वह कौन था ?
जो प्लेटफार्म पर जमा इन यात्रियों की भीड़ में
यह लीफलेट गिरा गया है
अभी चलती ट्रेन से
वह कौन था ?
सुप्त सुन्दर सड़क के अति रुचिर उर पर
शिशिर की नीरव निशा में
चाक से जो स्पष्ट अक्षर लिख गया
वह कौन था ?

क्या लिखा है ?
राह चलते लोग रुक रुक पास आते
बाँचते हैं
चकित-विस्मित दृष्टियों से निगलकर भावार्थ
रह रह कर परस्पर को ताकते हैं—
क्या लिखा है ?
परस्पर नजदीक करके इशारों से बात सारी
राह चलते लोग गुपचुप राह पकड़े जा रहे हैं···
क्या लिखा है ?
-क्षीण अनशनक्लिष्ट आहत···
'राजनैतिक बंदियों का वध हुआ है···

'हो गई निःशेष लाशें···
'एंबुलेंसी कार आई, गई वापस···
'शान्तिपूर्वक हो गया सम्पन्न यह नरमेध···
चुप रहो, चुप, चलो जल्दी !
अरे, हाँ, तो क्या लिखा है ?
'बूचड़ों की कैद में हैं, भाइयों, साथी हमारे
'तोड़कर हम जेल का फाटक—
'उन्हें आजाद करते जा रहे हैं
'आज-कल-परसों कि चौथे रोज निश्चय
'पुलिस-क्वार्टर में अगर भगदर मचे, तो
शान्त रहना, भाइयों, मत हड़बड़ाना···"
राह चलते लोग रुक-रुक पास आते, बाँचते है
परस्पर को ताकते हैं
परस्पर तसदीक करके इशारों से बात सारी
खिसकते हैं
सोचते हैं
सोचते ही चल रहे हैं—
अरे, इस "आजाद छापेमार टुकड़ी" में भला कै जने होंगे !
हमारी ही भाँति उनके भी कदाचित् नाम होंगे···
मधु, मुरली, गजाधर, अफजल कि छट्टू !!
आज बंधन-मोक्ष के त्योहार का आरम्भ होता है
'उपद्रव', 'उत्पात' कहकर कुबेरों का वर्ग रोता है
कर-चरण-मन-प्राण फंदों में फँसे थे—
दिशा थी अवरुद्ध, दृग पथरा रहे थे—
सर्वहारा ने निकाला है स्वयं ही मुक्ति का यह मार्ग
महाश्वेता दानवी कवल से सर्वांशतः अब मुक्त होगा राष्ट्र
अब आजाद होंगे नगर, आजाद होंगे गाँव
अब आजाद होगी भूमि
अब आजाद होंगे खेत
अब आजाद होंगे कारखाने
मशीनों पर और श्रम पर, उपज के सब साधनों पर
सर्वहारा स्वयं अपना करेगा अधिकार स्थापित
दूहकर वह आंत जोंकों की, मिटा देगा धरा की प्यास
करेगा आरम्भ अपना स्वयं ही इतिहास
बुद्धिजीवी जनों की क्षमता करेगी काम सोने में सुहागे का
सम्मिलित स्वेच्छा प्रणोदित जानियाँ पथ बना लेगी स्वयं आगे का

औलिया की दी हुई तावीज बाँधे बाँह में
यह पुलिस-इन्स्पेक्टर बहादुर
एस० पी० को दे रहे हैं गालियाँ···
कर दिया पार्सल ससुर ने
कम्यूनिस्टों के क़िले में
आठ ठो बन्दूक
दस ठो आदमी हैं
जीप है साली सड़ी-सी···
पुलिस-इन्स्पेक्टर बहादुर को न आती नींद गाढ़ी
अर्ध-निद्रित दशा में बिसुना रहे हैं :
लाल झण्डे का हथौड़ा पड़ा सर पर—
और, हँसिया ने गले को धू लिया है—
बाप रे !
—क्या हुआ सरक़ार ?
हड़बड़ाकर उठ गये कानिस्ट बोल
पूछते हैं आँख मलकर
—क्या हुआ सरकार ?
— कुछ नहीं जी, कुछ नहीं !
—तो, क्या हुआ सरकार ?
—चुप रहो जी, भूत का शुबहा हुआ···

पिट पिटाकर
लुट लुटाकर
पुलिस इन्स्पेक्टर बहादुर
लिख रहे दो रोज बाद रिपोर्ट:
मिर्च की बुकनी छिड़ककर आँख में
हमारे हथियार डाकू ले गये
किया काबू में मुझे
पिस्तौल तक छोड़ा नहीं, सर !
बड़े दुख की बात है, सर !

आठ ठो बंदूक···
एक ठो पिस्तौल···
सैकड़ों कारतूस···
पाँच लम्बी, तीन छोटी टार्च···
भर कनस्तर घी, अनेकों टिन किरासिन

बहुत सारा और भी सामान···
मार लाया रात को 'आजाद छापेमारदल'
बगीचे का कैम्प उठकर इसी से तो राय साहब की कचहरी में चला आया है
जमींदारों के हृदय में घुस गया है बाघ
बस चले तो बेचकर वह भूमि-धन-पशु-दास-दासी-बाग-पोखर-चौर-चांचर
भाग जाए फारमूसा
या, सुरक्षा समिति के ननिहाल जाकर चैन की बंसी बजाएँ
पर, अचल सम्पति है यह
ढोल मामूली नहीं है
बाँधकर जिसको गले से भाग जाएँगे कही राजा बहादुर, राय साहब

सो न होगा !
भूमि अब प्रतिशोध लेगी
लील जाएगी उन्हें जो निरर्थक छेके हुए हैं—
अहल्या की अति व्याप्ति-समान उसको महामूर्च्छा की दशा में,
अभी तक रक्खे हुए हैं
लील जाएगी उन्हें वह
पकड़कर छाया भगोड़ों को करेगी कैद, पृथ्वी पुत्र देगा दण्ड उनको
आत्मबोध हुआ
पृथ्वीपुत्र जागे
ले रहे अंगड़ाइयाँ, लो, उठ गए हैं
(दंडपाणि त्रिशूलधारी चक्रधर हलधर गदाधर)
छीन लाए हैं पुलिस से दुनाली बन्दूक
अपने आप सीखेंगे चलाना
अहिंसा का खाल ओढ़े, हिंसकों का होश होगा ठीक
पुलिस में भगदड़ मचेगी, आ सकेगा आततायी नहीं पृथ्वीपुत्र के नजदीक
रुद्रता अनिवार्य होगी भद्रता के पूर्व···
सर्वहारा वर्ग के नीललोहित फूल, तुम बहुतेरा फलो
हे अपरिचित भूमिगत, अज्ञातवासी
नाम गोत्रविहीन प्रिय 'आजाद छापेमार' टुकड़ी के बहादुर बन्धु !
निष्कंटक करो इस कंटकावृत भूमि को
अपनी परिधि का करो तुम प्रस्तार
हे नवशक्ति !

१९४८

लाल भवानी

झूठ-मूठ सुजला-सुफला के गीत न हम अब गायेंगे,
भात-दाल-तरकारी जब तक नहीं पेट भर पायेंगे;
सड़ी लाश है ज़मींदारियाँ, इनको हम दफ़नायेंगे,
गाँव-गाँव पाँतर-पाँतर को हम भू-स्वर्ग बनायेंगे;
खेत हमारे, भूमि हमारी, सारा देश हमारा है,
इसीलिए तो, हमको इसका चप्पा-चप्पा प्यारा है;
ज़मींदार हैं बदहवास, हमने उनको ललकारा है,
जिसका जाँगर उसकी धरती, यही एक बस नारा है;
नाहक ही हम पिटते आए, व्यर्थ लाठियाँ खाई हैं,
पहचाना अब, चोर-चोर सब ये मौसेरे भाई हैं!

होशियार, कुछ देर नहीं है लाल सवेरा आने में,
लाल भवानी प्रकट हुई है सुना कि तैलंगाने में!

ऊबड़-खाबड़ बालू वाली परती बंजर या ऊसर,
कैसी भी हो, धरती निर्भर रही जोतने वालों पर;
सदियों तक लूटता रहा है, जमा किया है, खोयेगा,
दो पैसा भी ज़मींदार अब क्यों मुआवज़ा पायेगा;
गूँज रहा है दसों दिशा में भूखे खेतिहरों का स्वर;
सुनें प्रीमियर, सुनें मिनिस्टर, सुनें असिमली के मेम्बर;
अँग्रेजी, अमरीकी जोंकें, देशी जोंकें एक हुईं;
नेताओं की नीयत बदली भारतमाता टेक हुई;
राजाओं को अभय दान देकर परजा को आप ठगें,
अड़ड़-अड़ड़ धम अड़ड़-अड़ड़ धम काशमीर में तोप दगें;

कागज़ की आज़ादी मिलती ले लो दो-दो आने में,
लाल भवानी प्रकट हुई है सुना कि तैलंगाने में!

पुलिस और पलटन के हाथी कितना चारा खाते हैं,
वही रंग है, वही ढंग है, फरक नहीं कुछ पाते हैं;
ऊपर वाले बैठे-बैठे ख़ाली बात बनाते हैं,
बाढ़-अकाल-महामारी में काम नहीं कुछ आते हैं;
देश-भक्ति की सनद मिल रही आए दिन शैतानों को,
डाँट-डपट उपदेश मिल रहे दुखी मजूर-किसानों को;

बात-बात में नाक रगड़ना पड़ता है इन्सानों को,
हरी फ़सल चरने को छुट्टा छोड़ दिया है हैवानों को;
सड़ी-गली नौकरशाही से पहले ही ऊबे थे हम,
इधर 'स्वराज' मिला है, तब से दूर हो गया सभी भरम;

नेता परेशान हैं जनता का तूफान दबाने में,
लाल भवानी प्रकट हुई है सुना कि तैलंगाने में !

सेठ और ज़मींदारों को नहीं मिलेगा एक छदाम,
खेत-खान-दूकान-मिलें सरकार करेगी दखल तमाम;
खेत-मजदूरों और किसानों में ज़मीन बँट जायेगी,
नहीं किसी कमकर के सिर पर बेकारी मँडरायेगी;
नहीं मिलेगा साज़िश करने का मौका ग़द्दारों को,
वतन-फ़रोशी का न मिलेगा ठेका ठेकेदारों को;
सपने में भी क्षमा मिलेगी नहीं कभी हत्यारों को,
एक-एक कर क़ैद करेगी जनता रँगे सियारों को;
नौकरशाही का यह रद्दी ढाँचा होगा चूरम-चूर,
सुजला सुफला के गायेंगे गीत प्रसन्न किसान-मजूर;

इन कानों को तृप्ति मिलेगी, तब उस मस्त तराने में,
लाल भवानी प्रकट हुई है सुना कि तैलंगाने में !

१९४८

खाली नहीं और खाली

मकान नहीं खाली है
दुकान नहीं खाली है
स्कूल नहीं ख़ाली ख़ाली नहीं कॉलेज
ख़ाली नहीं टेबुल, ख़ाली नहीं मेज
ख़ाली अस्पताल नहीं
ख़ाली है हाल नहीं
ख़ाली नहीं चेयर, ख़ाली नहीं सीट
ख़ाली नहीं फुटपाथ, ख़ाली नहीं स्ट्रीट

खाली नहीं ट्राम, खाली नहीं ट्रेन
खाली नहीं माइण्ड, खाली नहीं ब्रेन
खाली है हाथ, खाली है पेट
खाली है थाली, खाली है प्लेट !

१९४८

नई पौध

बढ़ा है आगे को बेतरह पेट
धँसी-धँसी आँखें
फूले-फूले गाल
टाँग है कि तीलियाँ, अटपटी चाल
दो छोटी, एक बड़ी
लगी है थिगलियाँ पीछे की ओर
मवाद, मिट्टी, पसीना और वक्त—
चार-चार दुश्मनों की खाये हुए मार
निकर मना रही मुक्ति की गुहार
आँत की मरोड़ छुड़ा न पाई बरगद की फलियाँ
खड़ा है नई पौध पीपल के नीचे खाद की खोज में
देख रहा ऊपर
कि फलियाँ गिरेंगी
पेट भरेगा
और फिर जाकर
सो रहेगा, चुपचाप झोपड़े के अन्दर
भूखी माँ के पेट से सटकर

१९४८

भुस का पुतला

फैलाकर टाँग
उठाकर बाहें
अकड़कर खड़ा है भुस-भरा पुतला
कर रहा है निगरानी
ककड़ी-तरबूज की
खीरा-खरबूज की
सो रहा होगा अपाहिज मालिक घर में निश्चिन्त हो

खेत के नगीज़
कोई मत आना
हाथ मत लगाना
प्रान जो प्रिय है तो
भुस का पुतला खाँस रहा खोऽ खोऽ खोऽ

अहल भोर
गया था डोल-डाल
खेत की हिफाजत का देखा जब यह हाल
हँस पड़ा भभाकर मैं
यह भागी लोमड़ी
वह भागी लोमड़ी
सर सर सर सर, खर खर खर खर
दूर का फासला चट गई पार कर
अकेले हँसा मैं ठहाका मारकर
मेरे कहकहे पर हो गया नाराज़
फटे-पुराने कुर्ते से ढका—
भुस का पुतला
दप दप उजला

सरग था ऊपर, नीचे था पाताल
अपच के मारे बुरा था हाल
दिल-दिमाग भुस का, खद्दर की थी खाल

१९४८

शपथ

बापू, तुम तर्जनी उठाकर
आसमान से मना कर रहे—देख रहा हूँ
पर, कितनी भी लम्बी हांके
हृदय नहीं परिवर्तित होगा
क्रूर कुटिलमति, चाणक्यों का
नहीं-नहीं, कभी नहीं।
परिवर्तित है अंग-भंगिमा
परिवर्तित है वेश
स्वर भी काफी बदल गया है
दुबक गये हैं आज, किन्तु कल फिर निकलेंगे
कहाँ नहीं है कोटर इनका !
कहाँ न इनका जाल बिछा है !
तीन-तीन गोलियाँ, बाप रे
मुँह से कितना खून बहा है
महामौन यह पिता तुम्हारा
रह-रह मुझे कुरेद रहा है !
इसे न कोई कविता समझे
यह तो पितृ-वियोग-व्यथा है
श्राद्ध-समय में बहे न आँसू
यह तो बड़ी विचित्र प्रथा है
पर न आज रोके रुक पातीं
आँखें मेरी भर-भर आतीं
रोता हूँ लिखता जाता हूँ
कवि [illegible] बेकाबू पाता हूँ।
कैसे इस कोरे काग़ज़ पर पूरी-पीर उतार सकूँगा ?
गंगा-यमुना सभी रो रहीं
दसों-दिशाएँ ध्वनित हो रहीं
पृथ्वी उन्मन
विकल है गगन
नील जलधि शतत: उद्वेलित
स्तब्ध हिमालय के शिखरों पर घनीभूत हो रहे तुहिन
तृण-तरु-वृक्ष-वनस्पति सारे खिन्न खड़े हैं
मृदुल मनोरम लतिकाओं की कान्ति म्लान है

शोक-क्षोभ से पशु-पक्षी के मुँह उदास हैं
नयन शून्य हैं, श्वास अनियमित
स्तिमित और प्रकुपित मानव का पित्त
शिराओं का स्पन्दन आवेगशील हैं
नहीं चाहिए इन कानों को आज रामधुन
नहीं चाहिए भगवद्गीता का आश्वासन
नहीं चाहिए तम्बूरे की तन्त्री मिश्रित करुण रागिनी
नहीं चाहिए अस्थि तुम्हारी
नहीं चाहिए भस्म तुम्हारा
भस्मासुर को खोज रहा है
पुंजीभूत प्रकोप हमारा
नहीं किसी को होता है विश्वास
कि तुमने लिया आखिरी श्वास
हे भारत के परमपिता, तुम
व्यक्ति-व्यक्ति के मन-मन्दिर में विद्यमान हो
निविड़ तिमिर में देव तुम्हीं जाज्वल्यमान हो
लाख छिपे नीड़ों में, फिर भी अत्याचारी रच न सकेंगे
अब वे चक्रव्यूह दूसरा बच न सकेंगे
काँटे कहाँ, कहाँ रोड़े हैं
कहाँ गढ़ा है, कहाँ रेत है
सभी साफ हो गया आज, जनता सचेत है
कोटि-कोटि कंठों से निःसृत सुन-सुनकर आक्रोश
भगवा-ध्वजधारी दैत्यों के उड़े जा रहे होश

लगे बदलने दुष्ट पैंतरे···
जोर-जोर से
खांस-खांस कर
शुरू हो गया नेताओं का
मधुर बुझावन मधुर सिखावन—
शान्त रहे हम
हत्यारे को सजा मिलेगी !
जो भी कुछ करना है सब सरकार करेगी
तप्पर हो सारी साजिश की जाँच और पड़ताल करेगी
शान्त रहे हम !
चुप बैठे हम !
धरे हाथ पर हाथ

'हाय हाय' कर सो भी आहिस्ते से पीटें माथ !
आहत बापू,
मृत्यु-समय की तेरी सौम्य मुखाकृति की ही
छवि उतारकर
रुद्धकण्ठ हो, सजल नेत्र हो
जन-समूह से मांग रहा है भीख क्षमा की
गांव-गांव में
गली-गली में
नगर-नगर में
सत्य अहिंसा शान्ति और करुण मानवता…
तेरी बनी-बनाई टिकिया बाँट रहा है
साँझ-सवेरे
यातुधान की अद्‌भुत माया मुझसे कही न जाए
कौन बताए कालनेमि की लीला अपरम्पार
काली टोपी जला-जला वह आज कर रहा
तेरी जय-जयकार ?
रोकर-धोकर ठोक-ठाककर
तेरह दिन तक शोक मनाकर
भले और कुछ नहीं हुआ हो
भस्मासुर की आयु तो बढ़ी !
तुमको खोकर
लौह-पुरुष का वज्र-हृदय अब द्रवित हुआ है
उस दिन सुबुक-सुबुक रोये हैं वह 'बेचारे'
भरी सभा में
अब तो भरराक
धीरे-धीरे दानव-दल का दमन कर रहे
क्षुब्ध क्रुद्ध प्रज्वलित देश को
इतना भर से क्या होगा परितोष ?
नहीं रहा अब वह नाबालिग
नहीं रहा अनजान
कि सीधे लेगा मान
क्या करते थे दिल्ली में बैठे पटेल सर्दार
जिसके घर में कोई घुसकर साधू को दे मार
वैसे गृहपति को धिक्कार

दिल्ली में यमुना के तट पर

आज तुम्हारा श्राद्ध रहा
तिल-मधु-मिश्रित पिण्ड पड़ेंगे
किन्तु पिता मैं परम क्षुब्ध हूँ, परम क्रुद्ध हूँ
देख रहा हूँ मैं मँडराती इन पिण्डों पर
भस्मासुर की छाया !
फिर कैसे श्रद्धांजलि देने को ये हाथ उठेंगे ?
हाँ बापू, निष्ठापूर्वक मैं शपथ आज लेता हूँ
हिटलर के ये पुत्र-पौत्र जब तक निर्मूल न होंगे—
हिन्दू-मुसलिम-सिख फासिस्टों से न हमारी
मातृभूमि यह जब तक खाली होगी—
सम्प्रदायवादी दैत्यों के विकट खोह
जब-तक खँडहर न बनेंगे
तब तक मैं इनके खिलाफ लिखता जाऊँगा
लौह-लेखनी कभी विराम न लेगी
खेत-खान में, मिल-मकान में
पुतलीघर में, चा-बगान में
वर्कशॉप में, बाट-घाट पर
स्कूल और कालेजों में भी
गाँव-गाँव में, नगर-नगर में
गली-गली में, मोड़-मोड़ पर
कहाँ नहीं तेरी चर्चा है ?
कहाँ न जनता क्षुब्ध-क्रुद्ध है ?
कहाँ न जनता दाँत पीसती हत्यारों पर ?
इस पवित्र पावक को, बापू, मैं प्रज्वलित रखूँगा
ठण्डा पानी सींच न पायेगी इस पर सरकार !

१९४८

एक मित्र को पत्र

यदि कदाचित्
जेठ औ' आषाढ़ के बोझिल दिनों की
यह सिसकती साँझ

तुमको स्मृति दिलाये
हिमालय पर घिरे घन की
यदि कदाचित्
सदानीरा के किनारे
खड़े होकर
ध्यान में आ जाए वह क्षण
जबकि पहले पहल हम तुम
मिले थे औ' परस्पर को ताकते ही रह गए थे
साँस रोके खड़ी थी इंजन हमारी वात सुनती
यदि कदाचित्
मकइ-मड़ुआ साम-कावन धान-गम्हड़ी आदि
बोये जा रहे हों
वाग्मती-कमला गण्डक-कोसकी के
स्वर्णगर्भित अंचलों में
तो तुम्हारे कंठ से ही
महाकवि मेरा गरजने जा रहा है :
दूत बनकर मेघ विरहिन को न आगे ठग मकेगा
नहीं कविकुल गुरु धरा की ठोस मिट्टी छोड़ नभ को ढक सकेगा
मन्द क्रम के छन्द वे हो जायंगे अब तीव्रगामी
नहीं होंगे दास, होगा नहीं स्वामी

मैं प्रवासी
मित्र, तुम तो देश में हो
हो रही ईर्ष्या तुम्हारे भाग्य से
पर क्या करूँ
अभिशप्त ठहरा
बन्धु, मेरे पास भी यदि
बाप-दादों की उपार्जित भूमि होती
धान होता बखारों में
आम-कटहल-लीचियों के बाग होते
पोखरा होता मछलियों से भरा
फिर क्या न मैं भी
याद कर प्रथमा द्वितीया या तृतीया (प्रेयसी) को
सात छेदों की रुपहली बाँसुरी में फूंक भरता
वैष्णवों की विरहणी वृषभानुजा के नाम पर ही सही
फिर भी फूंक भरता···

निकलता चाँदी मढ़ी ससुराल की वह छड़ी लेकर
बीच में मैं, हरित-श्यामल खेत चारों ओर ···
श्लील या अश्लील कुछ भी गुनगुनाता मदिर-मुग्ध विभोर
किन्तु यह सब
असम्भव था वहाँ मेरे हेतु
इसी से तो भाग आता इधर ही, हे मित्र, बारम्बार
कलम घिसकर कमा लेता रोज पैसे चार
इस तरह के और भी हैं लोग
व्यास औ' वालमीकि के स्तुतिकार
कलम घिसुओं का हमारा यह नया संसार
किसी भी श्री मन्त से क्या माँगता है भीख ?
लेखनी ही है हमारा फार
धरा है पट, सिन्धु है मसिपात्र
तुच्छ से अति तुच्छ जन की जीवनी पर हम लिखा करते
—कहानी, काव्य, रूपक, गीत
क्योंकि हमको स्वयं भी तो तुच्छता का भेद है मालूम
कि हम पर सीधे पड़ी है गरीबी की मार
सुविधा-प्राप्त लोगों ने सदा समझा हमें भू-भार
लिखूं क्या प्रिय मित्र !
तुम तो स्वयं हो सज्ञान
पूर्वजों की परिधि में ही कैद रहकर
कर रहे हो विकट प्रायश्चित्त
प्राणदीप जला करके
अँधेरे में
सदानीरा के किनारे
सतत तुम आसीन
बनोगे क्या बोधिसत्व नवीन ?

१९४८

नई पौध !

बढ़ा है आगे को बेतरह पेट
धँसी-धँसी आँखें

फूले-फूले गाल
टाँगे है कि तीलियाँ, अटपटी चाल
दो छोटी, एक बड़ी
लगी है थिगलियाँ पीछे की ओर
मवाद, मिट्टी, पसीना और वक्त—
चार-चार दुश्मनों की खाए हुए मार
निकर मना रही मुक्ति की गुहार
आँत की मरोड़ छुड़ा न पाई बरगद की फलियाँ
खड़ा है नई पौध पीपल के नीचे खाद की खोज में
देख रहा ऊपर
कि फलियाँ गिरेंगी
पेट भरेगा
और फिर जाकर
सो रहेगा, चुपचाप झोपड़े के अन्दर
भूखी माँ के पेट से सटकर

१९४८

मांजो और मांजो

नहीं नहीं, अभी नहीं
अभी तो सिरिफ श्रीगणेश है
अपने पर्वो को
बार-बार मांजो
मांजो और मांजो, मांजते जाओ
लय करो ठीक, फिर फिर गुनगुनाओ
मन करो पर्वाह—क्या है कहना
कैसे कहोगे, इसी पर ध्यान रहे
चुस्त हो सेंटेन्स, दुरुस्त हों कड़ियाँ
पकें इत्मीनान से गीत की बड़ियाँ
ऐसी जल्दी भी क्या है ?
उस्ताद पुराना, भले शागिद नया है।
नैतिक-अनैतिक, सामाजिक-असामाजिक
भला या बुरा कुछ भी क्यों न हो

तलकर घोलकर बघारकर कहो
वस्तु है भूसी, रूप है चमत्कार
ध्वनि और व्यंग पर मरता है संसार
वाच्य या आशय पर कौन देता ध्यान
तर्ज और तरन्नुम है शायरी की जान
एक-एक शब्द है दुधारू गाय
उसका दुरुपयोग करना न हाय
हाय रे दैव ! हाय भगवान !
शब्द को दिया क्यों अर्थ का दान !
ध्वनि-ही-ध्वनि देते, देते मात्र लय-तान
भावों की दलदल में आकंठमग्न काव्यकला
त्राहि त्राहि कर रही उद्धार करो उसका।

१९४६

भारतेन्दु

सरल स्वभाव सदैव, सुधीजन संकटमोचन
व्यंग्य वाण के धनी, रूढ़ि-राच्छसी निसूदन
अपने युग की कला और संस्कृति के लोचन
फूंक गए हो पुतले-पुतले में नव-जीवन
हो गए जन्म के सौ बरस, तउ अन्ततः नवीन हो !
सुरपुरवासी हरिचन्द जू, परम प्रबुद्ध प्रवीन हो !

दोनों हाथ उलीच सम्पदा बने दलीदर
सिंह, तुम्हारी चर्चा सुन चिढ़ते थे गीदर
धनिक वंश में जनम लिया, कुल कलुख धो गए
निज करनी-कथनी के बल भारतेन्दु हो गए
जो कुछ भी जब तुमने कहा, कहा बूझकर जानकर !
प्रियवर, जनमन के बन गए, जन-जन को गुरु मानकर !

बाहर निकले तोड़ दुर्ग दरबारीपन का
हुआ नहीं परिताप कभी फूंके कंचन का

राजा थे, बन गए रंक दुख बाँट जगत का
रत्तीभर भी मोह न था झूठी इज्जत का
चौंतीस साल की आयु पा, चिरजीवी तुम हो गए !
कर सदुपयोग धन-मान का, वर्ग-दोष निज धो गए !

अभिमानी के नगद दमाद, सुजनजन-प्यारे
दुष्टों को तो शर तुमने कस-कस के मारे
आफिसरों की नुक्ताचीनी करने वाले
जड़ न सका कोई भी तेरे मुंह पर ताले
तुम सत्य प्रकट करते रहे बिना झिझक बिना सोचना
हमने सीखी अब तक नहीं तुलित तीव्र आलोचना

सर्व-सधारन जनता थी आँखों का तारा
उच्चवर्ग तक सीमित था भारत न तुम्हारा
हिन्दी की है असली रीढ़ गंवारू बोली
यह उत्तम भावना तुम्हीं ने हम में घोली
बहुजन हित में ही दी लगा, तुमने निज प्रतिभा प्रखर !
हे सरल लोक साहित्य के निर्माता पण्डित प्रवर !

हे जनकवि सिरमौरसहज भाखा लिखवइया
तुम्हें नहीं पहचान सकेंगे बाबू-भइया
तुम सी जिन्दादिली कहाँ से वे लावेंगे
कहाँ तुम्हारी सूझ-बूझ वे लख पावेंगे
उनकी तो है बस एक रट : भाषा संस्कृतनिष्ठ हो !
तुम अनुक्रमणिका ही लिखो यदपि अतिसुगम 'लिस्ट' हो !

जिन पर तुम थूका करते थे साँझ-सकारे
उन्हें आजकल प्यार कर रहे प्रभू हमारे
भाव उन्हीं का, ढब उनका, उनकी ही बोली
दिल्ली के देवता फिरंगिन के हमजोली
सुनना ही पन्द्रह साल तक अँग्रेजी बकवास है
तन भर अजाद हरिचंदजू, मन गोरन को दास है

कामनवेल्थी महाभँवर में फँसी बेचारी
बिलख रही है रह-रह भारतमाता प्यारी

यह अशोक का है चक्र, इसे क्या देगा धोखा
एक-एक कर लेगी सबका लेखा जोखा
जब व्यक्ति-व्यक्ति के चित्त से मिट जाएगी दीनता
माँ हुलसेगी खुलकर तभी लख अपनी स्वाधीनता

दुइ सेर कंकड़ पिसता फी मन पिसान में
घुस वइठा है कलिजुग राशन की दुकान में
लगती है कन्ट्रोल कभी, फिर खुल जाती है
कपड़ों पर से पहली कीमत धुल जाती है
बनिए तो यही मना रहे; विश्व युद्ध फिर हो शुरू
फिर लखपति कोटीश्वर 'बने; कुछ चेहरे हों सुर्खरू !

गया यूनियन जैक, तिरंगे के दिन आए
चालाकों ने खद्दर के कपड़े बनवाए
टोप झुका टोपी की इज्जत बढ़ी सौगुनी
माल मारती नेतन की औलाद औगुनी
हम जैसे तुक्कड़ राति-दिन कलम रगड़ि मर जायँगे
तो भी शायद ही पेट भर अन्न कदाचित पायँगे

वही रंग है वही ढंग है वही चाल है
वही सूझ है वही समझ है वही हाल है
बुद्धिवाद पर दण्डनीति शासन करती है
मूर्च्छित हैं हल बैल और भूखी धरती है
इस आजादी का क्या करें विना भूमि के खेतिहर ?
हो अमर भला किस बात का बिन बोनस मजदूर पर ?

लाटवाट का पता नहीं अब प्रेसिडेंट है
अपने ही बाबू भइया की गवर्मेण्ट है
चावन्न रुपए सेर, सेर ही भाजी भाजा
नगरी है अन्धेर और चौपट है राजा
एक जोंक वर्ग को छोड़कर सब पर स्याही छा रही
दुर्दशा देखकर देश की याद तुम्हारी आ रही

बड़े-बड़े गुनमन्त धँस रहे प्रगट पंक में
महाशंख अब बदल गए हैं हड़ा शंख में

प्रजातन्त्र में बुरा हाल है काम काज का
निकल रहा है रोज जनाजा रामराज का
प्रिय भारतेन्दु बाबू कहो, चुप रहते किस भाँति तुम
हैं चले जा रहे सूखते बिना खिले ही जब कुसुम ?

प्रभुपद पूजें पहिरि-पहिरि जो उजली खादी
वे ही पा सकते स्वतन्त्रता की परसादी
हम तो भल्हू देस दसा के पीछे पागल
महँगी — बाढ़ — महामारी मइया के छागल
है शहर जहल-दामुल सरिस निपट नरक सम गाँव है
अति कस्ट अन्न का, वस्त्र का, नहीं ठौर ना ठाँव है

पेट काट कर सूट-बूट की लाज निबाहैं
पिन से खोदें दाँत, बचावें कहीं निगाहैं
दिल दिमाग का सत निचोड़ कर होम कर रहे
पढ़ुआ बाबू दफ्तर में बेमौत मर रहे
अति महँगाई के कारण जीना जिन्हें हराम है
उनकी दुर्गत का क्या कहूँ जिनका मालिक राम है

सम्पादकगन बेबस करैं गुमस्तागीरी
जदपि पेट भर खायँ न बस फाँकें पंजीरी
बढ़ा-चढ़ा तउ अखबारन का कारबार है
पाँती-पाँती में पूंजीवादी प्रचार है
क्या तुमने सोचा था कभी; काले-गोरे प्रेसपति
भोले पाठक समुदाय की हर लेंगे मति और गति

अण्डा देती है सिनेट की छत पर चींटी
ढूह ईंट-पत्थर की, कह लो यूनिवर्सीटी
तिमिर-तोम से जूझ रहा मानव का पौधा
ज्ञान-दान भी आज बन गया कोरी सौदा
हे भारतेन्दु, तुम ही कहो, संकट को कैसे तरे ?
औसत दर्जे के बाप को कुछ न सूझता क्या करे ?

टके-टके बिक रहा जहाँ पर गीतकार है
बाकी सिरिफ सिनेमाघर में जहाँ प्यार है

कवि विरक्त बन फाँकि रहे चित चैतन चूरन
शिक्षक को भूखा रखता परमातम पूरन
अब वहाँ रोष है रंज है, जहाँ नेह सरिता बही
लो प्रेमजोगनी आजकल अन्नजोगनी हो रही

दीन दुखी मैं लिए चार प्रानिन की चिन्ता
बेबस सुनता महाकाल की धा धा धिनता
रीते हाथों से कैसे मैं भगति जताऊँ
किस प्रकार मैं अपने हिय का दरद बताऊँ
लो आज तुम्हारी याद में लेता हूँ मैं यह सपथ
अपने को बेचूंगा नहीं चाहे दुख झेलूं अकथ

मैं न अकेला, कोटि-कोटि हैं मुझ जैसे तो
सबको ही अपना-अपना दुख है वैसे तो
पर दुनिया को नरक नहीं रहने देंगे हम
कर परास्त छलियों को, अमृत छीनेंगे हम
सब परेशान हैं, तंग हैं, सभी आज नाराज हैं
हे भारतेन्दु तुम जान लो, विद्रोही सब आज हैं

जय फक्कड़ सिरताज, जयति हिन्दी निर्माता !
जय कवि-कुल गुरु ! जयति-जयति चेतना प्रदाता !
क्लेश और संघर्ष छोड़कर दिखलावें क्या छवि—
दीन दुखी दुर्बल दरिद्र हम भारत के कवि !
जो बना निवेदन कर दिया, काँटे थे कुछ, थूल कुछ !
नीरस कवि ने अर्पित किए लो श्रद्धा के फूल कुछ !

१९५०

महाकवि निराला

झाँझ और घड़ियाल बजाते
मर्मज्ञों को खूब खिझाते, खूब लजाते
चरणामृत पीने का अभिनय करते धूर्त-पुजारी
जाने किस-किस राक्षस ने आरती अभी न उतारी

हे औढर ओघड़ बम्भोला
परम प्रबुद्ध महाकवि
हे ममतामय पिता, सनेही सखा
अकारण बन्धु
सिद्ध आचार्य
वे ही तुमको पागल कहते जो हैं दुष्ट अनार्य
प्रगतिशील मानवता के हो सूझ-बूझ तुम
पाखण्डों से रहे जूझ तुम
प्रपितामह तुम नए-नए पौधों के
तुम उपादान कारण मानस सौधों के
महामहिम, शुभमूर्ति, यशोधन
तुम से ही पाते आए हैं हम उद्‌बोधन
प्रतिभा की यह कली खिली है
तुम से ही चेतना मिली है
जय लोकोत्तर ! जय युगद्रष्टा ! कवि-कुलगुरु भीम ललाम !
जनयुग का यह रिक्त-हस्त कवि सादर करता तुम्हें प्रणाम !

हाय रे हाय !
तुम्हारी चर्चा भी बन रही आज व्यवसाय
महाप्राण, जबरन तुमको गेरूआ पहनाकर
धूप-दीप-नैवेद्य सजाकर
हम दुनिया को ठगें, मगर धोखे में तुमको डाल नहीं सकते हैं
महाकाल के वज्र कंठ को फोड़-फाड़कर
गिरा तुम्हारी गूंज रही है;
"खुला भेद, विजयी कहाये हुए जो
लहू दूसरों का पिये जा रहे हैं..."
क्या कारण है ?
हँसते हो तुम खिल-खिल-खिल
खः खः खाह-खाह-खा
क्या कारण है ?
रोते हो तुम बहा-बहाकर आँसू
बुक्का फाड़-फाड़कर
क्या कारण है ?
बोल रहे हो बिड़-बिड़-बिड़-बिड़
उठा-उठा तर्जनी न जाने किसे शून्य में डाँट रहे हो ?
फाड़-फाड़कर आँखें, भौंहें कुंचित करके

अंग्रेज़ी में, बंगला में, या संस्कृत में ललकार रहे हो
किस दानव को ?
माँग रहे किससे हिसाब, कैफ़ियत तलब किससे करते हो ?
—हँसते हो तुम उन मूर्खों पर
जो युग की गति के मुड़ने का स्वप्न देखते !
—रोते हो तुम
दीन, दुर्दशाग्रस्त जनों की दुख दुविधा पर !
—डाँट रहे शोषक समाज को

बुद्धि विमल है, प्रखर चेतना
स्फीत धारण-शक्ति
याद रहती बातें
उत्तर देते हो पत्रों के
पाँच सात दस बीस तीस चालीस रुपैया
आए दिन 'मनिआर्डर' भेजा करते हो
एक-एक कूपन सम्भाल रक्खा है तुमने !

१९५०

बाक़ी बच गया अण्डा

पाँच पूत भारतमाता के, दुश्मन था खूंखार
गोली खाकर एक मर गया, बाक़ी रह गए चार
चार पूत भारतमाता के, चारों चतुर-प्रवीन
देश-निकाला मिला एक को, बाक़ी रह गए तीन
तीन पूत भारतमाता के, लड़ने लग गए वो
अलग हो गया उधर एक, अब बाक़ी बच गए दो
दो बेटे भारतमाता के, छोड़ पुरानी टेक
चिपक गया है एक गद्दी से, बाक़ी बच गया एक
एक पूत भारतमाता का, कन्धे पर है झण्डा
पुलिस पकड़ के जेल ले गयी, बाक़ी बच गया अण्डा

१९५०

प्रेत का बयान

"ओ रे प्रेत"—
कड़ककर बोले नरक के मालिक यमराज
"सच सच बतला !
कैसे मरा तू ?
भूख से, अकाल से ?
बुखार, कालाजार से ?
पेचिश, बदहजमी, प्लेग, महामारी से ?
कैसे मरा तू, सच सच बतला !"

खड़ खड़ खड़ खड़ हड़ हड़ हड़ हड़
काँपा कुछ हाड़ों का मानवीय ढाँचा
नचाकर लम्बी चमचों-सा पंचगुरा हाथ
रूखी-पतली किट-किट आवाज में
प्रेत ने जवाब दिया :
"महाराज !
सच सच कहूँगा
झूठ नहीं बोलूँगा
नागरिक हैं हम स्वाधीन भारत के···
पूर्णिया जिला है सूबा बिहार के सिवान पर
थाना धमदाहा
बस्ती रुपउली
जात का कायथ
उमर है लगभग पचपन साल की
पेशा से प्राइमरी स्कूल का मास्टर था
तनखा थी तीस रुपए, सो भी नहीं मिली
मुश्किल से काटे हैं
एक नहीं, दो नहीं, नौ-नौ महीने
घरनी थी, माँ थी, बच्चे थे चार
आ चुके हैं वे भी दयासागर, करुणा के अवतार
आप ही की छाया में !
मैं ही था बाकी
क्योंकि करमी की पत्तियाँ अभी कुछ शेष थीं
हमारे अपने पुश्तैनी पोखर में

मनोबल शेष था सूखे शरीर में…"

"अरे वाह—"
भभा कर हँस पड़ा नरक का राजा
दमक उठीं झालरें कम्पमान सिर के मुकुट की
फर्श पर ठोककर सुनहला लौह दण्ड
अविश्वास की हँसी हँसा दण्डपाणि महाकाल
"बड़े अच्छे मास्टर हो !
आए हो मुझको भी पढ़ाने ! !
मैं भी बच्चा हूँ…
वाह भाई वाह !
तो तुम भूख से नहीं मरे ?"

हद से ज्यादा डालकर जोर
होकर कठोर
प्रेत फिर बोला—
"अचरज की बात है
यकीन नहीं करते आप क्यों मेरा
कीजिए न कीजिए न आप चाहे विश्वास
साक्षी है धरती, साक्षी है आकाश
और और और और और भले
नाना प्रकार की व्याधियाँ हों भारत में
किन्तु—"
उठाकर दोनों बाँह
किट-किट करने लगा जोरों से प्रेत
"—किन्तु
भूख या क्षुधा नाम हो जिसका
ऐसी किसी व्याधि का पता नहीं हमको
सावधान महाराज,
नाम नहीं लीजिएगा
हमारे समक्ष फिर कभी भूख का ! !"

निकल गया भाफ आवेग का
शान्त-स्तिमित स्वर में प्रेत बोला—
"जहाँ तक मेरी अपनी बात है
तनिक भी पीर नहीं
दुख नहीं, दुविधा नहीं

सरलतापूर्वक निकले थे प्राण
सह न सकी आँत जब पेचिश का हमला…"

सुनकर दहाड़
स्वाधीन भारतीय प्राइमरी स्कूल के
भुखमरे स्वाभिमानी सुशिक्षत प्रेत की
रह गए निरुत्तर
महामहिम नरकेश्वर !!

१६५०

पक्षधर !!

चाहते हो—
    अगर तुम निर्विघ्न होकर
    शान्तिपूर्वक
    शिल्प-संस्कृति-कला का, साहित्य का निर्माण करना
चाहते हो—
    अगर तुम निर्विघ्न होकर
    शान्ति पूर्वक
    चिर समीहित स्वप्न को साकार करना
चाहते हो—
    शान्ति, शाश्वत शान्ति,
    घन आनन्द
    चिर कल्याण
    अज्ञय अमृत धारा
तो उठो—
    मन और तन की समूची ताकत लगाकर
    विघ्न-बाधा के पहाड़ों को गिरा दो, ढाह दो।
    अमंगल के, अशुभ के उन हेतुओं को ध्वस्त कर दो !
    खोदकर निर्मूल कर दो कण्टकावृत झाड़ियों को !
    राह में रोड़े पड़े हैं अमित-अगणित…
    उन्हीं से अतलान्त गह्वर पाट डालो !
अन्यथा—

कुछ भी नहीं तुम कर सकोगे
बहुत होगा, भागकर शिमला कि नैनीताल
अथवा मसूरी के पास जाकर
ललित लोकायन बनाकर
वहीं क्षेत्रन्यास लोगे
किन्तु—
युग के विप्लवी उत्ताप की इस परिधि से
बाहर रहेगा हिमालय किस भाँति
यह भी तो बताओ ?
अजी आओ—
इतर साधारण जनों से अलहदा होकर रहो मत;
कलाधर या रचयिता होना नहीं पर्याप्त है
पक्षधर की भूमिका धारण करो···
विजयिनी जनवाहिनी का पक्षधर होना पड़ेगा···
अगर तुम निर्माण करना चाहते हो
शीर्ण संस्कृति को अगर सप्राण करना चाहते हो।

जून '५०

धरती

धरती धरती है—
पन्हाई हुई गाय नहीं
कि चट से दूह लो कटिया भर दूध
धरती धरती है—
चावल या गेहूँ की ढेर नहीं
कि कुर्क करा के उठा ले जाओ
बेच दो मण्डियों में जाकर
धरती धरती है—
नहीं है वह आटोमोबाइल
कि स्विच दबाकर ड्राइव करोगे
छोड़ दोगे ले जाकर पटना या दिल्ली
धरती धरती है—
सचल-अचल वस्तुओं की जननी

सर्वसहनशीला अन्नपूर्णा वसुन्धरा
स्तुति नहीं, श्रम—कठोर श्रम माँगती
चाहती आई है सदा से धरती
कर्षण-विकर्षण-सिंचन-परिसिंचन
वपन-तपन-सेवा-शुश्रूषा
कर-चरण-तन का सचेतन संस्पर्श
सुदुर्लभ स्वेदकण
प्रतीक्षातुर नयनों के स्निग्ध-तरल प्रेक्षण
शिष्योचित श्रद्धाभक्ति
पुत्रोचित परिचर्या
पतिसुलभ प्रीति
मातृसुलभ ममता
पितृसुलभ परिपोषण
चाहती आई है सदा से धरती
अविरल अविराम अनाविल स्नेह
सरस स्वादु बहुविधि रसभरित फल-फूल-अन्न
उपजाती आई है जाने कब से !
मृत्यु नहीं, जीवन का देते आए हैं सन्देश
झूमते लहराते धान के पौधे
नाश नहीं, निर्माण के प्रतीक हैं साक्षात्
दिग्दिगन्त फैले हरित-शाद्वल क्षेत्र
जिन्हें देख-देख अघाते नहीं नेत्र
पौधों या पेड़ों में कभी नहीं फली हैं छुरियाँ
कन्द की जड़ से कभी नहीं निकलता विस्फोटक बम
चरकर घास गाय ने दूध के बदले दिया नहीं हलाहल
सोखकर धरती का रस जहर नहीं बरसाता कभी भी बादल
निछावर हम इस पर
तुम्हारी नहीं, हमारी है धरती
सुनो हे वज्रपाणि युद्धव्यसनी दानव
सुनो हे अशोभन अमंगल अघायु
तुम्हारा अपावन स्पर्श नहीं चाहती
अहल्या कल्याणी चिरकुमारी धरती
नजर उठाओ, देखो उस ओर
कर्ममुखर श्रमशील उद्गम सुख-सुविधा के
वोल्गा और याङ्सी-तटवर्ती इलाके
जहाँ कि निश्चिन्त निरान्तक निर्बाध

शत-सहस्त्र लक्ष-लक्ष वैज्ञानिक विश्वकर्मा
भट्टी में गला गला तोप-तीर तलवार
बना रहे तन्मय हो नित नए औजार
उपज और निर्माण के साधन···
ज्ञान, विज्ञान, मनोरंजन की सामग्री
प्रकृति-पराजय के उपादान···
मनुज कुल केतु
श्रम और शान्ति के सेतु
वैसे ही लक्ष-लक्ष अनागत विधाताओं के हेतु
सुरक्षित है स्वर्ण पुष्पा धरती का कौमार्य
तुम तो ठहरे नाश-महानाश के मसीहा
प्रलय का पर्याय है शान्ति तुम्हारी
कैसे तुम्हें वरेगी अहल्या कुमारी
धरती धरती है

१२.२.'५१

अजगर करे न चाकरी

कलाकार को लग गया प्रवचन का चस्का
सरल को जटिल बनाने का रोग···
यह भी ठीक है
वह भी ठीक है
'हाँ' भी कह लो
जँच जाए तो 'ना' भी कह लीजिए···
तर्जनी का पोर—
छू गया असमिया अण्डी का छोर
आवर्त-विवर्त-संवर्त-प्रवर्त-परावर्त
वामवर्त-दक्षिणावर्त अथ च घूर्णावर्त
विलक्षण था संकट···
खादी की धोती, खादी का कुर्ता, सधुअई प्रकट !!

कलम की निब को लग गयी जंग
अनेकान्त दर्शन ला रहा है रंग

बुलाते हैं श्रद्धालु, सुनते प्रवचन—
खोलकर कान, मूंदकर नयन
करता है ग्राम और नगर का भ्रमण
इन्द्रप्रस्थपुरी का यह ग्रहस्थ श्रमण
और क्या चाहिए ?
दक्षिणा मिलती है, आदर होता है
सांस्कृतिक संकट का रोना रोता है
प्रीमियर से लेकर इतर-साधारण पर्यन्त—
सभी के 'किं कुतः कथम्' का समाधान !!
कैसे दुष्कर हैं बेचारे के अनुष्ठान !!
ग्रहण करता फिरता श्रद्धानिवेदित सुदुर्लभ पकवान !!
बखानता चलता जीवन-दर्शन-ज्ञान-विज्ञान !

सब कहीं खींच है, सब कहीं तनाव…
बीचोंबीच खड़ा है यह अपटु-डेट-बाबा मलूकदास !!
समष्टि से निरपेक्ष, युग से उदास !!!

१९५१

वणिक्यपुत्र

इस पार कि उस पार
कार में बैठकर
निकला हवा खाने
गेहुंअन का पोआ…
कगार पर पहुंच रहा है बचपन
टानना सीख लिया है अभी से '555'
बड़ी ही नफ़ासत से निकालता
मुंह का धुआं
गंगा के किनारे खोद रहा
मन-ही-मन उमंग का कुआं
क्यूटिकुरा का धोआ
गेहुंअन का पोआ

१९५२

अकाल और उसके बाद

कई दिनों तक चूल्हा रोया, चक्की रही उदास
कई दिनों तक कानी कुतिया सोई उनके पास
कई दिनों तक लगी भीत पर छिपकलियों की गश्त
कई दिनों तक चूहों की भी हालत रही शिकस्त

दाने आए घर के अन्दर कई दिनों के बाद
धुआँ उठा आँगन से ऊपर कई दिनों के बाद
चमक उठीं घर भर की आँखें कई दिनों के बाद
कौए ने खुजलाईं पाँखें कई दिनों के बाद

१९५२

जयति जयति जय सर्व मंगला

शिव शिव शिव शिव···
शुभ शुभ शुभ शुभ···
मंगल मंगल···
शान्ति शान्ति···
धत् रहने भी दो !
क्या बकते हो !
लटक रही है तलवार रात-दिन इस गर्दन पर
—बेकारी की
—लाचारी की
—बीमारी की
चैन नहीं, आराम नहीं है
सपने में भी सुख-सुविधा का नाम नहीं है
तन विषण्ण, मन चिर अशान्त है
पल-पल छन-छन भयाक्रान्त है
कैसे लिखूं 'शान्ति' पर कविता ?
सित पारावत के पंखों की कर्पूरी कल्पना भला मैं कर पाऊँगा ?
आविल है अनुभूति अभावों-अभियोगों से

कटु-काषय है मेरा
पकड़ नहीं पाती है अपनी तिक्त-चेतना
शान्तिपाठ के सामगान की स्निग्ध ऋचा को
बहुत दुखी हूँ, बहुत विकल हूँ
मध्यवर्ग के सामाजिक अभिशापों का ही तो प्रतिफल हूँ
आलोड़ित मस्तिष्क, हृदय अति अशान्त है
परम अप्रतिम है कवि मेरा श्रान्त-क्लान्त है
कैसे लिखूँ शान्ति पर कविता !
अमन-चैन को कैसे मैं कड़ियों में बाँधूँ ! !
मैं दरिद्र हूँ
पुश्त-पुश्त की यह दरिद्रता
कटहल के छिलके-जैसी जीभ से
मेरा लहू चाटती आई !
मैं न अकेला
मुझ जैसे तो लाख-लाख हैं, कोटि-कोटि हैं
यों तो सबका यही हाल है
सभी सरों पर यह बवाल है
सभी दुखी हैं
दो प्रतिशत भी नहीं सुखी हैं
कैसे लिखूँ शान्ति पर कविता ?
पूस मास की धूप सुहावन
घिसे हुए पीतल-सी पांडुर
पूस मास की धूप सुहावन
स्तनपायी नीरोग गौर छवि
शिशु के गालों जैसी मनहर
पूस मास की धूप सुहावन
फटी दरी पर बैठा है चिर-रोगी बेटा
राशन के चावल से कंकड़ बीन रही पत्नी बेचारी
गर्भ भार से अलस शिथिल हैं अंग-अंग,
मुँह पर उसके मटमैली आभा
छप्पर पर बैठी है बिल्ली
किसके घर से जाने क्या कुछ खा आई है
चला चलाकर जीभ स्वाद लेती होठों का
सब कुछ है कोयला नहीं है
कैसे काम चलेगा बोलो
चावल नहीं सिझा सकती है

रोटी नहीं सेंक सकती है
भाजी नहीं पका सकती है
पूस मास की धूप सुहावन
घिसे हुए पीतल-सी पाण्डुर
पूस मास की धूप सुहावन
नरम नरम ऊनी लिबास-सी
पूस मास की धूप सुहावन
पत्नी ने टोका वर्ना मैं छन्दों के पैबन्द जोड़ता ही रह जाता
—गुमसुम-गुमसुम खोया-खोया !
क्या ही अच्छी लगती थी यह
पूस मास की धूप सुहावन
फौरन उठकर जाना होगा
जहाँ कहीं से एक अठन्नी लानी होगी
वर्ना इस चुल्हे के मुँह पर फिर मकड़ी का जाला होगा

अगले ही दिन
दिग् दिगन्त को बधिर बनाते
पश्चिम से पूरब को जाते
सात विमानों की कतार दे गई दिखाई
तड़ड़ तड़ड़ तड़, तड़ड़ तड़ड़ तड़
घड़ड़ घड़ड़ घड़, घड़ड़ घड़ड़ घड़
—विकट् रुद्र वज्र स्वर सुनकर
सजग हुआ मैं
लगा सोचने—
अमरीकी अंग्रेज-फ्रेंच-डच चालक होंगे
बर्मा, बिअतनाम, सिंगापुर, हाँगकाँग, बैंकाक, तोकिओ···
कहीं पड़ाव पड़ेगा इनका !
लन्दन-पेरिस-नियूयार्क से लाद-लादकर
अस्त्र-शस्त्र बारूद-बम सैनिक सेनापति
कैरो और करांची होकर
ये पहले दिल्ली आते हैं
और वहाँ से कलकत्ता-रंगून की तरफ···
रामराज का निर्मल-नील गगन जो ठहरा
इसमें होकर आते जाते रावण के विध्वंसी पुण्यक
निकट-पूर्व क्या, दूर पूर्व क्या, सकल एशिया
मृगयोचित रमणीय क्षेत्र हैं इनके खातिर

नील नदी का तट-अंचल हो या दमिश्क के खुश्क इलाके
रत्नगर्भ भारत हो चाहे पाकभूमि हो स्वर्ण प्रसविनी
काश्मीर का नन्दन वन हो
या कि सुभग नेपाल देश हो
हरी-भरी बर्मी धरती हो
धानों से लहराता श्यामल थाइलैण्ड हो
टिन की खान, रबर का जंगल—
उर्वर भूमि मलाया चाहे स्वर्ण द्वीप या देवद्वीप हो
फारमोसा हो या जापान हो
विअतनाम हो या कि कोरिया
यह समग्र एशिया इन्हीं का चारागाह है
अन्न चाहिए हमें, इन्हें कंकाल चाहिए
नमक चाहिए हमें, इन्हें बारूद चाहिए
जो लेना हो इनसे ले लो, मगर शान्ति का नाम न लेना
कहीं न तुम भी पकड़े जाओ, कहीं सफाई पड़े न देना
मरो भूख से
हो जाओ बर्बाद रोग से
भक्कू बनकर रहो
जहालत का सबूत दो
रामराज के आफिसरों के बूट करोगे साफ
तभी नौकरी मिलेगी
अमरीकन अंग्रेज विशेषज्ञों की टोली
अजी हमारी भूख प्यास का तापमान लेने आई है :
आँख मूंद लो !
किंग जार्ज का स्वर्गवास हो गया
अजी तुम उस आत्मा की शान्ति के लिए
परमेश्वर की करो प्रार्थना :
घुटने टेको, आँख मूंद लो !
दुखी देश के भाग्य विधाता
कोटि-कोटि डालर के दाता
बाहर के ये धन कुबेर
निस्वार्थ हमारी सेवा करने को उद्यत हैं

—शान्तिः शान्तिः !
निर्वाचन हो गया सविधि सम्पन्न
हमीं फिर ऊपर आए

लोकतन्त्र की विजय हुई है
नहीं एक भी काम रहेगा बाकी
भैया सब कुछ होगा—
—शान्तिः शान्तिः !
पीकर भंग, धतूर चबाकर
किन्हीं इलाकों के कुछ वोटर
सनक गए थे उस दिन तड़के
बैलों की जोड़ी से भड़के
बदहोशी में मतपत्रों का दुरुपयोग कर लिया उन्होंने
अब क्या होगा ?
तख्त तो न उलटेगा अपना ?
अरे कुछ नहीं
सब दुरुस्त है
सभी ठीक हैं —शान्तिः शान्तिः ! ! !
अन्न चाहिए ?
वस्त्र चाहिए ?
काम चाहिए ?
मन माफिक आराम चाहिए ?
वेतन में कुछ वृद्धि चाहिए ?
ऋद्धि चाहिए, सिद्धि चाहिए ?
औषध और मकान चाहिए ?
ज्ञान और विज्ञान चाहिए ?
अगले पाँच साल के अन्दर भाई मेरे, सब कुछ होगा।
धीरज रखो भाई मेरे
दिल दिमाग को सपने में भी गरम न होने देना बाबू
—शान्तिः शान्तिः शान्तिः शान्तिः ! ! !

शून्य सान्त्वना देने वाली शान्ति तुम्हारी तुम्हें मुबारक !
यह ढकोसला, यह आध्यात्मिक शान्ति तुम्हारी तुम्हें मुबारक !
तनन तनन तन, तुन तुन तुन तुन
सुबह रामधुन, शाम रामधुन
संस्कृति के नूपुर बजते हैं रुन झुन रुन झुन
छींक मारने से भी इसमें हो जाता है भारी असगुन
साधारण जनता की खातिर प्राणशोषिणी
लेकिन कतिपय गोत्र पोषिणी
कैसी भी हो, यह संस्कृति तो नहीं चाहिए

दश दिक्पालों के ही बूते क्या सारा संसार चलेगा
व्यक्ति-व्यक्ति में नई चेतना संचारित हो
सुख-सुविधा का और शान्ति का सम अवसर हो सभी के लिए
नहीं श्मशानी शान्ति चाहिए
नहीं वैष्णवी शान्ति चाहिए
नहीं भैरवी शान्ति चाहिए
नहीं निर्गुणी शान्ति चाहिए
हम इच्छुक है सगुण शान्ति के
त्रास और आतंक, बाध्यता अथवा संशय
नाश और विध्वंस, भूख या मौत मात्र की अधिस्वामिनी
महाकाल की कुलिश-कामिनी···
ऐसी शान्ति कौन चाहेगा ?
पेटी में पिस्तौल सँभाले अमन-चैन के बोल अधर पर
अब भी बाइबिल बाँट रहे हैं गोरी चमड़ी वाले बर्बर
गुर्खों की नरबलि दे देकर टिन और रबर बटोर रहे हैं
सौदागर अँग्रेज हमारे स्वाभिमान को बुरी तरह झकझोर रहे हैं
नभ से बरसा बरसाकर कीटाणु
कोरिया को वीरान बनाने वाले
राजघाट में बापूजी की शिव समाधि पर
मनों मनोरम फूल चढ़ाते ही रहते
हमें शान्ति की सीख दे रहे चील-गीध के चचे-भतीजे !
हमें शील का पाठ पढ़ाते
टाई-कॉलर सूट-बूट से लैस अद्यतन बाघ भेड़िये ?
अभी क्या हुआ—
छद्म रूपकों की परम्परा का यह तो आरम्भ मात्र है।
विकट बुभुक्षा, रिक्त पात्र हैं
अरबों डालर की सामग्री लील जाएगा यह कुंभोदर !
वह तिनरंगा, वह अशोक का चक्र
शंख का वह प्रतीक वह पुण्डरीक का
सजल कलश वह पाँच पल्लवों से परिशोभित
हंस मिथुन लांछित दुकूल वे सित-आपाण्डुर
बैलों की वह सुन्दर जोड़ी
बरगद का वह महाविटप···
रे एक-एक कर लील जाएगा संस्कृति के सारे प्रतीक यह विकट वृकोदर
ऐटमबम की बू आती, ले रहा जम्भाई
हिटलर-मुसोलिनी का भाई !!

सावधान ओ पण्डित नेहरू,
पैर तुम्हारे धँसे जा रहे डालर की दलदल में प्रतिपल
नग्न हो रही वह तटस्थता
इधर शान्ति है, उधर युद्ध है
बतलाओ तुम किधर बढ़ रहे ?
फौलादी पँजों के अन्दर नेपाली जनता कराहती : यह भी तुम हो !
फारस से पिट-पिटकर आने सौदागर अँग्रेज—
यहाँ स्वागत होता : यह भी तुम हो !
रूस-चीन-पूर्वी यूरोप के देश विकल हैं
सीधी-सादी लेन-देन के नाते-रिश्ते
कायम करने की खातिर वे मुँह बाये हैं, हाथ पसारे
हद दर्जे की लापरवाही उनकी ओर दिखाई जाती
अभिनय तक सीमित रहता है भाईचारा : यह भी तुम हो !
और श्रीमती रूजवेल्ट हैं आज पधारी
अमरीका की तरफ हमारा क्या रुख होगा
इस बुजुर्ग महिला के प्रवचन गूँज रहे
काशी-प्रयाग-मथुरा-काँची में
परम सुदुर्लभ राजकीय नैवेद्य ढेर का ढेर
चल रहा आगे आगे : यह भी तुम हो !
दस हजार फुट ऊँचाई पर, दुर्गम बर्फानी घाटी में
देवदार के सघन वनों में चुह-चुह करते फिरें छछुन्दर
जड़ियों का संधान कर रहे, सीमान्तों की टोह ले रहे
रोक-टोक क्या, खुली छूट है : यह भी तुम हो

शरशय्या पर पड़े हुए हैं वृद्ध पितामह
स्तनपायी शिशु छिन्न मुण्ड छटपटा रहे हैं
नग्न-बुभुक्षित द्रुपद सुताएँ त्राहि-त्राहि करती फिरती हैं
पाँचों दिशाओं में मुँह फेरे पाँचों पाण्डव
एक चित्त हो नहीं पा रहे
बड़ी बड़ी तनखाहें पाने वाले विदुरों की मत पूछो
मुद्रित मुख नतनयन कुर्सियों पर बैठे हैं
अपना ली है सन्ध्या भाषा
भूमिदान करवाने की, लो, सनक सवार हुई है शिर पर लोमश मुनि के
दुर्वासा उपकुलपति बनने की फिराक में
घात लगाए घूम रहे हैं
क्यों न गवर्नर इन्हें बना लेते हो दादा !

आज नहीं तो कल सातों ऋषि वेतन भोगी भृत्य बनेंगे या कि पेंशनर
अक्षत हैं थोड़े यद्यपि देवता बहुत हैं
ब्रह्मा-विष्णु-महेश किसी को नींद न आती
कोटि-कोटि कण्ठों से निःसृत शान्ति पाठ सुन-सुनकर इनका मन अशान्त है
उद्वेलित है अस्त-व्यस्त है
अजी नहीं कल्याण मार्ग इतना प्रशस्त है
पुण्य-पाप शुभ-अशुभ और मंगल कि अमंगल बुरा-भला
कुल मिलकर ही तो सृष्टि सृष्टि है
शान्ति-अशान्ति सगी बहनें हैं
जैसे लक्ष्मी औ' सरस्वती
नहीं एक को छोड़ दूसरी जी सकती हैं
जी हाँ, जी हाँ, यह बचकाना तर्क
आपका स्वानुभूत ही होगा शायद…
हमें शान्ति ही शान्ति चाहिए
नए सिरे से रचना है संसार समूचा
शान्त समाहित हुए बिना स्रष्टा कैसे निर्माण करेगा ?
श्रान्त-क्लान्त कवि अभिधाओं में किस प्रकार व्यंजना भरेगा ?
स्वगत शोक में बीज निहित है विश्व व्यथा के
विश्व व्यथा में बीज निहित है स्वगत शोक के
अशुभ अमंगल के बीजों को तुम तो चन्दन की डिबिया में संजो रहे हो !

बोलो पण्डित, क्या नीयत है ?
इस डिबिया पर श्वेत-शिला का स्तूप बनेगा ?
बनियों की इंग्लिशिया रानी के हाथों उद्घाटन उसका करवाओगे ?
बन्धु, तुम्हारी गतिविधि से हम सशंक हैं
झूठ कहूँ, क्यों विगत शोक है, निरातंक है
कथनी कुछ थी, करनी कुछ है
चिन्तन तो हो सकता है तीसरी किस्म का
लीला ताण्डव-पण्डित बनकर झूल रहे हो आसमान में
हे अद्भुत नटराज, तुम्हारा इन्द्रजाल मैं समझ न पाता !
समझ न पाता; कामनवेल्थी छकड़े पर क्यों तुम सवार हो !
समझ न पाता, काश्मीर में बन्दर पंचों की अगवानी क्यों करते हो !
समझ न पाता, इन्द्रसिंह ने कौन बड़ा अपराध किया है
जिसके कारण बेचारे का पीछा करती फौज तुम्हारी
रौंद रही नेपाल समूचा !
समझ न पाता, क्यों निरीह गुर्खों को निश-दिन

बूचर अंग्रेजों की खिदमत में बेखटक भेज रहे हो क्वालालम्पुर
वीर मलायी जनता के वे शत्रु तुम्हारे मित्र हो गये कब से
मैं तो समझ न पाता !
सँभलो, सँभलो पण्डित नेहरू, दानवदल से नाता तोड़ो
आँख मिचौनी बहुत हुई, बस, महाकाल का सत्यानाशी दामन छोड़ो
वतन समुचा रेहन रखकर क्या पाओगे ?
किस मुँह से फिर गांधी जी के गुण गाओगे ?
जाने क्या तुम सोच रहे हो, जाने क्या करने वाले हो !
अपनी बात बताऊँ सुन लो
भूल गया हूँ दुःख व्यक्तिगत
स्वगत शोक भी याद नहीं हैं
सबके सुख की कलित कल्पना
मादकता-सी छा आई है दिल-दिमाग पर
जन सामान्य हमारी सारी आशाओं का प्राण-केन्द्र है
नई सृष्टि के नये विधाता कोटि-कोटि जन शान्ति चाहते
खोल-खोलकर अपना-अपना हृदय दिखाने को अति आतुर
मरु-गिरी कानन शान्ति चाहते
सभी मृत्यु से त्राण चाहते
सभी चाहते शान्ति, सभी कल्याण चाहते
लेकिन यह कल्याण कामना है न नपुंसक
इसके पीछे स्वतः प्रणोदित संघबद्ध जनता की हुंकृति
पृथु प्रतीक-सी प्रतिपल उद्यत
अन्तरिक्ष का मापदण्ड बनकर विराजती
जयति जयति जय सर्वमंगला, जय कल्याणी !!
जय जय जय जनकवि की वाणी !!
जय सचेत जनता की जय हो !
युद्ध चाहने वालों की मर्मान्तिक क्षय हो !!

१९५२

लक्ष्मी

कमल है आसन
उल्लू है वाहन

इन्द्र-वरुण-वसु-मरुत-कुबेर हैं पुजारी
जय जय हे महारानी
दूध को करो पानी
आपकी चितवन है प्रभु की खुमारी
महलों में उजाला
कुटियों पर पाला
कर रहा तिमिर प्रकाश की सवारी
गए नहीं कभी जेल
खेलते ही रहे खेल
बन गए दमड़ीमल यह तीसहज़ारी
कहाँ स्नेह, कहाँ बाती
अमा जुगुनू चबाती
आई नहीं दीपों के सौभाग्य की बारी
घोर अनर्थ है
भागना व्यर्थ है
शब्दवेधी वाण चला रहे शिकारी
सुखी है चाटुकार
मगन-मस्त हैं लबार
जिनके हित दिल्लीपति त्रिविधतापहारी
लहू की फेकें थूक
मरे शूद्र-शम्बूक
खेले क्रिकेट राम योजना बिहारी
स्वर्ग है पार्लमेण्ट
महक रहा इत्र-सेण्ट
करता है बहुमत जनहित की चाँदमारी
उद्यम-उद्योग अचल
बेकार है जनबल
हाथों पर चल रही छटनी की आरी
ओर है न छोर है
अपव्यय का जोर है
कब तक चलेगा ऋण, कब तक उधारी
झुकाकर व्यथित माथ
खाली मन, खाली हाथ,
पूजें तुम्हें कैसे कोटि-कोटि नर-नारी
घर-घर हो स्वर्गधाम
जन-जन को पूर्णकाम

द्वार-द्वार उमगे दीपावली प्यारी
मुख-मुख का हुलास
होठ-होठ पर हास
सुख-शान्ति पावें मानव-तन-धारी
दस-बीस अरबपति
न हर लें तुम्हारी मति
प्रलय नहीं मचावें क्रूर-कुविचारी
बदल लो आसन
बदल लो वाहन
प्रार्थना इतनी-सी मान लो

१९५

सौदा

चार बीड़ा पान थमाकर बोले मिस्टर ओसवाल :
बिज़नेस बिज़नेस है !
एमोशनल होने से चलता नहीं काम
जाइए, अभी आप कीजिए आराम···
घिसे हुए रिकार्ड की थर्राती ध्वनि में
बोला आख़िर मैं भी :
ठीक ही तो फ़रमाते हैं आप
मार्केट डल् है जेनरल बुक्स का
चारों ओर स्लंपिंग है; मगर ! मगर, दो साल हो गए
बेटा जकड़ा है बोन-टी-बी की गिरफ़्त में
पचास ठो रुपइया और दीजिएगा
बत्तीस ग्राम स्टप्टोमाइसिन कम नहीं होता है
जैसा मेरा वैसा आपका
लड़का ही तो ठहरा
एँ हें हें हें कृपा कीजिएगा
अबकी बचा लीजिएगा···एँ हें हें हें
पचास ठो रुपइया लौंडे के नाम पर !

ओफ़्फ़ो ऽऽऽ ह !

--फुफ् फुफ् फुफकार उठे
प्रगतिशील पुस्तकों के पब्लिशर मिस्टर ओसवाल
नामी दूकान 'किताब कुंज' के कुंजीलाल
यहाँ तो ससुर मुश्किल है ऐसी कि···
और आप खाए जा रहे हैं माथा महाशय मंजुघोष !
इतना कहकर खटाक से सेठ ने
कैप्स्टन् का साबित पैकेट पटक दिया
झटके से खुल गई स्वर्णिम चेन दामी रिस्टवाच की
प्रतिफलित हो उठी
सामने पड़े अति रुचिर पेपरवेट की पीठ पर
बढ़ गई मेरे दिल की धड़कन
अति चेतन मन से मैंने सोचा···
रूठ गए अन्नदाता ! हाय रे विधाता ! !

फिर मैं तपाक से उठा, ठुड्डी छू ली अपने सेठ की
बटोरकर साहस क्षण भर बाद बुदबुदाया :
अच्छा, जैसी हो आपकी मर्ज़ी !
पचास न सही पच्चीस या बीस
···इतना तो ज़रूर !
जिएगा तो गुन गाएगा लौंडा हिं हिं हिं हिं, हुँ हुँ हुँ हुँ
रोग के रेत में लसका पड़ा है जीवन का जहाज़--
भन्नाकर बीच में ही बोले मिस्टर ओसवाल :
वाह भई वाह ! खासी अच्छी कविता सुना गए आप तो !
थैंक्यू ! थैंक्यू महाशय मंजुघोष !
लेकिन जनाब यह मत भूलिए कि डालमिया नहीं हूँ मैं,
अदना-सा बिज़नेसमैन हूँ
खुशनसीब होता तो और कुछ करता
छाप-छाप कूड़ा भूखों न मरता
जितना कह गया, उतना ही दूँगा
चार सौ से ज्यादा धेला भी नहीं
हो गर मंजूर तो देता हूँ चैक
वर्ना मैनस्क्रृप्ट वापस लीजिए
जाइए, ग़रीब पर रहम भी तो कीजिए

अपने उस सेठ का यह तेवर देखकर सचमुच मैं गया डर—
बिदक न जाएँ कहीं मिस्टर ओसवाल ?

पाण्डुलिपि लेकर मैं क्या करूंगा ?
दवाई का दाम कैसे मैं भरूंगा ?
चार पैसे कम…चार पैसे ज्यादा…
सौदा पटा लो बेटा मंजुघोष !
ले लो चैक, बैंक की राह लो
उतराए ख़ूब अब दुनिया की थाह लो
एग्रीमेण्ट पर किया साइन, कापीराइट बेच दी
(नाम था नॉवेल का 'टण्डा-तूफ़ान'
छपके होंगे यही कोई डेढ़-एक सौ पेज
डबल क्राउन साइज़ के)
दस रोज सोचा, बीस रोज लिखा
महीने की मेहनत तीन सौ लाई !
क्या बुरा सौदा है ?
जीते रहें हमारे श्रीमान् करुणानिधि ओसवाल
साहित्यकारों के दीनदयाल
प्रूफ़रीडरों के प्रणतपाल
नामी दूकान 'किताब कुंज' के कुंजीलाल
इनसे भागकर जाऊँगा कहाँ मैं
गुन ही गाऊँगा, रहूँगा जहाँ मैं
वक़्त पर आते हैं काम
कवर पर छपने देते हैं नाम
मातम में—खुशी में करते हैं याद
फुलाते रहते हैं देकर दाद
नई-नई ली है अभी 'हिन्दुस्तान फ़ोर्टीन'
सो उसमें यदा-कदा साथ बिठाते हैं
पान खिलाते हैं, गोल्ड फ़्लैक पिलाते हैं
मंजुघोष प्यारे और क्या चाहिए बेटा तुमको ???

१९५१

चमत्कार

पेट-पेट में आग लगी है, घर-घर में फ़ाका
यह भी भारी चमत्कार है, कांग्रेसी महिमा का

सूखी आंतों की ऐंठन का हमने सुना धमाका
यह भी भारी चमत्कार है, कांग्रेसी महिमा का

महज़ विधान सभा तक सीमित है जनतन्त्री ख़ाका
यह भी भारी चमत्कार है, कांग्रेसी महिमा का

तीन रात में तेरह जगहों पर पड़ता है डाका
यह भी भारी चमत्कार है, कांग्रेसी महिमा का

१९५३

तीस हज़ारी कार !

मँडराती है यम की नानी खेतों में, खलिहानों में
भूख-अकाल-महामारी की फ़सल उगी मैदानों में
लूट-पाट की होड़ मच गई नरभक्षी हैवानों में
लटक रहा है ताला गल्ले की सरकारी दूकानों में
बिजली की नीली लाइट में सजा चोर बाज़ार
गाँधी-टोपी की किश्ती में कलियुग हुआ सवार
पीच रोड पर मचल रही है तीस हज़ारी कार

जाँता चुप है, चूल्हा ठण्डा, हाड़ी-तौला खाली है
फ़सलों की बर्बादी क्या थी, जनता की पामाली है
मिनिस्टरों के गालों पर देखो तो फिर भी लाली है
बात-बात पर बड़ी बात, पग-पग पर ख़ामख़याली है
सौ का खाना एक खा रहा आती नहीं डकार
नेहरू के इन चेलों की है लीला अपरम्पार
पीच रोड पर मचल रही है तीस हज़ारी कार

एक दूसरे को धकियाकर कैसे भला अकड़ता है
चपतें लगा रहा है कैसे, कैसे कान पकड़ता है
निजी स्वार्थ के आगे कुछ भी नहीं दिखाई पड़ता है
कांग्रेसी ही कांग्रेसी से देखो कैसे लड़ता है
भोथ हुआ ऊपर का अंकुश, दल में पड़ी दरार
जाने कै दिन टिकी रहेगी यह लँगड़ी सरकार
पीच रोड पर मचल रही है तीस हज़ारी कार

१९५३

नया तरीक़ा

दो हज़ार मन गेहूँ आया दस गाँवों के नाम
राधे चक्कर लगा काटने, सुबह हो गई शाम
सौदा पटा बड़ी मुश्किल से, पिघले नेताराम
पूजा पाकर साध गए चुप्पी हाकिम-हुक्काम
भारत-सेवक जी को था अपनी सेवा से काम
खुला चोर बाज़ार, बढ़ा चोकर चूनी का दाम
भीतर झुरा गई ठठरी, बाहर झुलसी चाम
भूखी जनता की ख़ातिर आज़ादी हुई हराम

नया तरीक़ा अपनाया है राधे ने इस साल
बैलों वाले पोस्टर साटे, चमक उठी दीवाल
नीचे से लेकर ऊपर तक समझ गया सब हाल
सरकारी गल्ला चुपके से भेज रहा नेपाल
अन्दर टँगे पड़े हैं गाँधी-तिलक-जवाहरलाल
चिकना तन, चिकना पहनावा, चिकने-चिकने गाल
चिकनी क़िस्मत, चिकना पेशा. मार रहा है माल
नया तरीक़ा अपनाया है राधे ने इस साल

१९५३

मास्टर !

घुन-खाए शहतीरों पर की, बाराखड़ी विधाता बाँचे
फटी भीत है, छत चूती है, आले पर बिसतुइया नाचे
बरसाकर बेबस बच्चों पर मिनट-मिनट में पाँच तमाचे
दुखरन मास्टर गढ़ते हैं किसी तरह आदम के साँचे

अरे, अभी उस रोज़ वहाँ पर सरे आम जक्शन-बाज़ार में
शिक्षा-मन्त्री स्वयं पधारे चम-चम करती सजी कार में
ताने थे बन्दूक सिपाही, खड़ी रहीं जीपें क़तार में
चटा गए धी रज का इमरित, सुना गए बातें उधार में

चार कोस से दौड़े आए जब मन्त्री की सुनी अबाई
लड़कों ने बेले बरसाये, मास्टर ने माला पहनाई
संगीनों की घनी छाँव में हिली माल, मूरत मुसकाई
तम्बू में घुस गए मिनिस्टर, मास्टर पर कुछ दया न आई

"अन्दर जाकर तम्बू में ही चलो चलें दुख दर्द सुनाएँ
नहीं, अकेला मैं ही जाऊँ, कहीं भीड़ में वह घबराएँ
बचपन के परिचित ठहरे, हम क्यों न चार बात कर आएँ
मौक़ा पाकर विद्यालय की बूरी दशा पर ध्यान दिलाएँ"
सुनकर बात गुरुजी की फिर "हाँ, हाँ" बोले लड़के सारे
"हम जब तक सुसता भी लेंगे आगे बड़कर कुआँ किनारे"
हाथ हिलाकर मास्टर बोला, "जाओ बच्चों, जाओ प्यारे
चने चबाकर पानी पीना, सूख रहे हैं हलक तुम्हारे"

खिचड़ी बाल, साँवली सूरत दुखरन प्राइमरी मास्टर
लपके-लपके बढ़े आ रहे मैदानी हाते के भीतर
जहाँ तम्बुओं की क़तार थी जिसमें पैंठे रहे मिनिस्टर
चारों ओर मिलिटरी, जिसके लोहे का टोपा था सिर पर
पके बाँस का पक्का घेरा, हरे बाँस की कच्ची फाटक
पतला बाँस बीस गज़ ऊँचा गड़ा हुआ था पूरी धड़ तक
फर-फर-फर फहराने वाला तिनरंगा था जिसका मस्तक
दुखरन मास्टर लगे देखने कांगरेस की शान एकटक

फाटक पर पहुँचे तो देखा, डटे हुए थे दो नेपाली
हाथों में संगीन सम्भाले, लटक रही थी निजी भुजाली
"कहाँ जायेगा ?" वे गुर्राये, आँखों में उतराई लाली
दुखरन का दिल दुखी हुआ, सुन सूखा तू-तू सूखी गाली
मास्टर बोले, "यों मत कहना, पढ़ा-लिखा हूँ, मैं हूँ शिक्षक
तुम भी हो जनता के सेवक, मैं भी हूँ जनता का सेवक"
फिर तो वे धकियाकर बोले, "भाग-भाग, जा, मत कर बकबक
हम फ़ौजी हैं, नहीं समजता क्या होता है सिच्चक-सेपक"

कुछ दिन बीते मास्टर ने यह कड़ा विरोध-पत्र लिख डाला
"ताम-झाम थे प्रजातन्त्र के, लटका था सामन्ती ताला
मन्त्री जी, इतनी जल्दी क्या आज़ादी का पिटा दिवाला
अजी आपको उस दिन मैंने नाहक ही पहनाई माला"

और लिखा "उस रोज़ आपसे भीख माँगने नहीं गया था
आप नए थे, नया ठाठ था, लेकिन मैं तो नहीं नया था
भूल गए क्या अजी आपका छोटा भाई फेल हुआ था
और आपने मुझे जेल से मर्मस्पर्शी पत्र लिखा था

'प्रभुता पाई काहि मद नाहीं' तुलसी बाबा भले कह गए
जिसमें वाजिद अली बह गया उसी बाढ़ में आप बह गए
आप बने शिक्षा-मन्त्री तो देहातों के स्कूल ढह गए
हम तो करते रहे पढ़उनी, जेल न जाके यहीं रह गए
और आपका तो कहना क्या, मुंह से बहै आरत की धारा
आदर्शों की छौंक मारकर अजी आपने हमें सुधारा
उपदेशों की धुआंधार में अकुलाता शिक्षक बेचारा
अजी आपको लगता होगा सुखमय यह भूमण्डल सारा"

लिखा अन्त में "ध्यान दीजिए, बहुत दिनों से मिला न वेतन
किस से कहूँ, दिखाई पड़ते कहीं नहीं अब वे नेता-गण
पिछली दफ़े किया था हमने पटने में जा-जा के अनसन
स्वयं अर्थ-मन्त्री जी निकले, वह दे गए हमें आश्वासन
और क्या लिखूं, इन देहाती स्कूलों पर भी दया कीजिए
दीन-हीन छात्रों-गुरुओं की कुछ भी तो सुध आप लीजिए
हटे मिटे यह निपट जहालत, प्रभु ग्रामीणों पर पसीजिए
कई फ़ण्ड हैं उनमें से अब हमको वाजिब एड दीजिए"

१९५?

बताऊँ

बताऊँ ?
कैसे लगते हैं—
दरिद्र देश के धनिक ?
कोढ़ी-कुढब तन पर मणिमय आभूषण ! !

बताऊँ ?
कैसे लगते हैं—

दुःशासन के ताम-झाम ?
कंकाली स्तूप के पुष्प-पल्लवमय तोरण !!

बताऊँ ?
कैसी लगती है—
पंचवर्षीय योजना
हिडिंबा की हिचकी, सुरसा की जम्भाई !!

बताऊँ ?
कैसी लगती है—
नेहरू की विदेशी-वाणिज्य-भक्ति ?
धीरोदत्त नायक की सुदुर्लभ परकीया-रसाई !!

१९५३

आइज़नहावर

पर निकले तो चींटा बोला, आसमान की ऐसी-तैसी
वैसा खुला नहीं है यह मुझको उड़ान भरनी है जैसी
शीशम की छोटी टहनी पर नरम छाल से पैर लड़ गए
उड़ने की कोशिश करने पर बेवकूफ़ के पंख झर गए

सजग एशिया, सजग अफ्रीका, सजग आज भूमण्डल सारा
बना नहीं पाओगे हमको तुम अपनी तोपों का चारा
दुर्दम युग ज्वाला में गलकर प्रतिशोधी हथियार ढल रहे
नवल चीन का सबल साँस से फ़ौलादी घेरे पिघल रहे
भाई-भाई नहीं लड़ेंगे, दाल गलेगी नहीं तुम्हारी
अरबों डालर की सामग्री लील जाएगी भूमि हमारी
पैर तुम्हारे धो सकता क्या अरब-हिन्द सागर का पानी
शान्ति चाहते कोटि-कोटि हम हिन्दुस्तानी-पाकिस्तानी
याद करो हर हिटलर को इन दीवारों से मत टकराओ
अपने सींगों की परछाईं देख-देखकर मत चकराओ

जागी जनता कन्धों पर बैठे कीड़ों को झाड़ रही है
तुम जैसे ख़ूंखार दरिन्दों के नख-दन्त उखाड़ रही है

क्या योशीदा, क्या सिङ्मनरी, क्या चियाङ्, क्या बाओदाई
सभी तुम्हारे पिट्ठू ठहरे, सब पर है अब शामत आई
अमरीकी धन्ना सेठों के चोबदार, हे आइज़नहावर
बर्बादी बलिहारी तुम पर, तुम पर काली मौत निछावर

१९५२

छेदी जगन !

लोकहित-व्रत में मगन,
छेदी जगन ! छेदी जगन !
तुम से सुवासित है अवनि
तुम से विभासित है गगन
छेदी जगन ! छेदी जगन !
उपनिवेशी दासता के पंक की तह छेद कर तुम
कमल जैसे खिल रहे हो !
मुक्तिकामी विश्व की जनशक्तियों में मिल रहे हो !
कर दिया है ब्रिटिश दानव को नगन !
छेदी जगन ! छेदी जगन !
अफ्रिका में, मलाया में, अरब में, ईरान में
मिस्र, बर्मा, हिन्द, पाकिस्तान में
श्राद्ध होने जा रहा है अब बिट्रिश साम्राज्य का
चचा चर्चिल का बढ़ा सर-दर्द
कामनवेल्थ की माया न आती काम
क्षुब्ध जन-मन कभी रानी का न लेता नाम
उपनिवेशों में छिड़ा स्वाधीनता-संग्राम
ब्रिटिश महलों में मचा कुहराम
मित्र, तुम आगे बढ़ो
आप अपने देश की किस्मत गढ़ो
दे रहीं आशीष तुमको
दिवस की भास्वर दिशाएँ
निशा के नक्षत्र गण
छेदी जगन ! छेदी जगन !!
अन्त तक देंगे तुम्हारा साथ हम

नहीं यों ही नवाते हैं माथ हम
हिन्दवासी-जनगणों का प्यार लो !
विषमता के प्रति घृणा का अनोखा उपहार लो !
विश्व मानव के लिए मनुहार लो !
दो हमें भी ज़रा अपना ओज, दो अपनी लगन !
मित्रवर प्रिय बर्नहम, बन्धुवर छेदी जगन ! !

१९५४

अमलेन्दु एम० एल० ए०

उठाई गर्दन, खाँसकर गला किया साफ
और ग़ौर से देखा जन-समुदाय की ओर
और इस प्रकार
अपने आप में भर लिया यथेष्ट चमत्कार
स्थूल ग्रीवा मस्तक हिला नहीं बिलकुल
निहित था दृगों में अजीब-सा गहरापन
पूछा अमलेन्दु जी ने उपस्थित जनों से
अहेतुक प्रश्न भी हो उठा हेतुमान
पूछ ही बैठे जब अजबलाल सिंह श्रीमान्
छोटे-मोटे बबुआन 'अमलेन्दु' उपनाम धारी
माननीय एम० एल० ए०, शासकों के वर्ग सहकारी
स्थूल तनु, सूक्ष्ममति, गम्भीर और शान्त अति
आरम्भ हुआ प्रवचन, सहज मन्थर गति से
चल पड़ी बाबू साहेब की जीभ
लोग लगे सुनने—
पाथकर कान, फाड़कर नेत्र
मन को थमाकर बुद्धि का क्षेत्र !
रात का वक्त था, बज रहे थे ग्यारह
भागलपुर शहर की पूर्वोक्त गोष्ठी का
नाम था 'मकरन्द', उम्र थी अभी सवा साल की
बैठते थे लोग महीने में दो बार
गायक, वादक, कवि, कथाकार
सहृदय-तरुण-अधेड़-बुजुर्ग···

आज अमलेन्दु जी के सम्मान में
गोष्ठी हुई थी आहूत
पधारे थे सानुकम्प संस्कृति के आप अग्रदूत
बाँसुरी पर चला 'यमन कल्याण'
बेला पर बिछ गया बेसुध 'मालकोश'
दाहिने और बाएँ हाथ की बीच वाली तीनों उँगलियाँ
तबला और डुग्गी पर
नचा गईं जाने किस-किस राग को !
तदन्तर कविताएँ सुनी गईं
और अब श्रीमान् अमलेन्दु जी
कर रहे थे प्रकट अपने विचार
और फिर पकड़ना भी तो था उन्हें
दानापुर-फास्ट पैसेंजर ठीक साढ़े बारह की
अहल भोर पहुँचना था पटना
बजानी थी हाजिरी विधान सभा की अपनी !
सहज थी भंगिमा, स्वर थे आवेश शून्य
झर रही थी शब्दों से मानो शालीनता
बोलते चले गए श्रीमान् अमलेन्दु जी :
"सभापति जी, मित्रो, हो तो गई देर किन्तु
आपका अनुरोध भला कैसे नहीं मानूं
सर्वप्रथम कलाकारों को धन्यवाद
विशेषत: तबलावादक तरुण को
नि:सन्देह भविष्य उज्ज्वल है उनका ।
बन्धुओ, दीजिए न आने
राजनीतिक कालुष्य साहित्य के भीतर
स्वयं भले गरलपान कीजिए
समाज को परंच अमृत ही दीजिए
बनी रहे युगों तक—
संगीत और ललित कला के प्रति
आपकी यह अविचल निष्ठा
उपनिषद् में आया है एक वाक्य—
न वित्तेन तर्पणीयो मनुष्य:
और भारत की अपनी परम्परा में सभी कुछ तो है ही
धर्म, अर्थ, काम, मोक्ष— क्या भला नहीं है यहाँ ?
फिर केवल अर्थ या काम पर जो लोग देते हैं जोर
ध्यान मत दीजिए आप उनकी ओर

कौन सुनेगा भला बकवास उनकी कोरी
गंगा को क्या, बहती चले कितनी भी गलीज़ मोरी
अपनी तो संस्कृति है भगीरथी गंगा
भारत है दानी, विश्व भिखमंगा···"

और और और और
बहुत सारी बातें कहीं अमलेन्दु जी ने।
गोष्ठी के आज प्रधान थे प्रो० प्रज्ञाकर
सो, देते हुए धन्यवाद
मुखातिब होकर मान्य अतिथि की तरफ
कहा आपने शालीन लहजे में :
"पाकर निसर्ग सुलभ पुष्प सम्पर्क
पहुँचता है, सज्जनों के शिर तक
तुच्छातितुच्छ सर्षप सदृश कीट
मुझ जैसा ग्रन्थकीट ठीक उसी प्रकार
आ पहुँचा है आप तक आज
कृतकृत्य हो गई हमारी यह 'मकरन्द'
अस्तु मैं धन्यवाद क्या दूँ, और किस को दूँ!
कृपा बनाए रखें महामान्य अमलेन्दु जी
अभ्यर्थना मेरी तो यही है उनसे
गोष्ठी के अपने मित्रों में क्या भला कहा जाए?
आज की सविशेष बैठक सम्पन्न हुई···"

तत्पश्चात् बाबू अजबलाल सिंह अमलेन्दु एम० एल० ए०
उठकर बाहर आए, जीप थी तैयार
धीर-ललित ढंग से साऽऽयास हुए सवार
इर्द-गिर्द बिदाई के निमित्त ग्रामियों थे चेहरे
खेल गई उन पर कृत्रिम-अकृत्रिम मुस्कान
हुए परस्पर नमस्कारों के आदान-प्रदान
स्टार्ट हुई जीप भ ड़ ड़ ड़ ड़ ड़ र्र र्र र्र

और मुझ जैसा सामान्य साहित्यकार
पकड़कर राह पाँव पैदल ही बढ़ा अपने पड़ाव की ओर
चला झटकार कर—
'मकरन्द' का सौरभ रह गया था पीछे
गाँव से आया था खत—पसारे बखत भान,
बीबी के पक गए थे हाथ

कौन भला देगा इस मुसीबत में साथ ?
और कल छात्र सम्मेलन में क्या कहना होगा !
राजनीति क्या है ? विष्ठा है, मल है !
साहित्य क्या है ? गंगा का जल है !
दिखाने के और दाँत, खाने के और···
आप तो अमलेन्दु जी ठहरे खैर समाज के सिरमौर
जातिवाद डण्डा है, राजनीति मथनी !
करनी अलग है, अलग है कथनी ! !
जमे हैं छज्जूबाग के करीब नवनिर्मित क्वार्टर में
बिछा है सामने शतरंज
साहित्य और संस्कृति है पीठ की ओर
आप तो आप ही हैं मालिक ! !
मगर यहाँ तो तकदीर में लगी है आग
जीना हो उठा है दूभर—
छात्रों ने बुलाया था, आ गया हूँ कविता सुनाने
देखकर आप चाहें देखें न देखें
मन ही मन करके कबूल, ज़ाहिरा चाहे मानें न मानें
मगर हुजूर मुआफ हो बेअदबी
अगर मैं उछल-उछल के कहूँ कि
ऐंठ रहा है जीवन, सुलग रहा है जीवन
राजनीति पर हावी हो रहा है जीवन
ढोंगियों की पोल खोल रहा है जीवन
धड़क रहा है जीवन, डोल रहा है जीवन
साहित्य और संस्कृति को तोल रहा है जीवन
चढ़के मौत के सर पै बोल रहा है जीवन
जीवन है राजनीति, राजनीति है जीवन
अन्तस् की अभिव्यक्ति ही तो होगा साहित्य !
खाते हैं गुड़, गुलगुले से रखेंगे परहेज ?
भारी करामाती लगते हैं आप तो !
चढ़ना था आपको कनक-कँगूरे पर,
हाय राम, उलटे पड़े दाँव ! गिर पड़े धड़ाम से ! !
पा चुके हैं पालिटिक्स का स्वाद,
क्योंकर भला टूटेगा मोह ? "आशा बलवती राजन"
क्या ही खूब है बाबा व्यास का कथन !
चाहे जो हो, धन्य हैं आप ! !

१९५४

वह तो था बीमार !

मरो भूख से, फ़ौरन आ धमकेगा थानेदार
लिखवा लेगा घर वालों से—"वह तो था बीमार"
अगर भूख की बातों से तुम कर न सके इंकार
फिर तो खायेंगे घर वाले हाकिम की फटकार
ले भागेगी जीप लाश को सात समुन्दर पार
अंग-अंग की चीर-फाड़ होगी फिर बारम्बार
मरी भूख को मारेंगे फिर सर्जन के औजार
जो चाहेगी लिखवा लेगी डाक्टर से सरकार
ज़िलाधीश ही कहलाएँगे करुणा के अवतार
अन्दर मे धिक्कार उठेगी, बाहर से हुँकार
मन्त्री लेकिन सुना करेंगे अपनी जय-जयकार
सौ का खाना खायेंगे, पर लेंगे नहीं डकार
मरो भूख से, फ़ौरन आ धमकेगा थानेदार
लिखवा लेगा घर वालों से—"वह तो था बीमार"

१९५४

देखना ओ गंगा मइया

चन्द पैसे
दो-एक दुअन्नी-इकन्नी
कानपुर-बम्बई की अपनी कमाई में से
डाल गए हैं श्रद्धालु गंगा मइया के नाम
पुल पर से गुजर चुकी है ट्रेन
नीचे प्रवहमान उथली-छिछली धार में
फुर्ती से खोज रहे पैसे
मलाहों के नंग-धड़ंग छोकरे
दो-दो पैर
हाथ दो-दो
प्रवाह में खिसकती रेत की ले रहे टोह
बहुधा-अवतरित चतुर्भुज नारायण ओह

खोज रहे पानी में जाने कौस्तुभ मणि !
बीड़ी पिएँगे…
आम चूसेंगे…
या कि मलेंगे देह में साबुन की सुगन्धित टिकिया
लगाएँगे सर में चमेली का तेल
या कि हम-उम्र छोकरी को टिकली ला देंगे
पसन्द करे शायद वह मगही पान का टकही बीड़ा
देखना ओ गंगा मइया !
निराश न करना इन नंग-धड़ंग चतुर्भुजों को !
कहते हैं निकली थीं कभी तुम
बड़े चतुर्भुज के चरणों में निवेदित अर्घ-जल से
बड़े होंगे तो छोटे चतुर्भुज भी चलाएंगे चप्पू
पुष्ट होगा प्रवाह तुम्हारा इनके भी श्रम-स्वेद-जल से
मगर अभी इनको निराश न करना
देखना ओ गंगा मइया !

१६५४

ऐसा क्या अब फिर-फिर होगा ?

ग्रामवासिनी-नगरवासिनी
माताओं-बहनों-बहुओं की
रुकी निगाहें, झुकी निगाहें
क्रुद्ध निगाहें, क्षुब्ध निगाहें
अरुण निगाहें, करुण निगाहें
डरी निगाहें, भरी निगाहें
तरल निगाहें, सजल निगाहें
व्यथित निगाहें, मथित निगाहें
स्तब्ध निगाहें, शून्य निगाहें
देख रहीं बी० एन० कालिज के बरामदे पर सूखा शोणित-पंक
प्रभाहीन इन चेहरों पर छा रहा स्याह आतंक
समझ न पातीं, किसने थोपा मानवता पर ऐसा अमिट कलंक
भींगी-भींगी, सहमी-सहमी
दहशतभरी निगाहों के ये दृश्य भला मैं भूल सकूँगा ?

भूल सकूँगा सिन्दूरित सीमन्त लिए उस नवयुवती की
'ईस-ईस' सी मुखर टीस ?
घुटती-सी साँसें ?
घायल नजरों पर पलकों की पूरी पट्टी ?
गोरी ग्रीवा की नलियों में भिचे-भिचे-से प्राण ?
चम्पई देह, काँपती कनकलता-सी··· भूल सकूँगा ?
माँ या चाची—किस अधेड़ महिला ने उसको
गिरते-गिरते बचा लिया है, कौन बताए ?
जैसे-जैसे वे आगे बढ़ गईं किन्तु मैं देख रहा हूँ
सोच रहा हूँ, देख रहा हूँ
देख रहा हूँ, सोच रहा हूँ
उस तरुणी का भी दूल्हा शायद कालिज में पढ़ता होगा !
इसी साल तो नहीं हुई उनकी भी शादी ?
अगर पुलिस की नादिरशाही का शिकार हो गया
कहीं उसका भी दूल्हा
तो क्या होगा ?
तो क्या होगा ?
इसी तरह उस बेचारे का लहू जमेगा
आ-आ के देखेगी दुनिया
भींगी-भींगी सहमी-सहमी
दहशत-भरी निगाहों का वह दृश्य देखकर
खोया-खोया इसी तरह कवि खड़ा रहेगा ?
हाय, हाय, मैं सोच रहा हूँ कैसी बातें ! !
ऐसा क्या अब फिर-फिर होगा ?
ज्ञानपीठ, ये दूषित होंगे बार-बार क्या ?

१९५५

पुलिस अफ़सर

जिनके बूटों से कीलित है भारत माँ की छाती
जिनके दीपों में जलती है तरुण-आँत की बाती
ताज़ा मुण्डों से करते हैं जो पिशाच का पूजन
है असह्य जिनके कानों को बच्चों का कल-कूजन

जिन्हें अँगूठा दिखा-दिखाकर मौज मारते डाकू
हावी हैं जिनके पिस्तौलों पर गुण्डों के चाकू
चाँदी के जूते सहलाया करती जिनकी नानी
पचा न पाए हैं जो अब तक नए हिन्द का पानी
जिनको है मालूम ख़ूब शासक जमात की पोल
मन्त्री भी पीटा करते जिनकी ख़ूबी के ढोल
युग को समझ न पाते भूसा-भरे दिमाग
लगा रही जिनकी नादानी पानी में भी आग
पुलिस-महकमे के वे हाकिम सुन लें मेरी बात
जनता ने हिटलर-मुसोलिनी तक को मारी लात
अजी, आपकी बात बिसात है, क्या बूता है कहिए
सभ्य राष्ट्र की शिष्ट पुलिस हैं तो विनम्र रहिए
वर्ना होश दुरुस्त करेगा, आया नया ज़माना
फटे न वर्दी, टोप न उतरे, प्राण न पड़े गँवाना

१९५५

झण्डा ?

दस हज़ार, दस लाख मरें, पर झण्डा ऊँचा रहे हमारा !
कुछ हो, कांग्रेसी शासन का डण्डा ऊँचा रहे हमारा !
सत्य-अहिंसा की लाशों पर नादिरशाही तख़्त जमाएँ !
नई पौध को मसल-मसलकर दुनिया-भर में नाम कमाएँ !
बाहर की दुनिया की ख़ातिर पंचशील-दसशील निबाहें !
सड़ी-गली नौकरशाही की यही हकूमत घर में चाहें !
समझ न पाएँ, सोच न पाएँ, पब्लिक की वाजिब नाराज़ी !
अजी वाह ! आरती उतारें चापलूस, टुच्चे वो पाजी !
क़दम-क़दम पे अश्रुगैस है, बात-बात पे लाठी-गोली !
पुलिस लाड़ली खेल रही है जन-जीवन से ख़ूनी होली !
इकतरफ़ा फुफकार रहा है लाल किले का भारी झण्डा !
ओ बिहार, क्या देख रहा तू ! खाता चल नेहरू का डण्डा !
दस हज़ार, दस लाख मरें, पर झण्डा ऊँचा रहे हमारा !
कुछ, हो कांग्रेसी शासन का डण्डा ऊँचा रहे हमारा !

गाँधी जी का नाम बेचकर, बतलाओ कब तक खाओगे ?
यम को भी दुर्गन्ध लगेगी, नरक भला कैसे जाओगे ?
दिल-दिमाग़ है रेहन, शासन का फिर क्योंकर काम चलेगा ?
पब्लिक नहीं उठेगी तो अब कौन तुम्हारा कान मलेगा ?
खबरदार ओ पण्डित नेहरू ! खबरदार श्रीकृष्ण-अनुग्रह !
पी जाएगा शक्ति तुम्हारी अपनी ना-समझी का आग्रह !
मैं बतलाऊँ, झण्डे का अपमान तुम्हीं ने स्वयं किया है
आज़ादी के भव्य भाल पर काला टीका लगा दिया है
प्राण ले लिए जाने कितने, बदनामी की बोरी भर ली
राष्ट्रध्वजा की यह महिमा तो तुमने खुद ही चौपट कर ली
शिक्षण-संस्था की पवित्रता मिली धूल में, अजी वाह तुम !
गोली मारी हाय-हाय अधखिले फूल में, अजी वाह तुम !
एम्बुलेन्स से लाशें छीनीं, छिपा दिया फिर, अजी वाह तुम !
जाने कितने प्राण ले लिए, ग़ौर किया फिर, अजी वाह तुम !
कई दिनों तक दुबके बैठे रहे माँद में, अजी वाह तुम !
आग लगा दी जन-जीवन के शिशिर-चाँद में, अजी वाह तुम !
बेवक़ूफ़ हैं, बदतमीज़ है जनता सारी, अजी वाह तुम !
भारतमाता के आँचल की फटी किनारी, अजी वाह तुम !
दस हज़ार, दस लाख मरें, पर झण्डा ऊँचा रहे तुम्हारा !!
कुछ हो, कांग्रेसी शासन का डण्डा ऊँचा रहे तुम्हारा !!

१९५५

कैसा लगेगा तुम्हें ?

कैसा लगेगा तुम्हें ?
कुटिलमति मायावी दस्यु यदि
हालाहल में घोल जाए गंगा-यमुना के जल में
जहरीली गैस से कर दे यदि दूषित दक्षिण समीर को
कैसा लगेगा तुम्हें ?

कैसा लगेगा तुम्हें
जंगली सुअर यदि ऊधम मचाएँ
तहस-नहसकर डालें फसलें

देखकर पदमर्दित उत्कट सुरभिवाली दूधिया बालें
देखकर भूलुंठित कुचली कनकमंजरियाँ
टूक-टूक हो यदि हृदय लोकलक्ष्मी का
कैसा लगेगा तुम्हें ?

कैसा लगेगा तुम्हें ?
बारूदी शोलों से दहकें अमराइयाँ
झुलस-झुलस राख हो ताम्रचूड़ आम्रपल्लव
वेणु वन ठूंठ हों, ठूंठ हो शालवन
खा-खाकर आँच फटे महुआ की रग-रग
दूधिया खून बहे, बह-बहकर जमता जाए
कैसा लगेगा तुम्हें ?

१९५६.

यह कैसे होगा ?

यह कैसे होगा ?
यह क्योंकर होगा ?

नई-नई सृष्टि रचने को तत्पर
कोटि-कोटि कर-चरण
देते रहें अहरह स्निग्ध इंगित
और मैं अलस-अकर्मा
पड़ा रहूँ चुपचाप !
यह कैसे होगा ?
यह क्योंकर होगा ?

अधिकाधिक योग-क्षेम
अधिकाधिक शुभ-लाभ
अधिकाधिक चेतना
कर लूं संचित लघुतम परिधि में !
असीम रहे व्यक्तिगत हर्ष-उत्कर्ष !
अकेले ही सकुशल जी लूं सौ वर्ष !

यह कैसे होगा ?
यह क्योंकर होगा ?

यथासमय मुकुलित हों
यथासमय पुष्पित हों
यथासमय फल दें
आम और जामुन, लीची और कटहल !
तो फिर मैं ही बाँझ रहूँ !
मैं ही न दे पाऊँ—
परिणत प्रज्ञा का अपना फल !
यह कैसे होगा ?
यह क्योंकर होगा ?

सलिल को सुधा बनाएँ तटबन्ध
धरा को मुदित करें नियन्त्रित नदियाँ
तो फिर मैं ही रहूँ निर्बन्ध !
मैं ही रहूँ अनियन्त्रित !
यह कैसे होगा ?
यह क्योंकर होगा ?

भौतिक भोगमात्र सुलभ हों भूरि-भूरि,
विवेक हो कुंठित !
तन हो कनकाभ, मन हो तिमिरावृत !
कमलपत्री नेत्र हों बाहर-बाहर,
भीतर की आँखें निपट-निमीलित !
यह कैसे होगा ?
यह क्योंकर होगा ?

१९५६

हो बम्भोला

कर रहे किलबिल लाख चौरासी जीव
न जाने कब से—बोलेंगे हमला

दरोदीवार पै हमारे
हाय रे तीर्थपति
तुम तो पढ़ते होगे नित्य नियमित
स्तोत्र, दैनिक अखबार
मगर अपने तो घुट रहे प्राण,
जय बोलूं किसकी ?
उसकी या इसकी ?
वह है बम्भोला कर्पूर-गौर-करुणावतार
और यह जो उमड़ी आती है
भंगियों-भंगिनों की जमात जंगजू
बात-बात पै जो करती तक़रार
क़दम-क़दम पै जो करती है प्रहार
प्राकृत-अपभ्रंश के वज़नदार गोलों का
मर गई होगी ज़रूर हेल्थ इन्स्पेक्टर की नानी,
मुसकराते होंगे ज़रूर शंकर और भवानी।...
कि इतने में भोंपे से आई आवाज़—
इनक़िलाब ज़िन्दाबाद,
मेहतर यूनियन ज़िन्दाबाद
ध्यान लगा के सुना तो समझ में आई बात—
निकली थी यह विजयी मेहतरों की बारात
मस्त थे वे मांग मनवा लेने की खुशी में
चटपट कमरे से मैं भी निकला
किलबिल करते लाख चौरासी
जीवों के सम्भावित महामोक्ष की खुशी में
मेरे भी मुंह से निकल ही तो पड़ा
—जय हो बम्भोला !

१९५६

नीली झील और जलचर

नीचे भी ऊपर भी
क्या ही खूब मद्धिम आंच देते हो
अर्क़ चुआ लेते हो

होता है अद्‌भुत रसायन तैयार
जय हो पुट-पाँक की ?
धन्य-धन्य यह दुहरी-तिहरी मुसकान…
वज्रयान, गुह्ययान
मात हुए सभी पन्थ
खुल गए गाथा ग्रन्थ
तैयार हों कुछ और पुत्र दत्तक
पूरा हो तीसरा-चौथा सप्तक
खुदा करे पा जाओ चाकरी हज़ारों की
स्वप्नस्थ भस्मासुर करते परिक्रमा अपने मज़ार की
कर लूँ क्या मैं भी विधिवत् आरती ?
बाँझ गाय शायद सींग नहीं मारती !
खाती है कुलपति का दिया हुआ भूसा
उधर है न्यूयार्क इधर फ़ारमूसा
बीच में लटक रहा फ्रीडम ऑफ़ कल्चर
भूल गया नीली झील बेचारा जलचर

१९५६

ओ जन-मन के सजग चितेरे

हँसते हँसते, बातें करते
कैसे हम चढ़ गए धड़ाधड़
बंबेश्वर के सुभग शिखर पर
मुन्ना रह-रह लगा ठोकने
तो टुनटुनिया पत्थर बोला—
हम तो हैं फौलाद, समझना हमें न तुम मामूली पत्थर
नीचे है बुन्देलखण्ड की रत्न-प्रसविनी भूमि
शीश पर गगन तना है नील मुकुर-सा
नाहक नहीं हमें तुम छेड़ो…
फिर मुन्ना कैमरा खोलकर
उन चट्टानों पर बैठे हम दोनों की छवियाँ उतारता रहा देर तक

नीचे देखा :

तलहटियों में
छतों और खपरैलों वाली
सादी-उजली लिपी-पुती दीवारों वाली
सुन्दर नगरी बिछी हुई है
उजले पालों वाली नौकाओं से शोभित
श्याम-सलिल सरवर है बाँदा
नीलम की घाटी में उजला श्वेत कमल-कानन है बाँदा।
अपनी इन आँखों पर मुझको
मुश्किल से विश्वास हुआ था
मुँह से सहसा निकल पड़ा—
क्या सचमुच बाँदा इतना सुन्दर हो सकता है
यू० पी० का वह पिछड़ा टाउन कहाँ हो गया गायब सहसा
बाँदा नहीं, अरे यह तो गन्धर्व नगर है···

उतरे तो फिर वही शहर सामने आ गया !
अधकच्ची दीवारोंवाली खपरैलों की ही बहार थी
सड़कें तो थीं तंग किन्तु जनता उदार थी
बरस रही थी मुस्कानों से विवश गरीबी
मुझे दिखाई पड़ी दुर्दशा ही चिरजीवी
ओ जन-मन के सजग चितेरे
साथ लगाए हम दोनों ने बाँदा के पच्चीसों फेरे
जनसंस्कृति का प्राणकेन्द्र पुस्तकागार वह
वयोवृद्ध मुंशीजी से जो मिला प्यार वह
केन नदी का जलप्रवाह, पोखर नवाब का
वृद्ध सूर्य के चंचल शिशु भास्वर छायानट
सान्ध्य घनों की सतरंगी छवियों का जमघट
रॉड ज्योति से भूरि-भूरि आलोकित स्टेशन
वहीं पास में भिखमंगों का चिर-अधिवेशन
कागज के फूलों पर ठिठकी हुई निगाहें
बसें छबीली, धूल-भरी वे कच्ची राहें
द्वारपाल-सा जाने कब से नीम खड़ा था
ताऊजी थे बड़े कि जाने वही बड़ा था
नेह-छोह की देवी, ममता की वह मूरत
भूलूंगा मैं भला बहूजी की वह सूरत ?
मुन्नू की मुस्कानों का प्यासा बेचारा
चिकना-काला मखमल का वह बटुआ प्यारा

जी, रमेश थे मुझे ले गए केन नहाने
भूल गया उस दिन दतुअन करना क्यों जाने
शिष्य तुम्हारे शब्द-शिकारी
तरुण-युगल इकबाल-मुरारी !
ऊँचे-ऊँचे उड़ती प्रतिभा थी कि परी थी
मेरी खातिर उनमें कितनी ललक भरी थी
रह-रह मुझको याद आ रहे मुन्ना दोनों
तरुणाई के ताजा टाइप थे वे मोनो

बाहर-भीतर के वे आँगन
फले पपीतों की वह बगिया
गोल बाँधकर सबका वह 'दुखमोचन' सुनना
कड़ी धूप, फिर बूंदाबाँदी
फिर शशि का बरसाना चाँदी···
चितकबरी चाँदनी नीम की छतनारी डालों से
छन-छनकर आती थी
आसमान था साफ, टहलने निकल पड़े हम
मैं बोला : केदार, तुम्हारे बाल पक गए !
'चिन्ताओं की घनी भाफ में सीझे जाते हैं बेचारे'—
तुमने कहा, सुनो नागार्जुन,
दुख-दुविधा की प्रबल आँच में
जब दिमाग ही उबल रहा हो
तो बालों का कालापन क्या कम मखौल है ?
ठिठक गया मैं, तुम्हें देखने लगा गौर से···
गौर-गेहुआँ मुखमण्डल चाँदनी रात में चमक रहा था !
फैली-फैली आँखों में [illegible]मक रहा था
लगा सोचने—
तुम्हें भला क्या पहचानेंगे बाँदा वाले !
तुम्हें भला क्या पहचानेंगे साहब काले !
तुम्हें भला क्या पहचानेंगे आम मवक्किल !
तुम्हें भला क्या पहचानेंगे शासन की नाकों पर के तिल !
तुम्हें भला क्या पहचानेंगे जिला-अदालत के वे हाकीम !
तुम्हें भला क्या पहचानेंगे मात्र पेट के बने हुए हैं जो कि मुलाजिम
प्यारे भाई, मैंने तुमको पहचाना है
समझा-बूझा है, जाना है···
केन-कूल की काली मिट्टी, वह भी तुम हो !

कालिंजर का चौड़ा सीना, वह भी तुम हो !
ग्रामवधू की दबी हुई कजरारी चितवन, वह भी तुम हो !
कुपित कृषक की टेढ़ी भौंहें, वह भी तुम हो
खड़ी-सुनहली फसलों की छवि-छटा निराली, वह भी तुम हो !
लाठी लेकर कालरात्रि में करता जो उनकी रखवाली,
वह भी तुम हो

जनगण-मन के जाग्रत शिल्पी
तुम धरती के पुत्र : गगन के तुम जामाता !
नक्षत्रों के स्वजन कुटुम्बी, सगे बन्धु तुम नद-नदियों के !
झरी ऋचा पर ऋचा तुम्हारे सबल कण्ठ से
स्वर-लहरी पर थिरक रही है युग की गंगा
अजी तुम्हारी शब्दशक्ति ने बाँध लिया है
भुवनदीप कविनेरूदा को
मैं बड़भागी, क्योंकि प्राप्त है मुझे तुम्हारा
निश्छल-निर्मल भाईचारा
मैं बड़भागी, तुम जैसे कल्याण मित्र का जिसे सहारा
मैं बड़भागी, क्योंकि चार दिन बुन्देलों के साथ रहा हूँ
मैं बड़भागी क्योंकि केन की लहरों में कुछ देर बहा हूँ
बड़भागी हूँ, बाँट दिया करते हो हर्ष-विषाद
बड़भागी हूँ, बार-बार करते रहते हो याद

१९५६

आओ प्रिय, आओ

आओ प्रिय, आओ !
बहुत दिन हो गए,
आज फिर साथ-साथ बैठें घड़ी-आध घड़ी
इतनी भी नफरत क्या !
इतना अलंघ्य है विरक्ति का प्राचीर ?
आओ प्रिय आओ,
भले ही बोल-चाल बन्द रहे
पूछापेखी नदारद

तो भी साथ-साथ बैठें घड़ी-आध घड़ी
खोंटकर दूब की नरम-नरम सींक
खोदता रहूँगा दाँत
सोचता रहूँगा तुम्हारे ही बारे में
और तुम भी
निकाल लेना सिगरेट
जला लेना धीरे से
उठेगी तो सही आवाज
माचिस पर तीली घिसते ही
उड़ते रहेंगे धूएँ के छल्ले
सोचते रहोगे शायद मेरे ही बारे में
और कुछ ना सही, साथ-साथ बैठना होगा
बहुत दिन हो गए, आओ प्रिय, आओ !
ठीक है, ठीक है···
मैंने तुम्हें गालियाँ दी थीं
दुर्वचन कहे थे आमने-सामने
और, तुमने टेककर हथेली पर गाल
सब कुछ सुना था गम्भीर-निर्वाक्
घुटते उद्वेगों की फीकी छाया
मुख की कान्ति को कर रही थी मलिन
करोटन के गमले में गड़ी थीं निगाहें
पैशाचिक तुष्टि से भास्वर था किन्तु मेरा चेहरा
ठीक है, ठीक है
ढेर-ढेर-सी बातें
मैं नहीं भूल सका फिर तुम्हीं भला भूलोगे कैसे !
लेकिन, अब तो भई रहा नहीं जाएगा मुझसे
बहुत दिन हो गए
आओ साथ-साथ बैठें
भाई का प्यार—
बहन की ममता—
मीत के नेह-छोह—
आओ आज सब कुछ तुम्हीं पर उँडेल दूँ ?

१६५७

तन गई रीढ़

झुकी पीठ को मिला
किसी हथेली का स्पर्श
तन गई रीढ़

महसूस हुई कन्धों को
पीछे से,
किसी नाक की सहज उष्ण निराकुल साँसें
तन गई रीढ़

कौंधी कहीं चितवन
रँग गए कहीं किसी के होठ
निगाहों के जरिए जादू घुसा अन्दर
तन गई रीढ़

गूंजी कहीं खिलखिलाहट
टूक-टूक होकर छितराया सन्नाटा
भर गए कर्णकुहर
तन गई रीढ़

आगे से आया
अलकों के तैलाक्त परिमल का झोंका
रग-रग में दौड़ गई बिजली
तन गई रीढ़

१९५७

यह तुम थीं

कर गई चाक
तिमिर का सीना
जोत की फांक
यह तुम थीं

सिकुड़ गई रग-रग
झुलस गया अंग-अंग
बनाकर ठूंठ छोड़ गया पतझार
उलंग असगुन-सा खड़ा रहा कचनार
अचानक उमगी डालों की सन्धि में
छरहरी टहनी
पोर-पोर में गसे थे टूसे
यह तुम थीं

झुका रहा डालें फैलाकर
कगार पर खड़ा कोढ़ी गूलर
ऊपर उठ आई भादों की तलइया
जुड़ा गया बौने की छाल का रेशा-रेशा
यह तुम थीं !

१९५७

खुरदरे पैर

खुब गए
दूधिया निगाहों में
फटी बिवाइयों वाले खुरदरे पैर

धँस गए
कुसुम-कोमल मन में
गुट्ठल घट्ठों वाले कुलिश-कठोर पैर

दे रहे थे गति
रबड़-विहीन ठूंठ पैडलों को
चला रहे थे
एक नहीं, दो नहीं, तीन-तीन चक्र
कर रहे थे मात त्रिविक्रम वामन के पुराने पैरों को
नाप रहे थे धरती का अनहद फासला
घण्टों के हिसाब से ढोये जा रहे थे !

देर तक टकराए
उन दिन इन आँखों से वे पैर
भूल नहीं पाऊँगा फटी बिवाइयाँ
खुब गईं दूधिया निगाहों में
धँस गईं कुसुम-कोमल मन में

१९५७

जयति नखरंजनी

सामने आकर
रुक गई चमचमाती कार
बाहर निकलीं वासकसज्जा युवतियाँ
चमक उठी गुलाबी धूप में तन की चम्पई कान्ति
तिकोने नाखूनों वाली उँगलियाँ
सुर्ख नेलपालिश
कीमती रिस्टवाच
अँगूठियों के नग
कानों के मणिपुष्प
किंचित् कपचे हुए सघन नील-कुन्तल
सब कुछ चमक उठा, महक उठा वायुमण्डल
तरल त्वरित गति थी
ललित थी भंगिमा
करीब के पार्टी-कैम्प तक जाकर पूछ ली अपनी क्रमसंख्या
तत्पश्चात् आगे बढ़ीं पोलिंग बूथ की ओर
आ रहा था डालकर वोट एक अधेड़
उँगली की जड़ में चमक रहा था काला ताजा निशान
ठमक गए सहसा बेचारियों के पैर :
हाय, इतने सुन्दर हाथ हो जाएँगे दागी !
भड़क उठा परिमार्जित रुचि-बोध—
फिः कौन लगवाए काला निशान !
कौन ले बैलट पेपर, मतदान कौन करे ! ···
क्षण-भर ठिठक कर
नई दिल्ली की तीनों परियाँ

मुड़ गईं सहसा वापस
स्टार्ट हुई कार, लोग लगे हँसने :
बात थी ज़रा-सी बस काले निशान की,
तीन वोट रह गए फैशन के नाम पर !

गुनगुनाता रहा वहीं
बार-बार एक युवक--
जयति नखरंजनी !
जयति दृग-अंजनी !
भक्त-भ्रम-भंजनी !
नवयुग निरंजनी !

१९५७

बहुत दिनों के बाद

बहुत दिनों के बाद
अब की मैंने जी भर देखी
पकी-सुनहली फसलों की मुसकान
—बहुत दिनों के बाद

बहुत दिनों के बाद
अब की मैं जी भर सुन पाया
धान कूटती किशोरियों की कोकिल कण्ठी तान
—बहुत दिनों के बाद

बहुत दिनों के बाद
अब की मैंने जी भर सूंघे
मौलसिरी के ढेर-ढेर से ताजे-टटके फूल
—बहुत दिनों के बाद

बहुत दिनों के बाद
अब की मैं जी भर छू पाया
अपनी गँवई पगडण्डी की चन्दनवर्णी धूल
—बहुत दिनों के बाद

बहुत दिनों के बाद
अब की मैंने जी भर तालमखाना खाया
गन्ने चूसे जी भर
—बहुत दिनों के बाद

बहुत दिनों के बाद
अब की मैंने जी भर भोगे
गन्ध-रूप-रस-शब्द-स्पर्श सब साथ-साथ इस भू पर
—बहुत दिनों के बाद

१९५८

झुक आए कजरारे मेघ

झुक आए कजरारे बादल
कूक उठे मोर
टर्राए मेढ़क
पहुँचकर धीरज के छोर पर
दम साध लिए धरती ने···

बिजनी की मूंठ से खुजलाकर पीठ
पुजारिन भाभी बोली—
आँधी आएगी
बादलों को कहाँ से कहाँ उड़ा ले जाएगी
तुम्हारे तो मज़े ही मज़े रहेंगे
धार के उस पार
झूसी की तरफ
रेती पर मारोगे टहलान
फड़कते रहेंगे होठ
चमकती रहेंगी आँखें
हल्की फुहियों से भीगता रहेगा बदन
छेड़ती रहेगी छिनाल पुरबइया
इकलौती बिटिया वाले अधेड़ बाप की भाँति
झुका रहेगा तुम पर बादल

तुम्हारे तो भई मजे ही मजे रहेंगे
ओ मेरे रसिया देवर !
और मुझे आ गई हँसी
कूक उठे मोर
और मेरा रोआँ-रोआँ हो उठा कंटकित
टर्राए मेढ़क
और मेरा दिल धड़कने लगा ज़ोरों से
हो उठी तीव्र झींगुरों की रीं रीं रीं···
और मैं लगा गया गोता गहराई के अन्दर
झुक आए कजरारे मेघ
और अधिक
और अधिक
और अधिक

१९५९

मैंने तुम्हें इत्ता-इत्ता-सा पूछा

मैंने तुम्हें
इत्ता-इत्ता-सा पूछा
अब एक-आध बात
तुम भी तो पूछ लो
मैंने तुम से
ढेर-ढेर सा जानना चाहा
अब एक-आध बात
तुम भी तो मुझसे जानना चाहो

चुपचाप यों देखते रहना
सूनो-सी खोई-सी निगाहों से
पथराये होठों का
बेरुखी में यों हिलते रहना
नाग़वार लगता है,
कुछ भी तो बतलाओ !
मैंने तुमको इत्ता-इत्ता-सा पूछा

१९५८

तुम किशोर, तुम तरुण···

तुम किशोर
तुम तरुण
तुम्हारी राह रोककर
अनजाने यदि खड़े हुए हम :
कितना ही गुस्सा आए, पर, मत होना नाराज
वय:सन्धि के कितने ही क्षण हमने भी तो
इसी तरह फेनिल क्षोभों के बीच गुजारे
कान लगाकर सुनो : कहीं से आती है आवाज—
"भले ही विद्रोही हो,
"सहनशील होती है लेकिन अगली पीढ़ी"
पर, अपने प्रति सहिष्णुता की भीख न हम माँगेंगे तुमसे
मीमांसा का सप्ततिक्त वह झाग
अजी हम खुशी-खुशी पी लेंगे।
क्रोध-क्षोभ के अवसर चाहे आ भी जाएँ
किन्तु द्वेष से दूर रहेंगे

तुम किशोर
तुम तरुण
तुम्हारी अगवानी में
खुरच रहे हम राजपथों की काई-फिसलन
खोद रहे जहरीली घासें
पगडण्डियाँ निकाल रहे हैं
गुम्फित कर रक्खी हैं हमने
ये निर्मल-निश्छल प्रशस्तियाँ
आओ, आगे आओ, अपना दायभाग लो
अपने स्वप्नों को पूरा करने की खातिर
तुम्हें नहीं तो और किसे हम देखें, बोलो!
निविड़ अविद्या से मन मूर्च्छित
तन जर्जर है भूख-प्यास से
व्यक्ति-व्यक्ति दुख-दैन्य ग्रस्त है
दुविधा में समुदाय पस्त है
लो मशाल, अब घर-घर को आलोकित कर दो
सेतु बनो प्रज्ञा-प्रयत्न के मध्य

शान्ति को सर्वमंगला हो जाने दो
खुश होंगे हम—
इन निर्बल बाँहों का यदि उपहास तुम्हारा
क्षणिक मनोरंजन करता हो
खुश होंगे हम !

१९५९

तो फिर क्या हुआ ?

नत नयन
मुद्रित मुख
प्रज्ञाकर
बैठे हैं कुर्सी पर
मात्र वेतन से मतलब !

ढेले चलाए
अशान्त उत्तेजित भीड़ ने···
कर गई विषाक्त वातावरण को
पुलिस की अश्रु गैस···
निरपराध-निरीह किशोर हुआ खून···
पिट गए शान्त-शिष्ट अफसर···
प्रज्ञाकर गुणनिधान बोले—
तो फिर क्या हुआ !
नत नयन मुद्रित मुख कुर्सीधर ने देखा—
तो फिर क्या हुआ !
महीन मुस्कान फेंकते रहे मेरी ओर
वेतन सर्वस्व बुद्धिजीवी महानुभाव
बढ़ा दी आगे गोल्ड फ्लैक की पाकिट
इशारे से कहा—लीजिए !
और खुद की खातिर निकाला
मोटा मद्रासी सिगार
नदी के पेट में चला गया है समूचा गाँव
बे-घर हो गए हैं हजारों लोग

पगला गई है बूढ़ी गण्डक
छोड़कर सिगार का ढेर-ढेर धुआँ
प्रज्ञाकर गुणनिधान प्राचार्य बोले—
यह सब तो चलता ही रहेगा
कहाँ तक रोएँगे आप ?
प्रलय नहीं होगा तो सृष्टि कैसे होगी,
क्यों भला बन्द हों नाश और निर्माण के चक्र ?
और फिर मेरी तरफ झुक गए,
आहिस्ते से पूछा—
आखिर कुछ तो मँगवाऊँ, क्या लेंगे आप ?
कॉफ़ी या ओवल्टीन ?
या फिर नींबू का शर्बत ?

गजब का निकला सोवियत बालचन्द्र···
प्राचार्य भुनभुनाए—
यह सब करिश्मे उन्हें ही मुबारक हों
अपना तो आसमान फीका ही रहेगा !

आ चुके थे कॉफ़ी के प्याले
शुरू हुईं चुस्कियाँ
स्पन्दित थे होठ
कुछ देर बाद प्राचार्य बोले—
डालर की किल्लत भी खूब रही
लल्ला नहीं जा सका शिकागो
हो गई पैसेज रद
ट्रंक से पूछा था···

लेकर कॉफ़ी की आखिरी घूंट
मैंने कहा सहज-शिष्ट स्वर में—
तो फिर क्या हुआ ?
सिगारपायी कुर्सीधर प्राचार्य बोले—
हो गई गरीब की कैरियर चौपट
और आप पूछते हैं,
तो फिर क्या हुआ !
तो फिर क्या हुआ !
आप भी साहब निरे साहित्यिक ठहरे !!

जी हाँ, सो तो हूँ ही—
आहिस्ते से निकला मेरे मुँह से
अगले ही क्षण बढ़ गया हाथ गोल्ड फ्लैक की ओर
नत नयन मुद्रित मुख बुद्धिजीवी महानुभाव
'स्टेट्समैन' में डूब गए
और मैं उठ आया
छोड़ आया धुएँ के छल्ले

१९५९

खुले नहीं होंठ, हिली नहीं जीभ

खुले नहीं होंठ
हिली नहीं जीभ
गति विधि में उभरी संशय की गन्ध
इंगितों में छलका अविश्वास
अनचाहे भी बहुत कुछ
कह गई फीकी मुस्कान
लदी रही पलकों पर देर तक झेंप
घुमड़ता रहा देर तक साँसों की घुटन में
बेचैनी का भाफ
बनती रही
मिटती रही
देर तक भौंहों की सिकुड़न
हिली नहीं जीभ
खुले नहीं होंठ

१९६०

द्याक्चो खोकोन ओइ जे गाँधी महात्ता…

बापू हमारा गाँधी बड़ा है ! —
इसीलिए कि चौरंगी में ऊँचा खड़ा है ?
ब्रोंज की भारी प्रतिमा
दधीचि या भागीरथ-सा ढाँचा वाली
खड़ी है ऊँची वेदी पर
पार्क स्ट्रीट के आमने-सामने
रोज़ उसे देखती हैं लाखों आँखें…
द्याक्चो खोकोन ओइ जे गाँधी महात्ता ?

—बंगाली भद्रमहिला बच्चे से पूछती है
और बालीगंज वाली ट्राम के अन्दर
मैं भी बैठा हूँ
दुहराता हूँ मन-ही-मन बंगलक्ष्मी का सवाल :
द्याक्चो खोकोन ओइ जे गाँधी महात्ता ?

कि सहसा दिमाग में घूम गई चौपाटी की बलुआही कछार
कि सहसा दिमाग में घूम गया इण्डियागेट का विस्तृत मैदान
स्थापित नहीं होगी क्या
नई दिल्ली में चितरंजन दास की प्रतिमा ?
स्थापित नहीं होगी क्या
लाला लाजपत राय की प्रतिमा मद्रास में ?
दिखाई नहीं पड़ेंगे लखनऊ में सत्यमूर्ति ?
सुभाष और जे० एम० सेन गुप्त क्या सीमित रहेंगे
भवानीपुर और शाम बाजार की दूकानों तक ?
तिलक नहीं निकलेंगे पूना से बाहर ?
खुदीराम बोस, भगत सिंह, चन्द्रशेखर आज़ाद
पाएँगे प्रस्थान नहीं लोक-सभा कक्ष में ?

सोचते-सोचते माथा लगा चकराने
दौड़ती ट्राम आ गई विक्टोरिया के सामने
जाना था अपने को रासविहारी एवेन्यू
भड़क उठी लेकिन बीच में ही तबीयत
कानों में बार-बार गूँजने लगा था
द्याक्चो खोकोन ओइ जे गाँधी महात्ता !

द्याक्‌चो खोकोन ओइ जे गांधी महात्ता !

ट्राम से उतरकर
अपने आप फुटपाथ पर आ गए पैर
रुख था विक्टोरिया की ओर
गूंज रहा था कानों में—
द्याक्‌चो खोकोन्, द्याक्‌चो खोकोन्, द्याक्‌चो खोकोन्···

सामने खड़ा था विक्टोरिया मेमोरियल
अति भव्य, महाविशाल···
कारों के जमघट के भला क्या कहने !
सान्ध्य अभिसार के ख्वाहिसों के भला क्या कहने !
खोंचे वालों की भीड़ के भला क्या कहने !
हाते के बाहर मैं भकुआ-सा खड़ा रहा
'छिछली भावुकता' में गर्क-सा अड़ा रहा
बढ़ गये थे हाथ सहज ही मूंगफली वाले की ओर।
अन्दर का मनसा राम हँसकर लगा कहने;
मेरे, कवि, नाहक ही कुढ़ते हो !
आज भी ब्रिटेन की मलका ही बड़ी है
वो हमारी दिल की वेदी पर खड़ी है
चौरंगी का गाँधी ?
वो तो बस तमाशा बन के खड़ा है !
भाई मेरे कवि, नाहक ही कुढ़ते हो !
निकालो फौरन पैसे सम्भालो मूंगफलियाँ
जाने कब से खोंचा वाला तराजू लिए खड़ा है !
क्या हुआ हिन्द में आज भी गांधी नहीं बड़ा है !
क्या हुआ आज भी हिन्द में ब्रिटेन की मलका ही बड़ी है !

मान ली मैंने अन्दर वाले मनसाराम की बात
मूंगफली लेकर बढ़ गया आगे
मैदान की ओर
रेसकोर्स की ओर
कानों में लेकिन गूंज रहा था अब भी
—"द्याक्‌चो खोकोन ओइ जे गांधी महात्ता !"

१९६०

सपूत क्या ऊपर से टपके हैं ?

अरे तुम एक महात्मा की याद में
वर्षों से बहाते हो आँसू !
जपते हो उसके नाम की माला,
कदम-कदम पे कसम खाते हो उसकी !
मगर मैं पूछता हूँ, रंज मत होना—
अरे अपना वो महात्मा क्या आसमान से टपका था ?
बस बहुत हुआ, रहने भी दो
व्यक्ति-व्यक्ति को गौर से देखो…
साधारण में ही मिलेगा असाधारण
एक नहीं दस-बीस-पचास
हजार-दस हजार-लाख दस-लाख
करोड़…जी हाँ करोड़
करोड़ों में मिलेंगे लाखों महात्मा
सपूत क्या ऊपर से टपके हैं कभी ?
करोड़ों में अब भी क्या एक ही सन्त होगा ?
प्रामाणिक नहीं है क्या जन-जन का जीवन दान ?
श्रेय दो एक-एक पल को, वर्ना क्या है दिनमान ?

१९६०

मेरी भी आभा है इसमें

नये गगन में नया सूर्य जो चमक रहा है
यह विशाल भूखण्ड आज जो दमक रहा है
मेरी भी आभा है इसमें

भीनी-भीनी खुशबू वाले
रंग-बिरंगे
यह जो इतने फूल खिले हैं
कल इनको मेरे प्राणों ने नहलाया था
कल इनको मेरे सपनों ने सहलाया था

पकी सुनहली फसलों से जो
अबकी यह खलिहान भर गया
मेरी रग रग के शोणित की बूंदें इसमें मुसकाती हैं

नये गगन में नया सूर्य जो चमक रहा है
यह विशाल भूखण्ड आज जो दमक रहा है
मेरी भी आभा है इसमें

१९६०

घिन तो नहीं आती है ?

पूरी स्पीड में है ट्राम
खाती है दचके पे दचका
सटता है बदन से बदन—
पसीने से लथपथ।
छूती है निगाहों को
कत्थई दाँतों की मोटी मुस्कान
बेतरतीब मूँछों की थिरकन
सच सच बतलाओ
घिन तो नहीं आती है ?
जी तो नहीं कुढ़ता है ?

कुली-मजदूर हैं
बोझा ढोते हैं, खींचते हैं ठेला
धूल-धुँआ-भाप से पड़ता है साबक़ा
थके-माँदे जहाँ-तहाँ हो जाते हैं ढेर
सपने में भी सुनते हैं धरती की धड़कन
आकर ट्राम के अन्दर पिछले डब्बे में
बैठ गये हैं इधर-उधर तुमसे सटकर
आपस की उनकी बतकही
सच-सच बतलाओ,
नाग़वार तो नहीं लगती है ?
जी तो नहीं कुढ़ता है ?

घिन तो नहीं आती है ?

दूध-सा धुला सादा लिवास है तुम्हारा
निकले हो शायद चौरंगी की हवा खाने
बैठना था पंखे के नीचे, अगले डब्बे में
ये तो बस इसी तरह
लगाएँगे ठहाके, सुरती फाँकेंगे
भरे मुँह बातें करेंगे अपने देस-कोस की
सच-सच वतलाओ
अखरती तो नहीं इनकी सोहबत ?
जी तो नहीं कुढ़ता है ?
घिन तो नहीं आती है ?

१९६०

पुरानी जूतियों का कोरस

(1)

सहगान :

अनमोल हमारी धूल है अनमोल हमारी धूल

धूल हमारी, धूल हमारी, धूल !
        टँगे रहेंगे हम बाँसों पर खिले सृष्टि के फूल
हम दुरुस्त करने निकले हैं, मानवता की भूल
        गमलों में जो कैद पड़े हैं, उन फूलों पर डालेंगे हम
अपनी प्यारी धूल ! धूल हमारी, धूल हमारी, धूल !
        है अनमोल, है अनमोल, है अनमोल हमारी धूल !

एक मामूली देहाती जोड़ा :

मेरी खातिर तरसा करते,
ऊँचे महल-अटारी
मुझको है कतई न गवारा,
वैभव की बीमारी

मुझको लेकर साथ द्वारका,
पहुँचे विप्र सुदामा
मेरी गतिविधि समझ नहीं
पाए थे शकुनी मामा

तल्ला विहीन पम्प शू :

हमने तोड़ी उस नवाब की नाक
किया कलेजा चाक
छिल जाती थी ढाके की मलमल
से जिसकी देह
जिसकी छत पर बरसा करते थे
कंचन के मेह
हमने तोड़ी उस नवाब की नाक !

भद्दे टायर की चप्पल :

मुझे पहनने वाला आज
किसी सूबे का बना मिनिस्टर
उन कदमों को चूम रहे हैं
कितने जज्ज, कलक्टर !

चिप्पियों वाला चमरौधा :

पार कर गया मेरा साथी
पदयात्रा की मंजिल
जीवन-दान किया हमने,
आसान हो गई मुश्किल !

बदशक्ल जनानी सैण्डल :

मैं थी जिन पैरों की शोभा
वे हो आए चीन
सजनी के तो पर निकले हैं,
साजन हैं गमगीन !

सहगान :

महल गिराएँ प्रवंचना के
फूल खिलाएँ नव रचना के
अपना दुख हम तो जाएँगे भूल

गमलों में जो कंद पड़े हैं
उन फूलों पर डालेंगे हम
अपनी प्यारी धूल
धूल हमारी, धूल हमारी, धूल !

(2)

जूती सलीमशाही :

मुझे पहनकर इठलाती थी
रूपनगर की रानी
फौजी बूट भरा करते थे मेरे आगे पानी
नाक रगड़ते थे लुक-छिपकर,
मुझ पर प्रणय भिखारी
अरे, कहाँ से कहाँ आ गई मैं
क़िस्मत की मारी !

बाथरूम की जापानी चप्पल :

कमल खिलाए जो पग-पग पर,
उनकी भी प्यारी
अंगूरी जिनकी रग-रग में
मैं उनकी भी प्यारी
जिनकी चितवन में बिजली है
अंग-अंग में थिरकन
उनके श्रीचरणों की स्मृति में
धन्य रहे यह जीवन

फ्रेंच शू :

बाल डांस में हम उनसे टकराए
काकटेल में घुल-मिलकर मुस्काए
चले गए आस्ट्रिया युवक-उत्सव में
विश्व शान्ति का सौरभ ही ढो लाए !

बूढ़ा इंगलिश बूट :

बन जाऊँगा मैं चिप्पी कट-छिल के
फूट जाएँगे फोड़े बरबस दिल के
मैं मार्शल के पैरों का वह प्यारा
अपोज़िशन की चप्पल ने था मारा !

चप्पल विद्यासागरी :

फुह; विधान के
बड़े क्लाक की टिक्-टिक्
मैं बंगाल विधान सभा की स्पुत्‌निक
दल-गत वह्नि-शिखा
मैं मुझमें संचित
इस सुहाग से तुम
सारे हो वंचित !

सहगान :

सह अस्तित्व हमारा नारा, बाटा-फ्लैक्स नहीं कर सकते
इस बिरादरी का बटवारा, हम हो आए रूस, हम हो आए चीन
लन्दन वाशिंगटन हो आए, देखा है फिलपीन
मस्ती छाई, सहलाया हमने मन्त्री का माथा
अभी-अभी उस कलकत्ते का कितना नाम हुआ था
धूल हमारी है अनमोल, धूल हमारी, धूल हमारी, धूल !

(3)

अहिंसक ग्रामोद्योगी चप्पल :

साथिन पहुँची राजभवन में
मैं हूँ यहाँ अकेली
उन चरणों को रुची हवाई
चप्पल नई-नवेली
बालम हार गए निर्वाचन
राज्यपाल होना था
मुझको तो भूदान-यज्ञ के
सेण्टर में रोना था !

शोलापुरी चप्पल :

मैं कृपलानी के चरणों की दासी
मैं लामा के मन्दहास की प्यासी
क्या पंचशील का भाया कभी तमाशा
मैं आज नहीं तो कल पहुँचूंगी ल्हासा !

बूट मेड इन प्राग :

मुझको लाए कामरेड डाँगे

मिली है गुडविल मुझे बिना माँगे
रात-दिन करती आई हूँ हवाई यात्रा
अच्छी तरह मालूम है विरोध की मात्रा

मलयाली चप्पल नम्बूदरीपाद की :

क्या राजभवन,
क्या केबिनेट, सब देखा
मैं जूता जग की
देवी हूँ शशिलेखा !

नुकीली जूती नेहरू की मेड इन पटियाला :

मैं कोटि-कोटि की
धड़कन सुनने वाली
मैं देश-दशा पर
माथा धुनने वाली
मैं पहुँच गयी म्यूजियम
पुरानी होकर
मैं भावी युग की
खातिर बनी धरोहर !

मद्रासी चप्पल राजगोपालाचारी की :

व्यक्ति सुखी, परिवार सुखी,
फिर राष्ट्र सुखी हो सारा
कांग्रेसी गति-विधि से
सुख की सूख गयी धारा ।
मेरे मालिक इसीलिए तो,
दर-दर भटक रहे हैं
समझ न पाई नेहरू जी ने
क्यों अपशब्द कहे हैं !

सौभाग्यवती जूती बिड़ला की :

मिलों कारखानों के स्वामी
प्राइवेट-सेक्टर के हामी
सोशलिज़्म क्या, सर्वोदय क्या
सभी पन्थों के वे अनुगामी
उन्हें जानती मैं अन्दर से,

दिल है उनका मोम
नहीं बाँसुरी बजाएँगे वह,
नहीं जलेगा रोम !
वन्द न होंगे सरकारी
रोकड़ के सौ-सौ छेद
मुझसे पूछें भी मुरार जी,
मैं वतलाऊँ भेद।
पीकर लाखों का लहू चमकने वाली
मैं धन-कुबेर के तलुओं की हूँ लाली !

जरीदार जूती निजाम की :

एक सौ पूत, एक हजार नाती
हरम के चेहरों की याद नहीं आती !

सहगान :

आओ हम सब चलें, राष्ट्रपति भवन पधारें
महामहिम के जूतों की आरती उतारें
जीरादेई की धरती अब भी रोती है
फसल नहीं है, धूल उड़ाकर खुश होती है
बैठ गए हैं कानों में जो उँगली डाले
उनके सर पर हाथ बनें हम चम्पीवाले
जादूगर हैं, सबका होश दुरुस्त करेंगे
व्रत लेते हैं, दुखियारों का दैन्य हरेंगे
है अनमोल हमारी धूल ! धूल हमारी, धूल हमारी, धूल !
है अनमोल हमारी धूल !

१९६०

चौराहे के उस नुक्कड़ पर

चौराहे के उस नुक्कड़ पर
काँटों का बिस्तरा बिछाकर
सोया साधू दाढ़ी वाला
लोग तमाशा देख रहे हैं
अपनी धुन में आते-जाते।

दिन के दस बजने वाले हैं
वक्त हो गया है दफ्तर का
सबके पैरों में फुर्ती है
लेकिन यह आ गया कहाँ से !
काँटों पर नंगा सोया है
ठिठक गया मैं लगा देखने
उस औघड़ बाबा के करतब
नेत्र बन्द थे बदन अडिग था
शर शय्या पर चित लेटा था
दर्शक पैसे फेंक रहे थे

सेठों की गलियों का नुक्कड़
काँटों पर लेटा है फक्कड़
चमक रहे पैसे दो पैसे
और पाँच पैसे दस पैसे
जैसी श्रद्धा सिक्के वैसे
निकल रहे हैं जैसे-तैसे
काँटों पर सोया है कैसे
नागफनी पर गिरगिट जैसे

श्रद्धा का तिकड़म से नाता
जय हे भिक्षुक जय हे दाता
पियो सन्त हुगली का पानी
पैसा सच है दुनिया फानी

१९६०

आओ रानी, हम ढोएँगे पालकी

आओ रानी, हम ढोएँगे पालकी,
यही हुई है राय जवाहर लाल की
रफ़ू करेंगे फटे-पुराने जाल की
यही हुई है राय जवाहर लाल की
आओ रानी, हम ढोएँगे पालकी !

आओ, शादी बैण्ड बजाएँ,
आओ बन्दनवार सजाएँ,
खुशियों में डूबें उतराएँ
आओ तुमको सैर कराएँ —
उटकमण्ड की, शिमला-नैनीताल की
आओ रानी, हम ढोएँगे पालकी

तुम मुस्कान लुटाती जाओ,
तुम वरदान लुटाती आओ,
आओ जी चाँदी के पथ पर,
आओ जी कंचन के रथ पर,
नजर बिछी है, एक-एक दिक्‌पाल की
छटा दिखाओ गति की लय की ताल की
आओ रानी, हम ढोएँगे पालकी

सैनिक तुम्हें सलामी देंगे
लोग-बाग बलि-बलि जाएँगे
दृग-दृग में खुशिया छलकेंगी
ओसों में दूबें झलकेंगी
प्रणति मिलेगी नए राष्ट्र के भाल की
आओ रानी, हम ढ़ोएँगी पालकी

बेबस-बेसुध, सूखे-रुखड़े,
हम ठहरे तिनकों के टुकड़े
टहनी हो तुम भारी-भरकम डाल की
खोज खबर तो लो अपने भक्तों के खास महाल की !
लो कपूर की लपट
आरती लो सोने के थाल की
आओ रानी, हम ढोएँगे पालकी

भूखी भारत माता के सूखे हाथों को चूम लो
प्रेसिडेण्ट की लंच-डिनर में स्वाद बदल लो, झूम लो
पद्म भूषणों, भारत-रत्नों से उनके उद्‌गार लो
पार्लमेण्ट के प्रतिनिधियों से आदर लो सत्कार लो
मिनिस्टरों से शेकहैण्ड लो, जनता से जयकार लो
दाएँ-बाएँ खड़े हज़ारी आफिसरों से प्यार लो
धन कुबेर उत्सुक दीखेंगे उनके ज़रा दुलार लो

होठों को कम्पित कर लो, रह-रह के कनखी मार लो
बिजली की यह दीपमालिका फिर-फिर इसे निहार लो

यह तो नई-नई दिल्ली है, दिल में इसे उतार लो
एक बात कह दूं मलका, थोड़ी-सी लाज उधार लो
बापू को मत छेड़ो, अपने पुरखों से उपहार लो
जय ब्रिटेन की, जय हो इस कलिकाल की !
आओ रानी हम ढोएँगे पालकी !
रफ़ू करेंगे फटे-पुराने जाल की !
यही हुई है राय जवाहर लाल की !
आओ रानी हम ढोएँगे पालकी !

१९६१

विज्ञापन सुन्दरी

रमा लो माँग में सिन्दूरी छलना···
फिर बेटी, विज्ञापन लेने निकलना···
तुम्हारी चाची को यह गुर कहाँ था मालूम !

हाथ न हुए पीले
विधि विहित पत्नी किसी की हो न सकीं
चौरंगी के पीछे वो जो होटल है
और उस होटल का
वो जो मुच्छड़ रोबीला बैरा है
ले गया है सपने में बार-बार यादवपुर
केरियर पर लाद के कि आखिर शादी तो होगी ही
नहीं ? मैं झूठ कहता हूँ ?
ओ, हे, युग नन्दिनी विज्ञापन सुन्दरी,
गलाती है तुम्हारी मुस्कान की मृदु मद्धिम आँच
धन-कुलिश हिय-हिम कुबेर के छौनों का
क्या खूब !
क्या खूब !
कर लाईं सिक्योर विज्ञापन के आर्डर !
क्या कहा ?

डेढ़ हज़ार ?
अजी वाह, सत्रह सौ !
सत्रह सौ के विज्ञापन ?
आओ, बेटी, आ जाओ पास बैठो
तफसील में बतलाओ…
कहाँ-कहाँ जाना पड़ा ? कै-कै बार ?
क्लाईव रोड ?
डलहौज़ी ?
चौरंगी ?
ब्रेबोर्न रोड ?
बर्बाद हुए तीन रोज़ : पाँच शामें ?
कोई बात नहीं…
कोई बात नहीं…
आओ, आओ, तफसील में बतलाओ !

१९६१

प्लीज़ एक्सक्यूज मी…

और भला कहाँ हुआ था नसीब
उतना अच्छा आइसक्रीम
कदन्न-दग्ध इस निगोड़ी जीभ को ?
चाँदी के बापू…
गजदन्त के तथागत…
चन्दन के बिनोवा…
ताम्बे के लेनिन
उमग आई आस्था,
झुका नहीं फिर भी मस्तक।
चम्पई आभा की नाटी-सी मध्यवयसी महिला
डबल एम० ए० मिसेज गुप्ता
शेल्फ की ओर उँगली उठाकर बोली :
बस, ले-देकर यही एक शौक़ बाक़ी बचा है उनका !
वो रहा हक्सले…
वो जुंग…

और वो पावलोव…
जी हाँ, मार्क्स का भी पूरा सेट है अपने पास…
कैपिटल पर तो भिड़ ही गए थे वावूजी
आधा से अधिक कर भी लिया था
अरे आपको अचरज लगता है ?
निकाल लाऊँ कॉपी ?
मैंने कहा : जरूर किया होगा…
हंस, विशाल भारत, माधुरी, सुधा, सरस्वती, चाँद
कहाँ नहीं छपते रहे हैं भाई जी ?
आप भी तो चौकस पाठिका रही होंगी ?
जी हाँ, जी हाँ—
नचाकर कमलपत्री नेत्र
बोलीं मिसेज़ गुप्ता गद्गद स्वर में
ट्रंक में कतरन पड़ी है ढेर-सी
मुहलत नहीं देते हैं दुनियादारी के झमेले
देखिए न, आखिर तक रोकती रही मैं
मगर इन पर तो भूत हो गया सवार
लेकर कर्ज, बनवाया है मकान
मुझे तो रात-रात-भर नींद नहीं आती है
ऊपर वाला फ्लैट उठा दिया भाड़े पर
मद्रासी हैं, अच्छे लोग हैं
ढाई हज़ार पाते हैं
लिखने का हाबी था उनका भी…
गवर्नर की कोठी में था कोई फंक्शन
यूँ ही हमारा कृष्णन साहब से परिचय हो गया
और अब हमारे पड़ोसी हैं आप…
आइसक्रीम आ चुका था आगे
लेकिन, रोककर हाथ
सुनता रहा मैं मिसेज़ गुप्ता की बात
खींच ले आई उनका भी ध्यान
अभ्यागत की निःस्पृहता…
सहसा बोल पड़ीं—ओ स्सारी !
लिया नहीं इसको ?
प्लीज़ एक्सक्यूज़मी, बक-बक करती रही !
वावूजी ने टोका है कई बार
डाक्टर मित्रा ने भी किया है वार्न

मगर मेरी बकवास रोके नहीं रुकती !
लीजिए, मैं उठ ही जाती हूँ
भेजती हूँ मुन्नी को
लिखवा लेगी चार छे लाइन
सीनियर कैम्ब्रिज का आखिरी साल है
कविता का बेहद शौक़ है···
लिख दीजिएगा वही—
पाँखें खुजलाईं कौए ने
रोता रहा चूल्हा, चक्की थी उदास
याद तो होगी न ?

१९६१

वे और तुम

वे लोहा पीट रहे हैं
तुम मन को पीट रहे हो
वे पत्तर जोड रहे हैं
तुम सपने जोड़ रहे हो
उनकी घुटन ठहाकों में घुलती है
और तुम्हारी घुटन ?
उनींदी घड़ियों में चुरती है

वे हुलसित हैं
अपनी ही फसलों में डूब गए हैं
तुम हुलसित हो
चितकबरी चाँदनियों में खोए हो
उनको दुख है
नए आम की मंजरियों को पाला मार गया है
तुमको दुख है
काव्य-संकलन दीमक चाट गए हैं।

१९६१

काली माई

कितना खून पिया है, जाती नहीं खुमारी !
सुर्ख और लम्बी है मइया जीभ तुम्हारी।

मुण्डमाल के लिए गरीबों पर निगाह है
धनपतियों के लिए दया की खुली राह है !
धन पिशाच का लहू नहीं अच्छा लगता है
वह औरों की बलि देकर तुमको ठगता है
जाने कब से टपक रही है लार तुम्हारी
लाल थूक से दरक गई धरती बेचारी
पैरों के नीचे शंकर करुणावतार है
नंगी हो माँ, तुम पर पागलपन सवार है
भृकुटि तुम्हारी तनी रहे, अब कौन डरेगा
धन-पिशाच ही नर-पशुओं का पेट भरेगा !

माता तुमको प्रिय होगी हिंसा की भाषा
ऐसा है विश्वास और ऐसी है आशा
मेरे इन शब्दों से नाहक रंज न होना
कुछ भी हो लेकिन मन का संतुलन न खोना
हमको क्या, हम तो यों ही पिसते आए हैं
भारी कल के पुर्जे हैं घिसते आए हैं
धनपतियों की खुशियों में खुश तुम भी रहना
उनके ही हित की हुगली में तुम भी बहना
अस्सी प्रतिशत जनता की खातिर कृपाण है
बाकी लोगों की खातिर बस पुष्प बाण है
हमें नहीं चाहिए तुम्हारी ऐसी करुणा
हमें नहीं चाहिए विमाता श्यामा-अरुणा
कितना खून पिया है, जाती नहीं खुमारी
सुर्ख और लम्बी है मइया जीभ तुम्हारी

बीच-बीच में पाती हो ऊपर की पूजा
मुख-रुचि के परिवर्तन की खातिर ज्यों भूजा
कद्दू-लौकी नहीं, तुम्हें तो मांस चाहिए
यम से छीना-झपटी में पूर्णांश चाहिए

लगातार ही बलि पशुओं की आँत चाहिए
कड़ी खुरदरी जिह्वा, पैने दाँत चाहिए

चौरंगी में फिरती है डायन की बेटी
नाम तुम्हारा लेती है लेटी अधलेटी
महल-झोपड़ी सभी जगह आती-जाती है
जिन्हें फाँसती, उनको तुम तक पहुंचाती है
ट्राम-कार टैक्सी-स्कूटर-रिक्शे पर चढ़कर
लक्ष्य वेध करते हैं फौरन आगे बढ़कर
विविध रूप में घूम रहे हैं दूत तुम्हारे
गली-गली के अन्दर तत्पर साँझ-सकारे
मैं तुमसे तो नहीं, मगर उनसे डरता हूँ
मिलते हैं तो उन्हें नमस्ते ही करता हूँ
कितना खून पिया है जाती नहीं खुमारी
सुर्ख और लम्बी है मइया, जीभ तुम्हारी

१९६१

गुलाबी चूड़ियाँ

प्राइवेट बस का ड्राइवर है तो क्या हुआ,
सात साल की बच्ची का पिता तो है!
सामने गीयर के ऊपर
हुक से लटका रक्खी हैं
काँच की चार चूड़ियाँ गुलाबी
बस की रफ्तार के मुताबिक
हिलती रहती हैं···
झुककर मैंने पूछ लिया
खा गया मानो झटका
अधेड़ उम्र का मुच्छड़ रोबीला चेहरा
आहिस्ते से बोला : हाँ सा'ब
लाख कहता हूँ, नहीं मानती है मुनिया
टाँगे हुए है कई दिनों से
अपनी अमानत

यहाँ अब्बा की नजरों के सामने
मैं भी सोचता हूँ
क्या बिगाड़ती हैं चूड़ियाँ
किस जुर्म पे हटा दूँ इनको यहाँ से ?
और ड्राइवर ने एक नज़र मुझे देखा
और मैंने एक नजर उसे देखा
छलक रहा था दूधिया वात्सल्य बड़ी-बड़ी आँखों में
तरलता हावी थी सीधे-सादे प्रश्न पर
और अब वे निगाहें फिर से हो गईं सड़क की ओर
और मैंने झुककर कहा—
हाँ भाई, मैं भी पिता हूँ
वो तो बस यूँ ही पूछ लिया आपसे
वर्ना ये किसको नहीं भाएँगी ?
नन्हीं कलाइयों की गुलाबी चूड़ियाँ !

१९६१

हिम-कुसुमों का चंचरीक !

हिम के फाहे बरसाए निश-दिन आसमान
सरहद पर पहरा देगा ही सैनिक जवान
इसकी खातिर कश्मीर नहीं है नन्दनवन
इसकी खातिर डल-झील नहीं है छवि-दर्पण
है शौक़ नहीं, व्रत है इसका देशाभिमान
हिम के फाहे बरसाए निश-दिन आसमान

चढ़ गए बमीठे हिम के इसके कन्धों पर
फिर भी अपनी ड्यूटी पर है कैसे तत्पर
इसकी खातिर सीमान्त नहीं है समाचार
इसकी खातिर वह शान्ति नहीं है निराकार
हर आहट पर कौंधा करती है तेज़ नजर
चढ़ गए बमीठे हिम के इसके कन्धों पर

छोटी बच्ची की छवि आँखों में छाई है
कल परसों ही तो घर से चिट्ठी आई है
घर खेत गाँव की रूह कौंधती है मन में
स्मृतियों का सौरभ ध्वनि भरता है निर्जन में
बन्दूक, तुम्हारी हल से आज सगाई है
छोटी बच्ची की छवि आँखों में छाई है

वह कोटि-कोटि की तरुणाई का है प्रतीक
वह देशभक्ति का अर्थ जानता ठीक-ठीक
अलसी के ताज़े फूल बटोरे नील गगन
अमराई की मंजरियों में ऋतु रहे मगन
पर उसका मन है हिम कुसुमों का चंचरीक
वह कोटि-कोटि की तरुणाई का है प्रतीक

१९६१

अब के इस मौसम में

अब के इस मौसम में
कोयल आज बोली है
पहली बार !

टूसों को उमगे कई दिन हो गए
टेसू को सुलगे कई दिन हो गए
अलसी को फूले कई दिन हो गए
बौरों को महके कई दिन हो गए

झपटी पछिया
दरक गए केलों के पात
लेते ही करवट
तेजाब की फुहारें
छिड़कने लगा सूरज
मुँह बा दिया कलियों ने
देखती रह गई निठुराई के खेल

चुपचाप कलमुही
भर गया जी
जोरों से कूक पड़ी

अबके इस मौसम में
कोयल आज कूकी है
पहली बार !

१९६१

आए कोई तुमसे सीखे…

वह तमस्तोम—
वह विकट गुफा का अन्तराल—
वह राहु-कवल—
वह अशुभ ग्रहों का पाप चक्र—
मानी क्या तुमने कभी हार ?
तुम रहे सदा ही दुर्निवार
मरु प्रान्तर को तुमने अन्तर का नीर दिया
कविता तपस्विनी को ज्योतिर्मय चीर दिया
रह गए प्रतीक्षा में सारे दिक्पाल किन्तु तुम नहीं झुके
तुम कड़ी साधना में दधीचि को जीत चुके
कोई आए तुमसे सीखे
वह द्वापर वाली शरशय्या की चुभन आज
आए कोई तुमसे सीखे
युग-युग का हालाहल पीना
आए कोई तुमसे सीखे, यह रक्तदान
आए कोई तुमसे सीखे, यह स्वाभिमान

१९६१

भूले स्वाद बेर के

सीता हुई भूमिगत, सखी बनी सूपनखा
बचन बिसर गए देर के, सबेर के !
बन गया साहूकार लंकापति विभीषण
पा गए अभयदान शावक कुबेर के।
जी उठा दसकन्धर, स्तब्ध हुए मुनिगण
हावी हुआ स्वर्णमृग कन्धों पर शेर के !
बुढ़भस की लीला है, काम के रहे न राम
शबरी न याद रही, भूले स्वाद बेर के !

१९६१

रेणुका

शक्की और सनकी पतिदेव···
पितृ भक्त सहज क्रोधी पुत्र···
शहीद हुई रेणुका बेचारी
सच-सच बोल के !
क्या किया था उसने ?
तलइया में देखती रही थी
मछलियों के कामातुर जोड़े
लौटने में हो गया था विलम्ब
तो, अब क्या हम देखते नहीं हैं
यहाँ—वहाँ
मछलियों के कामातुर जोड़े ?

१९६१

शकुन्तला

अंगूठी ?
सोने की अंगूठी
क्या हुआ लेकर सोने की अंगूठी—
प्रीति का प्रतीक !
मूर्ख थी शकुन्तला
(महर्षि की पालतू लड़की)
शोहदे की अंगूठी पर किया था भरोसा !

१९६१

शूर्पणखा

भाई ने लगाया था
दुश्मन के पीछे
रिझा नहीं पाई वनवासी राम को
नाक कटवा के आ गई वापस
एक दिन
झुक के पानी पीते वक़्त
दीख गया अपना प्रतिबिम्ब
तैर गई ध्यान में
राम की श्यामल सुगठित आकृति
सीता पर क्रोध हुआ
दया आई लक्ष्मण पर

१९६१

अहल्या

नाहक ही
उतना अधिक रूप दिया
विधाता ने
गौतम की शकल बना के
सचमुच क्या इन्द्र ही आया था ?
समान आकृति वाले—
दो पुरुषों की छाया में
पथरा गईं बेचारी !

१९६१

कबंध

पेट ही पेट है
डोलता फिरता हूँ
माथे की टोह में—
जाने कब तक भटकना पड़ेगा ?
मैं तो कबंध हूँ।

चलते-चलते काठ हो गए पैर
काँप-काँप उठते हैं मलिन लोमश हाथ
ठस पड़ गया है रूखी त्वचा का स्पर्श-बोध
मुझे नहीं मिलेगा
क्या कोई दशरथनन्दन ?
त्रेता क्या सचमुच गुजर गया ?
मैं क्या भटकता रहूँगा आकल्प ?
पेट ही पेट है
मैं तो कबंध हूँ !

१९६२

तरल कनक

यह मिट्टी का तेल नहीं है, तरल कनक है,
प्रकृति-विजय के महाकाव्य का यही जनक है,
यह धरती की बड़ी कोख गरमाने वाला,
ताल तलइयों में बुलबुले उठाने वाला,
यह जादू का अर्क, रसायन खुशहाली का,
यह अक्सीर इलाज गरीबी-पामाली का,
यह है भौतिक स्नेह, किसी की यह न सनक है,
यह मिट्टी का तेल नहीं है, तरल कनक है !

चमकेगी विज्ञान और संस्कृति की आभा,
गहरी होगी कोटि-कोटि गालों की आभा,
मुखरित होंगे यन्त्र, प्रगति को पंख लगेंगे,
सुलभ रहेगा सुख, जन-जन के भाग्य जगेंगे,
मुझे किरासिन के कीर्तन की मिली भनक है,
यह मिट्टी का तेल नहीं है, तरल कनक है !

तेलकूप के रजत-राग की करें वन्दना,
घासलेट की गन्ध नियति को करे चन्दना,
अवनि और अम्बर में जन-जन निर्भय बिहरे,
सागर का तल-सैकत इन हाथों में सिहरे,
युग-लक्ष्मी की गति में कैसी झनक-झनक है,
यह मिट्टी का तेल नहीं है, तरल कनक है !

१९६२

फसल

एक के नहीं,
दो के नहीं,
ढेरसारी नदियों के पानी का जादू :
एक के नहीं,

दो के नहीं,
लाख-लाख कोटि-कोटि हाथों के स्पर्श की गरिमा :
एक की नहीं,
दो की नहीं,
हजार-हजाक खेतों की मिट्टी का गुण धर्म :

फसल क्या है ?

और तो कुछ नहीं है वह
नदियों के पानी का जादू है वह
हाथों के स्पर्श की महिमा है
भूरी-काली-संदली मिट्टी का गुण धर्म है
रूपान्तर है सूरज की किरणों का
सिमटा हुआ संकोच है हवा की थिरकन का !

१९६२

पछाड़ दिया मेरे आस्तिक ने

शुरू-शुरू कातिक में
निशा शेष ओस की बूँदियों से लदी है
अगहनी धान की बुद्धी मंजरियाँ
पाकर परस प्रभाती किरणों का
मुखर हो उठेगा इनका अभिराम रूप···
टहलने निकला हूँ 'परमान' के किनारे-किनारे
बढ़ता जा रहा हूँ खेत की मेंड़ों पर से, आगे
वापस मिला है अपना वह बचपन
कई युगों के बाद आज
करेगा मेरा स्वागत
शरद् का बाल रवि···
चमकता रहेगा घड़ी-आधी घड़ी
पूर्वांचल प्रवाही 'परमान' की
द्रुत-विलम्बित लहरों पर
और मेरे ये अनावृत चरण युगल

करते रहेंगे चहल-क़दमी
सैकत पुलिन पर

छोड़ते जाएँगे सादी-हलकी छाप···
और फिर आएगी, हँसी मुझे अपने आप पर
उतर पड़ूँगा तत्क्षण पंकिल कछार में
बुलाएँगे अपनी ओर भारी खुरों के निशान
झुक जाएगा यह मस्तक अनायास
दुधारू भैंसों की याद में···

यह लो, दूर कहीं शीशम की झुरमुट से
उड़ता आया है नीलकण्ठ
गुज़र जाएगा ऊपर-ही-ऊपर
कहाँ जाकर बैठेगा ?
इधर पीछे जवान पाकड़ की फुनगी पर ?
या कि, उस बूढ़े पीपल की बदरंग डाल पर ?
या कि, उड़ता ही जाएगा
पहुँचेगा विष्णुपुर के बीचोंबीच
मन्दिर की अँगनई में मौलसिरी की
सघन पत्तियों वाली टहनियों की ओट में
हो जाएगा अदृश्य, करेगा वहीं आराम !
जाने भी दो,
आओ तुम मेरे साथ रत्नेश्वर
देखेंगे आज जी भरकर
उगते सूरज का अरुण-अरुण पूर्ण-बिम्ब
जाने कब से नहीं देखा था शिशु भास्कर
आओ रत्नेश्वर, कृतार्थ हों हमारे नेत्र !
देखना भई, जल्दी न करना
लौटना तो है ही
मगर यह कहाँ दिखता है रोज़-रोज़
सोते ही बिता देता हूँ शत-शत प्रभात
छूट-सा गया है जनपदों का स्पर्श
(हाय रे आंचलिक कथाकार !)
आज मगर उगते सूरज को
देर तक देखेंगे, जी भरकर देखेंगे
करेंगे अर्पित बहते जल का अर्घ

गुनगुनाएँगे गद्गद होकर—
"ओं नमो भगवते भुवन-भास्कराय
"ओं नमो ज्योतिरीश्वराय
"ओं नमः सूर्याय सवित्रे···।"
देखना भई रत्नेश्वर, जल्दी न करना !
लौटेंगे इत्मीनान से
पछाड़ दिया है आज मेरे आस्तिक ने मेरे नास्तिक को
साक्षी रहा तुम्हारे-जैसा नौजवान 'पोस्ट-ग्रेजुएट'
मेरे इस 'डेविएशन' का !
नहीं ? मैं झूठ कहता हूँ !
मुकर जाऊँ शायद कभी···
कहाँ ! मैंने तो कभी झुकाया नहीं था यह
मस्तक !
कहाँ ! मैंने तो कभी दिया नहीं था अर्घ
सूर्य को !
तो तुम रत्नेश्वर, मुसकरा-भर देना मेरी
मिथ्या पर···

१९६४

घन-कुरंग

नभ में चौकड़ियाँ भरें भले
शिशु घन-कुरंग
खिलवाड़ देर तक करें भले
शिशु घन-कुरंग
लो, आपस में गुथ गए खूब
शिशु घन-कुरंग
लो, घटा जाल में गए डूब
शिशु घन-कुरंग
लो, बूँदें पड़ने लगीं, वाह
शिशु घन-कुरंग
लो कब की सुधियाँ जगीं, आह
शिशु घन-कुरंग

पुरवा सिहकी, फिर दीख गए
शिशु घन - कुरंग
शशि से शरमाना सीख गए
शिशु घन - कुरंग

१९६४

मेघ बजे

धिन धिन धा धमक-धमक
मेघ बजे
दामिनि यह गई दमक
मेघ बजे
दादुर का कण्ठ खुला
मेघ बजे
धरती का हृदय धुला
मेघ बजे
पंक बना हरिचन्दन
मेघ बजे
हलका है अभिनन्दन
मेघ बजे
धिन धिन धा···

१९६४

धूप में खिले पात

वर्षा में अनावृत धुले पात
फीके थे कल, आज खुले पात

धूप के जादू में खिले पात
मस्तानी हवा में हिले पात

जादुई साँचे में ढले पात
भूल गये दाह-दिन भले पात

वर्षा में अनावृत धुले पात
फीके थे कल, आज खुले पात

१९६४

फूले कदम्ब

फूले कदम्ब
टहनी-टहनी में कन्दुक नहीं सम झूले कदम्ब
फूले कदम्ब

सावन बीता
बादल का कोष नहीं रीता
जाने कब से वो बरस रहा
ललचाई आँखों से नाहक
जाने कब से तू तरस रहा
मन कहता है, छू ले कदम्ब
फूले कदम्ब
झूले कदम्ब

१९६४

छेड़ो मत इनको !

जाने कहाँ-कहाँ का चक्कर लगाया होगा !
छेड़ो मत इनको
बाहर निकालने दो इन्हें अपनी उपलब्धियाँ
भरने दो मधुकोष
छेड़ो मत इनको
बड़ा ही तुनक है मिज़ाज

रंज हुईं तो काट खाएँगी तुमको
छोड़ दो इनको, करने दो अपना काम

छेड़ो मत इनको
रचने दो मधुछत्र
जमा हो ढेर-ढेर-सा शहद
भरेंगे मधुभांड ग़रीब बनजारे के
आख़िर तुम तक तो पहुँचेगा ही शहद
मगर अभी छेड़ो मत इनको !

नादान होंगे वे
उनकी न बात करो
मारते हैं शहद के छत्तों पे कंकड़
छेड़ते हैं मधु-मक्खियों को नाहक
उनकी न बात करो, नादान होंगे वे
कच्ची होगी उम्र, कच्चे तजरबे
डाँट देना उन्हें, छेड़खानी करें अगर वे

तुम तो सयाने हो न ?
धीरज से काम लो
छेड़ो मत इनको
करने दो जमा शहद
भरने दो मधुकोष
रचने दो रस-चक्र
छेड़ो मत इनको !

१९६४

करवटें लेंगे बूंदों के सपने

अभी-अभी
कोहरा चीरकर चमकेगा सूरज
चमक उठेंगी ठूँठ की नंगी-भूरी डालें

अभी-अभी
थिरकेगी पछिया बयार
झरने लग जायेंगे नीम के पीले पत्ते

अभी-अभी
खिलखिलाकर हँस पड़ेगा कचनार
गुदगुदा उठेगा उसकी अगवानी में
अमलतास की टहनियों का पोर-पोर

अभी-अभी
करवटें लेंगे बूंदों के सपने
फूलों के अन्दर
फलों-फलियों के अन्दर

१९६४

लाली बढ़ी सौ गुनी

झुलस गए नुकीले दलों वाले देवदार
परतों पर परतें दरकीं हिमानी की
लगा गया कौन दस्यु जाने किस भाँति आग
सहसा सुलग उठी पीहर भवानी की
उफनाया कालकूट, गर्म हुआ जटाजूट
बल पड़े भृकुटि में त्रिकाल ध्यानी की
फिर सौ-सौ युगों के बाद ठिठके कैलाशपति
आई याद रावण-से शिष्य अभिमानी की

मुखर हुआ मठों में जनवादी युद्धोन्माद
तंजुर कंजुर पर गर्द चढ़ी सौ गुनी
रेशम का नील पट सुर्ख हुआ एकाएक
लोभ में अजगर की नक्श कढ़ी सौ गुनी

औंधे पड़े अमिताभ, मूर्च्छित हुए मंजूश्री
रुद्र ने नगाड़े पर खाल मढ़ी सौ गुनी

कम्पित हुए दिक्पति, क्रुद्ध हुआ महाकाल
खौल गया ब्रह्मपुत्र, लाली बढ़ी सौ गुनी

१९६४

माँग रही तरुणाई वो हथियार

पैंटन टैंक उन्होंने तोड़े
महँगाई का टैंक कौन तोड़ेगा ?
सैबर-जेट विमान गिराए उन हाथों ने
जातिवाद के सम्पाती की चोंच कौन झाड़ेगा ?
डटे हुए हैं वे भौगोलिक सीमाओं पर
आर्थिक हित के छोरों की निगरानी कौन करेगा ?
पड़ी पिटाई, ठमक गए बाहर के डाकू
लेकिन अन्दर के दुष्टों को कौन यहाँ नाँधेगा ?
बाहर-बाहर
सजग पहरुए रहें सम्भाले कन्धों पर बन्दूक !
अन्दर-अन्दर
पौधों की हरियाली बेशक चाटेंगे शम्बूक !
सिंहवाहिनी तो दनुजों का रक्त पिएगी
धरती की प्यासी फ़सलों को पानी देगा कौन ?
समर-भूमि में सबके शोणित साथ बहे हैं
सुख की सरगम की थिरकन क्या
महलों को ही होगी सदा नसीब ?
माँग रही तरुणाई वो हथियार
क्षुधा—अशिक्षा—रोग—रूढ़ि की पलटन का
जो कर डाले संहार
माँग रही तरुणाई वो हथियार
द्विपद भेड़िए दहलाए देख जिसकी पैनी धार
माँग रही तरुणाई वो हथियार
जिसकी छाया में जनलक्ष्मी करें अशंक विहार
माँग रही तरुणाई वो हथियार
जिसके बल पर सगुण शान्ति के सपने हों साकार !

१९६५

तुम रह जाते दस साल और

झुकती स्वराज्य की डाल और
तुम रह जाते दस साल और
हम चावल लाते एक किलो, दस का दे आते नोट मगर
यों सिकुड़े रहते, सपने में, सिलवाते ऊनी कोट मगर
गालियाँ छलकतीं, बैलों की जोड़ी को देते वोट मगर
हम गाँजा ही बेचा करते, लेते खादी की ओट मगर
खुलते-खिलते कुछ गाल और
तुम रह जाते दस साल और
होता मबका ही तेज-हरण, जुगनू कर लेती आत्मघात
हँसते गुलाब, खिलते गुलाब, कमलों की करता कौन बात
महलों की महँगी बिजली से डरती सन्ध्या, डरता प्रभात
जमती अशोक के सिंहों पर बेशर्म उल्लुओं की जमात
लम्बी होती जयमाल और
तुम रह जाते दस साल और
मिश्रित निवास, मिश्रित लिबास, मिश्रित भोजन, मिश्रित विहार
मिश्रित भाषा, मिश्रित शैली, मिश्रित चिन्तन, मिश्रित विचार
हम सरल-तरल, हम द्रवणशील, निर्लिप्त-निरंजन-निराकार
मिश्रित होते हम शत-प्रतिशत, कृत्रिमता के परमावतार
तन जाता भ्रम का जाल और
तुम रह जाते दस साल और
रो देती क्रान्तिकुमारी तब, जब होता उसका चीर हरण
नब्बे प्रतिशत का दस प्रतिशत खुलकर करते तकदीर हरण
निश्चय ही सपना हो जाता पीड़ित आँखों का नीर हरण
लहराता फैशन का समुद्र, सुन्दरियाँ करतीं वीर हरण
ओढ़ते सन्त कुछ खाल और
बढ़ जाते उनके बाल और
टपका करती कुछ राल और
तुम रह जाते दस साल और
निज चूहों को वापस लेते ओ विश्वशान्ति के लम्बोदर
इनसे कैसे चल पायेगी अणु युग की वह भारी मोटर
सूझता नहीं, बेचारों का है तंग बहुत ही दृग-कोटर
तुम राजपथों पर भली भाँति चलवा देते अपना रोलर
धीमी होती कुछ चाल और
तुम रह जाते दस साल और

भाता न किसी को दूध-दही, पानी का जाता स्वाद भूल
बोतल की मस्ती के मारे सब कहते सबको 'डैम फूल'
पाकिट-पाकिट में भिड़ी ब्लेड, सबकी आँखों के सभी शूल
बेटे कारों पर, माँओं की नंगी पीठों पर फटी झूल
बहुएँ कढ़वातीं शाल और
तुम रह जाते दस साल और

गेरुआ पहनते जयप्रकाश, नर्मदा किनारे बस जाते
डांगे हो जाते राज्यपाल, लोहिया जेल में बल खाते
गोपालन होते नज़रबन्द, राजाजी माथा घुटवाते
जनसंघी अटलबिहारी जी भिक्षा की झोली फैलाते
चौड़ा होता कुछ भाल और
तुम रह जाते दस साल और

मिल वाले होते सोशलिस्ट, धनपतियों को लेनिन भाता
माओ आकर मिलता तुमसे, पेकिंग दिल्ली से शरमाता
मार्शल अयूब वर्धा आता, सर्वोदय की दीक्षा पाता
बढ़कर भारत सेवक-समाज दुनिया में झण्डा फहराता
छिपता क्या नटवरलाल और
तुम रह जाते दस साल और
गलती समता की दाल और
तुम रह जाते दस साल और
झुकती स्वराज्य की डाल और
तुम रह जाते दस साल और

१९६४

खड़ाऊँ थी गद्दी पर

खड़ाऊँ थी गद्दी पर
कर रहा था नाम राज
हवा लगी पूछने
कहाँ गए कामराज
सोना लगा हँसने
लोहा लगा रोने
रबड़ लगी घुलने

खादी लगी धुलने
सेण्टर में कामराज, बाकी अवामराज
त्रां त्रां धिन् धिन् धा किट
दुनिया टटोलता है पाकिट
मंडियों पे छा गए, खूब चढ़े दाम राज
हवा रही पूछती : कहाँ गए कामराज
खड़ाऊँ थी गद्दी पर
करना था नाम राज
क्या हुआ कामराज, कहाँ गया कामराज

१९६५

...और बस अन्धकार है

अन्न चाँपकर बैठ गए सारे भू-स्वामी
साँप-सेज पर बेसुध लेटा अन्तर्यामी
निठुर बनो, बिल पर बिल खोदो,
अन्न निकालो
शस्य-शत्रु की बातों पर तुम कान न डालो।

छपते हैं अखबारों में इनके भी क्रन्दन
होता है इनकी करतूतों का अभिनन्दन
कला और संस्कृति के ठप्पे इन पर चमके
छन्दों में इनकी डकार के सौरभ गमके!
सहज सुकोमल दुग्ध धवल है, देखो खादी!
छूकर सूंघो, महकेगी असली आज़ादी
दिव्य रूप हैं, इनको तुम पहचान सकोगे?
जादूगर हैं, इनका सुयश बखान सकोगे?

कागज़ का सिक्का रोता है फूट-फूटकर
भाग गया कोई उसका ईमान लूटकर
वह रोगी है, वह शिकार है गलित कुष्ट का
कौन शत्रु है, पता न चलता उसी दुष्ट का?
फूल गया है पेट, करेंसी हाँफ रही है
अर्थनीति की कुण्डलिनी को भाँप रही है

रुपए की क्या क़ीमत है, बस सत्रह पैसे !
महँगाई की सुरसा मुँह फाड़े है कैसे !

एक-एक पग बिंधा हुआ है दिशाशूल से
डर लगता है बलिवेदी के लाल फूल से
शिथिल हुए संकल्प, स्वार्थ तक सिकुड़
गया है
खीझ बढ़ गई आपस की, दम उखड़
गया है
धन पिशाच की चक्र चेतना घूम रही है !
शासन की गति किस पीनक में झूम रही है ?
क्रियाहीन चिन्तन का कैसा चमत्कार है !
दस प्रतिशत आलोक और बस अंधकार है !

१९६५

हज़ार बाँहों वाली शिशिर

हज़ार बाँहों वाली शिशिर-विष-कन्या
उतरी लेकर साँसों में प्रलय की वन्या
हिमदग्ध होंठों के प्राणशोषी चुम्बन
तन-मन पर लेप गए ज्वालामय चन्दन
एक-एक शिरा में सौ-सौ सुइयों की चुभन
अद्‌भुत यह भुजपाश अद्‌भुत आलिंगन
तृण-तरु झुलस गए, पड़ा है ओसमय तुषार
किया है महाकाल ने हिमानी का शृंगार
आज है गरल धन्य, कल था सुधा धन्या
हज़ार बाँहों वाली शिशिर-विष-कन्या
उतरी लेकर साँसों में प्रलय की वन्या

१९६५

नाहक ही डर गई हुज़ूर

मुक्खड़ के हाथों में यह बन्दूक कहाँ से आई---
एम०डी०ओ०की गुड़िया बीवी सपने में घिघियाई
बच्चे जागे, नौकर जागा, आया आई पास
साहेब थे बाहर, घर में बीमार पड़ी थी सास
नौकर ने समझाया—नाहक ही डर गई, हुज़ूर !
वह अकाल वाला थाना पड़ता है काफ़ी दूर !

१९६६

लोगे मोल ?

लोगे मोल ?
लोगे मोल ?
यहाँ नहीं लज्जा का योग
भीख माँगने का है रोग
पेट बेचते हैं हम लोग
लोगे मोल ?
लोगे मोल ?

बेचेंगे हम सेवाग्राम
सस्ता है गाँधी का नाम
रघुपति राघव राजाराम
लोगे मोल ?
लोगे मोल ?

आज़ादी के नीचे बोल
संविधान की खींची खाल
बेशर्मी की गढ़ ली ढाल
लोगे मोल ?
लोगे मोल ?

१९६६

कर दो वमन !

प्रभु, तुम कर दो वमन !
होगा हमारी क्षुधा का शमन !!
स्वीकृत हो करुणामय,
अजीर्ण अन्न-भोजी
अपंगों का नमन !
आते रहे यों ही यम की जम्हाइयों के झोंके
होने न पाए हरा यह चमन
प्रभु, तुम कर दो वमन !

मार दें भीतर का भाप
उमगती दूबों का आवागमन
बुझ जाए तुम्हारी आँतों की गैस से
हिन्द की धरती का मन
प्रभु, तुम कर दो वमन !
होगा हमारी क्षुधा का शमन !!

१९६६

शासन की बन्दूक

खड़ी हो गई चाँपकर कंकालों की हूक
नभ में विपुल विराट-सी शासन की बन्दूक

उस हिटलरी गुमान पर सभी रहे हैं थूक
जिसमें कानी हो गई शासन की बन्दूक

बढ़ी बधिरता दसगुनी, बने विनोबा मूक
धन्य-धन्य वह, धन्य वह, शासन की बन्दूक

सत्य स्वयं घायल हुआ, गई अहिंसा की चूक
जहाँ-तहाँ दगने लगी शासन की बन्दूक

जली ठूंठ पर बैठकर गई कोकिला कूक
बाल न बाँका कर सकी शासन की बन्दूक

१९६६

लो, यह उमड़-उमड़ आया

लो, यह उमड़-उमड़ आया
जन-जन के मन में
तरंगित घन सागर
रग-रग जुड़ा गई, पुलकित है रोम-रोम
माँ के ममत्व-सा झुक आया सनेही व्योम
खत्म हुआ महाकाल का निदाघी होम

भीगी-भुरभुरी मिट्टी की सोंधी सुवास
भर देगी बूढ़े हाथियों में भी जीवन का अहसास
खाली-खाली, चुपचाप, उदास-उदास
देखेंगे तमाशा गुलमुहर-अमलतास

निकलेंगे झोंपड़ों से छोकरे उलंग
रहेगा जामुन का-सा देह का रंग
सिखायेंगे झरनों को बहने का ढंग
ढलेंगे छन्द मादल-बाँसुरी के संग
छोटी-छोटी नदियाँ तक गायेंगी उमंग
लो, यह उमड़-उमड़ आया···

१९६६

कल और आज

अभी कल तक
गालियाँ देते थे तुम्हें

हताश खेतिहर
अभी कल तक
धूल में नहाते थे
गौरैया के झुण्ड
अभी कल तक
पथराई हुई थी
धनहर खेतों की माटी
अभी कल तक
धरती की कोख में
दुबके पड़े थे मेंढ़क
अभी कल तक
उदास और बदरंग था आसमान

और आज
ऊपर-ही-ऊपर तन गए हैं
तुम्हारे तम्बू
और आज
छमका रही है पावस रानी
बूंदों-बंदियों की अपनी पायल
और आज
चालू हो गई है
झींगुरों की शहनाई अविराम
और आज
ज़ोरों से कूक पड़े
नाचते-थिरकते मोर
और आज
आ गई वापस जान
दूब की झुलसी शिराओं के अन्दर
और आज
विदा हुआ चुपचाप ग्रीष्म
समेटकर अपने लाव-लश्कर

१९६६

वह फिर जो उठी

पहाड़ी प्रदेश, ऊभड़-खाभड़ !
छोटा नागपुर या मध्यप्रदेश का ऐसा ही
कोई इलाका···
छोटी-सी एक नदी
अपने आप में मस्त
हाँ, पहाड़ी नदी !
हरे-भरे किनारे
इधर भी जंगल, उधर भी जंगल !
जामुन, गूलर, पलाश, आम, महुआ, नीम···
सभी देखते हैं अपना-अपना चेहरा
—नदी के पानी में !
रात को झाँकते होते हैं आसमान के तारे
जगमगाती है दिन के वक्त
उड़ते पंछियों की परछाइँ !
नदी क्या है, आईना है !
अन्दर तैरती हैं मछलियाँ, बाहर बतखें···
कछारों में बगुलों की कतार
जाने, क्या देख रहे हैं महाशय जी, ध्यान
जमाकर !
गाँव भी आबाद हैं बीच-बीच में···
नदी के दोनों ओर···
बाँस और लकड़ी के कामचलाऊ पुल···
अपने आप बना लेते हैं लोग ऐसे पुल !

लगाते हैं छलाँग छोकरे
बहते पानी के अन्दर !
डुबोकर पैर, बैठी रहती हैं
देर-देर तक छोकरियाँ तट की शिलाओं पर !
सुनती हैं कहानियाँ
अलापती हैं कड़ियाँ लोकगीत की
डरना नहीं है कोई इस नदी से
प्यार ही प्यार मिलता है इसको
शिकार भी खुश

शिकारी भी खुश
अमीर भी खुश
गरीब भी खुश
अमृत होता है एक-एक बूंद पानी फसलों की
खातिर !
कलियों को मिलती है सतरंगी रौनक
लेते हैं अँगड़ाइयाँ मोती—
फलियों के अन्दर, छीमियों के अन्दर !
ढलते हैं स्वादों के जादू फलित रसों की
रूह में !
नाच की थिरकन···
गीत का अलाप···
प्यार की सिहरन···
जीत का हुलास···
क्या नहीं है वह ?
माँ भी है, बेटी भी है, बहन भी है,
बहू भी है !
सहेली भी है, प्रेयसी भी है !
साथिन है सुख-दुख की, सब कुछ है !
क्या नहीं है वह अपनी जनता के लेखे !

हाय, यह क्या हुआ !
चढ़ गया घमण्ड का बुखार इस नदी को···
अकड़ क्यों गई यह आखिर ?
'नदी रानी, नदी रानी, कैसी हो तुम !
क्या हुआ तुमको ?'
'ना, ना, कुछ न बोले कोई मुझसे···
मैं नहीं देती जवाब किसी के सवाल का ! ···'
'मालूम भी तो पड़े आखिर
किसने क्या कहा है तुम से, नदी रानी ?
बतला भी तो दो उसका नाम !
नहीं बतलाओगी ? नहीं ?'
'मुझे चिढ़ा रहा था नीम का बिरवा !
बना रहे थे मुँह—
जामुन और गूलर के बौने पेड़ !
मार रही थी मुझे ताने लचकीली बेंत !'

अभी कल की बात है,
मार दिया था मुझे कंकर एक छोकरी ने
फूट ही जाती आँख···
बच गई मैं तो !
पहचानती हूँ भलीभाँति
मैं उस छोकरी को
झुला चुकी हूँ घण्टों उसे
अपनी लहरों के झूले पर !
शादी क्या हुई,
मिजाज ही उलट गया दुष्ट का !
क्यों मुझे छेड़ेगी वो ?
परसों नहाने आया नौजवान आदिवासी
डाल गया मुरझाए फूलों की बासी माला
सुलगती रही सारी रात मैं ग्लानि के मारे···
ठीक है, ठीक है, छोकरी के साथ
नाचे थे तुम
मिलाकर क़दमों से क़दम, डालकर गल-बाँही
गुथी रही थी यह माला उसी के जूड़े में
सारा दिन !
मगर; चढ़ा गए मुझी पर क्यों तुम
अपने प्यार का यह जूठा प्रसाद ?
ओह, मैं तुमको भी शेलूं !
और, तुम्हारी मुहब्बत के नखरे भी !
भई, इतना तो नहीं पार लगेगा मुझसे !
अभी उस रोज़ आ गए झूमते-झामते
एक साँड़-साहब···
धँस गए बे-खटके मेरी धार के अन्दर
मिटाया तन का ताप
बुझाई रग-रग की प्यास
देखते रहे गौर से अपने टूटे सींग, परछाईं
के अन्दर !
फिर जाने ललकारते रहे किसको !
फिर जाने दुहराते रहे विजय के कैसे-कैसे नारे !
देखना नहीं चाहती मैं इस मूर्ख को···
नाहक मुझे परेशान करता है बीच-बीच में
आकर !

किनारे की मिट्टियाँ मुलायम
उकेर-उकेर जाता है खुरों और सींगों से !
हाय राम, मैं क्या करूँ…
नहीं, मुझे फुसलाओ मत !
पहचानती हूँ तुम सबको !
धोखा नहीं दे सकता मुझको कोई…
हाँ, मैं पहचानती हूँ एक-एक को !
नहीं गलाऊँगी अब मैं अपनी देह किसी
की खातिर !
बन्द कर दूंगी मैं तो अब बहना ही
क्या कर लेगा मेरा कोई
रहूँगी अब मैं जहाँ की तहाँ
गर्ज हो किसी को तो सामने आए,
देखूंगी मैं !"
'अरे, नहीं नदी रानी !
ऐसा नहीं, ऐसा नहीं, ऐसा नहीं…
रंज मत होना नदी रानी !'
'नहीं, मैं अब नहीं मानूंगी किसी की बात !'
'नहीं ?'
'नहीं !'
'नहीं ?'
'नहीं !'
'नहीं ?'
'नहीं ! नहीं ! नहीं !'

नदी ने समेट लिया अपने को !
रुक गए प्रवाह…
गायब हो गईं लहरें…
फैलने लगा सेवार अन्दर-ही-अन्दर
बदलती गई पानी की रंगत
कहीं और जाने लगे प्यासे पशु-पक्षी
टहलने-बुलने लगे कीड़े
झाँकना तक छोड़ दिया छोकरों-
छोकरियों ने…
पाँक और पाँक और पाँक !
कीचड़ और कीचड़, और कीचड़ !

वही कूल, वही किनारा···
लेकिन प्राण ही गए थे सूख···
खड़े थे उदास तटवर्ती पेड़
दिखती थी रेत-ही-रेत
मर गई थी नदी
बिछी थी बालुकामय लाश !
मच गया हल्ला सारे प्रदेश में
मर गई थी नदी !
उमड़ पड़े जगह-जगह लोग···
मर गई थी नदी !
दुखी था किसान···मर गई थी नदी !

फिर से आ गई जान नदी के अन्दर
कई महीने बाद···
बादलों से कहा था सूरज की किरणों ने;
सूरज की किरणों से कहा था हवा ने !
हवा से कहा था मेंढकों ने !
झेलना पड़ा था नदी का घमण्ड बेचारे
मेंढकों को···
झूठा घमण्ड ! फ़िज़ूल का घमण्ड !
डाल दिया बादलों ने
नदी के अन्दर जीवन चुपचाप एक रात !
डूब गए बियारे छोटे-मोटे
टूट गईं हदें, टूट गए बाँध !
फिर से हो गया चालू पानी का प्रवाह
किनारों के बीच से होकर
फिर से लगीं नाचने लहरें
फिर से लगे मचलने झाग
फिर से फैल गई खुशखबरी इर्द-गिर्द
फिर से शुरू हुआ लोगों का आना-जाना
फिर से आने लगे पखेरू
कछारों में दीख पड़ी फिर से
वन्य जन्तुओं के पैरों की छाप
छेड़खानी करने लगी नदी फिर उनसे !
फिर से लगी उछलने वह छोटी-छोटी
मछलियाँ

फिर से जगमगा उठे चाँदी के झुमके
लहरिया मेहराब पर !
फिर से लगे उलीचने पानी एक-दूसरे पर
छोकरे और छोकरियाँ
मुस्कराने लगे फिर से किनारों के जंगल
फिर से पा गए आईना अपना
जामुन और नीम और गूलर और पलाश !
कितनी खुश हैं
तटवर्ती गाँवों की क्वाँरी लड़कियाँ !
दोने भर-भर बहा रही हैं जलते दीपक !
किस ओर चला गया है जाने
बहकर नदी का घमण्ड !
कभी नहीं सूखेगी अब यह नदी
बहती रहेगी सदैव यह चंचल सरिता
चंचल होगी तो होगी, जानमारू नहीं होगी !
बाँटती रहेगी छोटी-छोटी खुशियाँ
छोटी-छोटी लहरों के ज़रिये !

१९६६

बातें

बातें—
हँसी में धुली हुईं
सौजन्य चन्दन में बसी हुईं
बातें—
चितवन में घुली हुईं
व्यंग्य बन्धन में कसी हुईं
बातें—
उसाँस में झुलसीं
रोष की आँच में तली हुईं
बातें—
चुहल में हुलसीं
नेह-साँचे में ढली हुईं

बातें—
विष की फुहार-सी
बातें—
अमृत की धार-सी
बातें—
मौत की काली डोर-सी
बातें—
जीवन की दूधिया हिलोर-सी
बातें—
अचूक वरदान-सी
बातें—
घृणित नाबदान-सी
बातें—
फलप्रसू, सुशोभन, फूल-सी
बातें—
अमंगल, विष गर्भ शूल-सी
बातें—
क्या करूँ मैं इनका ?
मान लूँ कैसे इन्हें तिनका ?
बातें—
यह अपनी पूंजी, यही अपने औजार
यही अपने साधन, यही अपने हथियार
बातें—
साथ नहीं छोड़ेंगी मेरा
बना लूँ वाहन इन्हें घुटन का, घिन का ?
क्या करूँ मैं इनका ?
बातें—
साथ नहीं छोड़ेंगी मेरा
स्तुति करूँ रात की, ज़िक्र न करूँ दिन का ?
क्या करूँ मैं इनका ?

१९६७

गेहूँ दो, चावल दो !

गेहूँ दो, चावल दो !
इतना दिया, और दो, पुष्कल दो !
गंगा बेकार है, हडसन का जल दो !
चारा दो, फल दो !
हिलेगी कैसे, दुम में बल दो !
गेहूँ दो, चावल दो ! !

जीत हम जाएँ, सवालों का हल दो !
बटोर लिए हैं राजा-रानी, मोर-पंख झल दो !
धोखा खा जाएँ पड़ोसी, ऐसी अकल दो !
उगे हैं बग़ावत के अँखुए, उनको मसल दो !
रँगी हैं तरुण निगाहें, जादुई काजल दो !

जपे हैं नाम बहुत, उसका फल दो !
फ़िलहाल गेहूँ दो, चावल दो !
और दो, अधिक दो, पुष्कल दो !
कानों को भले बराबर मल दो !
हिलेगी खूब, दुम में बल दो !

१९६७

अच्छा किया, उठ गए हो दुष्ट !

हिलने न पाए बुनियाद
एक ठोस सत्य की···
इसीलिए अक्सर
दस-दस दफ़े
लिया तुमने झूठ का सहारा
हम कभी समझ ही नहीं पाए
फूलबाबू, तुम्हारी यह लीला !
लहरा रहा है चारों ओर

ऊब-घुटन-डाह-बेचैनी का समन्दर
राग-द्वेष-लोभ-मोह-वासना का पारावार
तृप्ति और सुख की वैयक्तिक डोंगियों में बैठे
इत्मीनान का आनन्द भोग रहे हैं मुट्ठी-भर लोग
उनकी ओर उठाकर तना हुआ हाथ
चीखे तुम ऊँची आवाज़ में :
"चोट्टे हैं सुसरे !
"पाजी हैं सुसरे !
"गद्दार हैं साले !
"पकड़ो, पकड़ो, भागने न पाएँ !"
इस पर हम चार जने
लगे आपस में खुसर-पुसर करने···
एक ने कहा, "वो देखो —
जाने कहाँ से लाया है स्लोगन उधार ?
खुदा ही लगाए इन बीट्निकों का बेड़ा पार
आखिर क्या हो गया है रा० क० चौधरी को ?
घर पे खेती-वेती है न ?···"
इस पर दूसरा सिर हिलाके रह गया महज़
विस्फारित थीं बड़ी-बड़ी आँखें
जमे थे गालों के अन्दर
मगही पान के बीड़े आठ, पूरे-के-पूरे
बोला लेकिन तीसरा :
"हाँ भई, यह तो बतला दो !
क्या होती है भूखी पीढ़ी ?
यहाँ-वहाँ बड़ी तारीफ़ छपती है इनकी
अमरीका में छपते हैं फ़ोटो···
जाने कित्ते नखरे हैं इनके !"
अरे, अब इस पे मैं भला चुप रह जाता !
कहा एक के कन्धे पे रख के हाथ :
"दर-अस्ल, हमीं ने बना दिया है इनको पागल
छेंक रखी है राह
न खुद बढ़ेंगे आगे
न औलाद को ही मौक़ा देंगे
शासन और समाज और शिक्षा-केन्द्र
वाणिज्य और विज्ञान, मठ और मन्दिर
आर्मी और खेती-बाड़ी

सरकारी और गैर-सरकारी प्रतिष्ठान···
बंधे हैं हमारी रगों से विकास के सारे सूत्र
तिकड़म और चाटुकारिता
चुगलखोरी और भीतरघात
यही सब तो चलता है यहाँ दिन-रात
सच कहूँ तो यही है सोसाइटी की बाराखड़ी
दुख सत्य है, सुख है धोखाधड़ी
ठगी है शार्टकट कामयाबी का
फिर भी लेना हो जिन्हें धरम-ईमान का ठीका
बाँध के लँगोट, चरते हुए घास
तशरीफ़ ले जाएँ उधर,
कोई ऐतराज़ नहीं, स्वर्ग ही पहुँचें !
जानते हो मित्र ?
हमारी ही पीढ़ी की खुदगर्ज़ी और ढोंग से
फूट निकला था यह फूल
यानी रा० क० चौधरी !
हम मिथिला-निवासी
पुकारते थे उसे लाड़ वाले घरेलू नाम से
यानी हमारे लेखे वो था 'फूलबाबू'
पता है तुम्हें, क्या था उसका मूल नाम ?
बदला दूं ? हाँ, बतला ही दूं !
कानों पर ज़ोर तो पड़ेगा, मगर अच्छा लगेगा !
मणीन्द्र नारायण चौधरी !
कहो कित्ता अच्छा लगता है सुनने में ?
मना किया था मैंने
आज से बारह साल पहले :
अच्छा भला नाम था मणीन्द्र
आ पड़ी थी ऐसी क्या ज़रूरत नये सम्बोधन की ?
इस पे कहाँ कुछ बोला था फूलबाबू !
मुस्कान-भर उभर आई थी गालों पर···
तो यह तुम्हारा रा० क० चौधरी
यों ही नहीं पगलाया था
हाँ सा'ब, वो अदना पागल नहीं था
बड़ा ही विचित्र प्राणी था वो
बीसियों नौजवान मानते थे उसे अपना मसीहा
—अजी वाह, अजी वाह !

इसमें 'अति' की गन्ध आई आपको ?
मालूम है जनाब,
'अजनबी' तक प्रणत थे उस 'जीनियस' के प्रति
तो ऐसा था वो राजकमल चौधरी !"
सुनके मेरा प्रवचन
झुका लिया सबने चुपचाप सिर
अलग हुए।
किसी ने नहीं देखा फिर किसी की तरफ़।
हाँ, परसों शाम की बात है
अरे हाँ, परसों शाम की ही बात है...
मैं पहुँचा था 'कामायनी'
(भाड़े का मामूली सा-मकान
वर्षों का तुम्हारा रैन-बसेरा
तुम्हीं ने दिया था उसे यह नाम
अपनी रुचि के मुताबिक़ !)
मुक्ता और दिव्या और नीलू...
मिला हूँ बच्चों से परसों शाम !
पिता की छाया से वंचित
क्या होगा अब इन शिशुओं का ?
सुना है, साझे की हमारी यह सरकार
कुछ सोच रही है इनके बारे में
शायद मासिक ग्राण्ट बाँध देगी
खरीद लेगी 'मुक्ति प्रसंग' की शेष प्रतियाँ
कुछ-न-कुछ ज़रूर करेंगे महामाया बाबू
मुझे विश्वास है, और मित्रों से सुना भी है
वो अवश्य देंगे ध्यान
मुक्ता और दिव्या और नीलू पर...
ओ स्नेही पिता, फ़िक्र न करना
अब तुम इन बच्चों की,
शशी सम्भाल लेगी इनको !
सुना है तुम्हारे नाम पर उगाह रहे हैं लोग चन्दा
बंगाल में, राजस्थान में, दिल्ली में, कलकत्ते में !
काश, उसमें से थोड़ी रकम
पहुँच पाती यहाँ तक
यानी मुक्ता-दिव्या-नीलू तक !
शायद पहुँच ही जाए !

न, नहीं पहुँचेगी शायद ! !
जाने भी दो, फूलबाबू !
तुम खुद ही ढेर-सा धन छोड़ गए हो
नहीं छोड़ गए हो ?
छोड़ गए हो कि !
भली-भाँति मालूम है मुझको,
अभी ढेर-सा साहित्य है अप्रकाशित
कविताएँ, कहानियाँ, नाटक, निबन्ध···
तैयार होंगी पुस्तकें दसियों···
सचमुच बहुत-कुछ छोड़ गए हो फूलबाबू,
फ़िक्र न करना ज़रा भी !
और भला, कहता है कौन कि तुम रहे नहीं !
आज ही सवेरे देखा है मैंने
भिखनापहाड़ी से निकलकर
ला रहे थे, स्टेडियम की तरफ···
कहाँ गए थे, फूलबाबू ?
राजेन्द्रनगर ? बहादुरपुर ? कंकड़बाग ?
ओह, बच्चों के लिए आम लेने गए थे !
थी न यही बात ?
१८ रुपए के सौ ठो मिले थे !
जरूर लंगड़ा रहा होगा।
कच्चा लेकिन पकने को तैयार···
अच्छा किया, ले आए आम···
लगाएँगे भोग मुक्ता-दिव्या-नीलू !
अभी उस रोज़
दर्द की टीसों को चाँपते-चाँपते
उपाध्याय से कहा तुमने :
"माँ नाराज़ हो गई है
अब मैं महिसी नहीं लौटूंगा
वह नहीं चाहती है देखना मेरा चेहरा
बेहद रंज है माँ मुझ पर
अब बचूंगा नहीं, ना, नहीं बचूंगा···"
तो क्या सचमुच इतना कुपित थी वो तुम पर ?
माँ उग्रतारा—
ग्राम देवता महिसी वाली
तुम्हारी कुलदेवता···

इस क़दर रंज हो उठी थी तुम पर ?
और इसी से भाग आए थे तुम ?
नहीं फूलबाबू, यह भ्रम था
कोरा भ्रम था तुम्हारा !
माँ भला नाराज़ होगी अपने पुत्रों पर ?
मैं क्या अपरिचित हूँ
पहचानता हूँ अच्छी तरह···
कृष्ण-लोहितवर्णा पाषाणी
चार बाँहों वाली उग्रतारा देवी
मैंने भी चढ़ाए हैं उसके चरणों पर नील कमल
चढ़ाया है ताज़ा अच्छिन्न-जल
हासिल किया है उसका प्रसाद···
यह क्या, इतने दिनों बाद
सुनी है माँ की शिकायत
और, सो भी तुम्हारे मुँह से, फूलबाबू !
क्यों भला यूँ ही रंज हुई करुणामयी तारा
किया होगा आखिर
कुछ तो अनाप-शनाप तुमने !
बतलाया उपाध्याय चन्द्रमौलि ने :
माँ का ज़िक्र करते समय
बुरी तरह काँप रहे थे तुम्हारे होंठ
दहशत में डूबी थी धँसी-धँसी आँखें
समझ नहीं पाया मैं
ऐसी क्या बात हुई···
ज़रूर ही किया होगा तुमने
माँ के दरबार में थोड़ा कुछ व्यतिक्रम
बहरहाल, हमेशा के लिए अब तो
चुप हो गए हो फूलबाबू !
आमीन मणीन्द्र !
आमीन राजकमल !
अलविदा फूलबाबू !
अच्छा एक बात और···
फूलबाबू, यह सावित्री कौन थी ?
'स्वरगन्धा' के पृष्ठों में
बार-बार आता है बेचारी का नाम !
कौन थी वो जिसने लिए बाँध

चार दिनों के लिए तुम्हारे प्राण ?
कौन-सा था वो नगर—
"रूपालोकित पर्वतीय ?
मसूरी तो नहीं ?"
चुप क्यों हो गए ?
बतलाओ न !
किसी से नहीं कहूँगा···
हाँ, सच, नहीं कहूँगा किसी से !
"मुहूर्तं
ज्वलितं
श्रेय:
न च
धूमायितं
चिरम्···"
क्या मतलव इसका ?
मतलब बदला दूँ !
तो सुनो, ओ हे अशरीरी प्रेत !
"बेहतर है घड़ी-आधी घड़ी दहकना,
लम्बी मुद्दत तक
ठीक नहीं छोड़ते रहना
धुआँ-ही-धुआँ, धुआँ-ही-धुआँ !"
यानी हमारे पूर्वजों को नफ़रत थी
बड़ी उम्र के निठल्लेपन से,
तुमने अच्छा किया, खूब किया
झोंक दिया अपना जीवन
जल्दी-जल्दी ताबड़तोड़ !
निर्धूम अग्नि के मध्य
तुम्हारा यह आत्मदाह
भूल नहीं पाऊँगा, आह !
रहते अब अगर और जीवित
फट जाता बीचोबीच तुम्हारा माथा !
कित्ती बेचैनी थी, जाने अन्दर क्या था !
हाँ, यदि तुम अब और
रह जाते दस-पन्द्रह-बीस साल
तो इस सदी के सरहपा या डोंबीपा होते
चर्राता शौक जूतियों की माला पहनने का !

भले ही सिद्ध कहकर अलग से फुसफुसाते
मगर निकल जाते कन्नी काटकर
छोड़ देते तुम्हारी राह
दूर, बहुत दूर, भद्रजन !
हाँ, अब और जीते
तो, निश्चय ही मिलती तुम्हें भी कोई कुबेर गृहिणी···
दिलवाती मासिक वेतन
१५००···२५००···३५००···
दिल्ली-बम्बई-कलकत्ता-मद्रास
कोई भी महानगर
दिव्यधाम बनता तुम्हारा
लेकिन, तुम तो बीच में ही दगा दे गए हो दुष्ट !
अच्छा किया, उठ गए हो दुष्ट
खूब रहा··
पा गए हो छुटकारा भवसागर के थपेड़ों से !
अपन तो भई, थेथर है···
निर्लज्ज, बेहया, कठजीव···
मरेंगे नहीं जल्दी···

१९६७

भारतीय जनकवि का प्रणाम

गोर्की मखीम !
श्रमशील जागरूक जग के पक्षधर असीम !!

घुल चुकी है तुम्हारी आशीष
एशियाई माहौल में
दहक उठा है तभी तो इस तरह वियतनाम !
अग्रज, तुम्हारी सौवीं बरसगाँठ पर
करता है भारतीय जनकवि तुमको प्रणाम !
गोर्की मखीम !
विपक्षों के लेखे कुलिश-कठोर, भीम !!
श्रमशील जागरूक जग के पक्षधर असीम !!

गोर्की मखीम !

बढ़ गई दस गुनी बीस गुनी स्वर्णमृग-माया
पड़ती है बार-बार कालनेमि की छाया
हावी हुआ फिर से बुद्धि पर युक्तियों का विलास
करने लगे हैं अवचेतन मध्य फिर से निवास
—भगवान भोगनारायण !
चटाता है तभी तो कुबेर दुविधा का अफ़ीम ··
क्या करें, बतलाओ गोर्की मखीम ?
तुम्हीं ने कहा था :
"समझौता नहीं करेगा नये युग का नया मानव
"होगा वह निखिल विश्व का अधिस्वामी
"और, वह समग्रदर्शी पूर्ण-पुरुष होगा···"
तुम्हीं ने कहा था यह सर्वप्रथम हमसे !
मुखरित हुए थे सर्वप्रथम तुम्हारे ही कण्ठ से
अति गाढ़, परम स्निग्ध, प्रदीप्त आशावाद···
सीखा हमने तुम्हीं से सर्वप्रथम
बहुजन-समाज के अन्तस् की अभिव्यक्ति का कौशल ··
भूख, प्यास, ठिठुरन—
तिरस्कार, ग्लानि, दुर्वचन—
पिटाई और प्रवंचन—
इस प्रकार भट्ठियों में गला था तुम्हारा बचपन
बिना बुलाए अपने-आप आ धमका था यौवन
बाध्यतामूलक घुमक्कड़ी ने भर दिया था रग-रग में कड़वापन
तभी तो दे गए हो तिक्ततम अनुभूतियों का रसायन
मात है करेला, मात है नीम !
गोर्की मखीम ! !

अनुपम तुम स्वयंभू-शिरोमणि, विलक्षण कथाकार !
कोटि-कोटि हृदयों में कर गए हो स्फूर्ति का संचार !
दे गये हो सर्वहारा को मुक्ति का मन्त्र !
कह गए हो, हासिल होगा कैसे सर्व-सिद्ध तन्त्र
ओ हे, इस युग के द्वैपायन व्यास
गुम्फित था तुम्हारी साँसों में
जनता की जीत का अटूट विश्वास
गोर्की मखीम !
श्रमशील विश्व के पक्षधर असीम ! !

दर-असल "सर्वहारा-गल्प" का
तुम्हीं से हुआ था श्रीगणेश
निकला था वह आदि-काव्य
तुम्हारी ही लेखनी की नोंक से
जुझारू श्रमिकों के अभियान का...
देखे उसी बुढ़िया ने पहले-पहल
अपने आस-पास, नई पीढ़ी के अन्दर—
विश्व क्रान्ति, विश्व शान्ति, विश्व कल्याण !
"माँ" की प्रतिमा में तुम्हीं ने तो भरे थे प्राण !
गोर्की मखीम !
श्रमशील जागरूक जग के पक्षधर असीम !
विपक्षों के लेखे कुलिश-कठोर भीम !!
गोर्की मखीम !!

१९६८

शिकागो होगा हनोई

आह काओ की ! पिछली रात सपने में देखा तुमने :
लिंकन का दिव्य प्रेत लिपटा पड़ा है
देवी लिबर्टी की प्रतिमा से...
रेवरेण्ड मार्टिन लूथर किंग लेकिन
भारी भरकम यक्ष-सा
जम गया है जानसन के कन्धों पर
आह वह कभी नहीं उतरेगा !
रहेगा सवार प्रेसिडेण्ट की गर्दन पर
दस हजार साऽऽऽऽल !
एक-एक नीग्रो नौजवान होगा छापेपार !
शिकागो होगा हनोई
चचा साम ने अपनी लुटिया डुबोई
सपने में देखा तुमने पिछली रात...

१९६८

जय हे कीचड़

टाँगें गल जाएँगी
सरिता की कछार में
पंक-ही-पंक है
धंसना तो पड़ेगा ही
कर्दम का तुहिनमय स्पर्श···
कम्पन की पराकाष्ठा···
जड़िमा में डूब गया स्पर्श-बोध···
रगों में प्रवाहमान रक्त
जम गया मानो !
जय हे कीचड़, जय हे पंक !

१९६८

तीन दिन, तीन रात

बस-सर्विस बन्द थी
तीन दिन, तीन रात
लगता था, जन-जन की
हृदय-गति मन्द थी
तीन दिन, तीन रात
प्राचार्य, ज़िलाधीश, एस० पी०
रहे सब परेशान
तीन दिन, तीन रात
बस-सर्विस बन्द थी
तीन दिन, तीन रात

गुम रहीं गतिहीन सड़कें
तीन दिन, तीन रात
पंक्तिबद्ध वृक्षों के
दिल भला क्यों नहीं धड़कें
तीन दिन, तीन रात

बस-सर्विस बन्द थी···

दस गुनी कमाई पर
ताँगा व रिक्शावाले
मस्त थे, मगन थे
तीन दिन, तीन रात
डूबे थे ताड़ी और दारू में
माटी के हज़ारों चुक्कड़
धुत्त थे, मगन थे
तीन दिन, तीन रात
बस-सर्विस बन्द थी
तीन दिन, तीन रात

ठप थी अदालतें
सस्ते थे वकील व मुख़्तार
तीन दिन, तीन रात
वीरान थे होटल
धीमी थी धुएँ की रफ़्तार
तीन दिन, तीन रात
सरकारी जीप-ट्रक
पीती रहीं पेट्रोल
तीन दिन, तीन रात
बस वाले पीते रहे
मालिकों की खीझ का
मट्ठा और घोल
तीन दिन, तीन रात

बस के अड्डों पर
फ़ौज रही तैनात
तीन दिन, तीन रात
उड़ती रहीं अफ़वाहें
कटती रही हर बात
तीन दिन, तीन रात
विकल थी हकूमत
चिन्तित थे अधिकारी
तीन दिन, तीन रात

पूर्णियाँ टाउन में
कर्फ़्यू था जारी
तीन दिन, तीन रात
तरुणों में गर्मी थी
लोग परेशान थे
तीन दिन, तीन रात
बस की लाश का
चिता-भस्म देख-देख
हम भी हैरान थे
तीन दिन, तीन रात
बस-सर्विस बन्द थी
तीन दिन, तीन रात
तीन दिन, तीन रात
तीन दिन, तीन रात

१९६८

मन्त्र-कविता

ओं शब्द ही ब्रह्म है
ओं शब्द और शब्द और शब्द और शब्द
ओं प्रणव, ओं नाद, ओं मुद्राएँ
ओं वक्तव्य, ओं उद्गार, ओं घोषणाएँ
ओं भाषण···
ओं प्रवचन···
ओं हुंकार, ओं फटकार, ओं शीत्कार
ओं फुसफुस, ओं फुत्कार, ओं चित्कार
ओं आस्फालन, ओं इंगित, ओं इशारे
ओं नारे और नारे और नारे और नारे

ओं सब कुछ, सब कुछ, सब कुछ
ओं कुछ नहीं, कुछ नहीं, कुछ नहीं
ओं पत्थर पर की दूब, खरगोश के सींग
ओं नमक-तेल-हल्दी-जीरा-हींग

ओं मूस की लेंड़ी, कनेर के पात
ओं डायन की चीख, औघड़ की अटपट बात
ओं कोयला-इस्पात-पेट्रोल
ओं हमी हम ठोस, बाकी सब फूटे ढोल,

ओं इदमन्नं, इमा आपः, इदमाज्यं, इदं हविः
ओं यजमान, ओं पुरोहित, ओं राजा, ओं कविः
ओं क्रान्तिः क्रान्तिः क्रान्तिः सर्वग्वं क्रान्तिः
ओं शान्तिः शान्तिः शान्तिः सर्वग्वं शान्तिः
ओं भ्रान्तिः भ्रान्तिः भ्रान्तिः सर्वग्वं भ्रान्तिः
ओं बचाओ बचाओ बचाओ बचाओ
ओं हटाओ हटाओ हटाओ हटाओ
ओं घेराओ घेराओ घेराओ घेराओ
ओं निभाओ निभाओ निभाओ निभाओ

ओं दलों में एक दल अपना दल, ओम्
ओं अंगीकरण, शुद्धीकरण, राष्ट्रीयकरण
ओं मुष्टीकरण, तुष्टीकरण, पुष्टीकरण
ओं एतराज, आक्षेप, अनुशासन
ओं गद्दी पर आजन्म वज्रासन
ओं ट्रिब्युनल, ओं आश्वासन
ओं गुटनिरपेक्ष सत्तासापेक्ष जोड़-तोड़
ओं छल-छन्द ओं मिथ्या ओं होड़म होड़
ओं बकवास ओं उद्घाटन
ओं मारण-मोहन-उच्चाटन

ओं काली काली काली महाकाली महाकाली
ओम्मार मार मार, वार न जाए खाली
ओं अपनी खुशहाली
ओं दुश्मनों की पामाली
ओम्मार, मार, मार, मार, मार, मार, मार
ओं अपोजिशन के मुण्ड बनें तेरे गले का हार
ओं ऐं ह्रीं क्लीं हूं आङ्
ओं हम चबाएँगे तिलक और गाँधी की टाँग
ओं बूढ़े की आँख, छोकरी का काजल
ओं तुलसीदल, बिल्वपत्र, चन्दन, रोली, अक्षत, गंगाजल

ओं शेर के दाँत, भालू के नाखून, मर्कट का फोता
ओं हमेशा हमेशा हमेशा करेगा राज मेरा पोता
ओं छू: छू: फू: फू: फट् फिट् फुट्
ओं शत्रुओं की छाती पर लोहा कुट्
ओं भैंरो, भैंरो, भैंरो, ओं बजरंग बली
ओं बन्दूक का टोटा, पिस्तौल की नली
ओं डालर, ओं रूबल, ओं पाउण्ड
ओं साउण्ड, ओं साउण्ड, ओं साउण्ड

ओम् ओम् ओम्
ओम् धरती, धरती, धरती, व्योम, व्योम, व्योम
ओं अष्टधातुओं की ईंटों के भट्ठे
ओं महामहिम, महामहो, उल्लू के पट्ठे
ओं दुर्गा दुर्गा दुर्गा, तारा तारा तारा
ओं इसी पेट के अन्दर समा जाए सर्वहारा
हरि: ओम् तत्सत्, हरि: ओम् तत्सत् ।

१९६९

तीनों बन्दर बापू के

बापू के भी ताऊ निकले तीनों बन्दर बापू के !
सरल सूत्र उलझाऊ निकले तीनों बन्दर बापू के !
सचमुच जीवनदानी निकले तीनों बन्दर बापू के !
ज्ञानी निकले, ध्यानी निकले तीनो बन्दर बापू के !
जल-थल-गगन-बिहारी निकले तीनों बन्दर बापू के !
लीला के गिरधारी निकले तीनों बन्दर बापू के !
सर्वोदय के नटवरलाल
फैला दुनिया भर में जाल
अभी जियेंगे ये सौ साल
ढाई घर घोड़े की चाल
मत पूछो तुम इनका हाल
सर्वोदय के नटवरलाल

लम्बी उमर मिली है, खुश हैं तीनों बन्दर बापू के
दिल की कली खिली है खुश हैं तीनों बन्दर बापू के
बूढ़े हैं, फिर भी जवान हैं तीनों बन्दर बापू के
परम चतुर हैं, अति सुजान हैं तीनों बन्दर बापू के
सौवीं बरसी मना रहे हैं तीनों बन्दर बापू के
बापू को ही बना रहे हैं तीनों बन्दर बापू के

बच्चे होंगे मालामाल
खूब गलेगी उनकी दाल
औरों की टपकेगी राल
इनकी मगर तनेगी पाल
मत पूछो तुम इनका हाल
सर्वोदय के नटवरलाल

सेठों का हित साध रहे हैं तीनों बन्दर बापू के
युग पर प्रवचन लाद रहे हैं तीनों बन्दर बापू के
सत्य अहिंसा फांक रहे हैं तीनों बन्दर बापू के
पूंछों से छबि आंक रहे हैं तीनों बन्दर बापू के
दल से ऊपर, दल के नीचे तीनों बन्दर बापू के
मुस्काते हैं आँखें मीचे तीनों बन्दर बापू के

छील रहे गीता की खाल
उपनिषदें हैं इनकी ढाल
उधर सजे मोती के थाल
इधर जमे सतजुगी दलाल
मत पूछो तुम इनका हाल
सर्वोदय के नटवरलाल

मूंड़ रहे दुनिया-जहान को तीनों बन्दर बापू के
चिढ़ा रहे हैं आसमान को तीनों बन्दर बापू के
करें रात-दिन टूरं हवाई तीनों बन्दर बापू के
बदल-बदल कर चखें मलाई तीनों बन्दर बापू के
गाँधी-छाप झूल डाले हैं तीनों बन्दर बापू के
असली हैं, सर्कस वाले हैं तीनों बन्दर बापू के

दिल चटकीला, उजले बाल
नाप चुके हैं गगन विशाल
फूल गये हैं कैसे गाल
मत पूछो तुम इनका हाल
सर्वोदय के नटवरलाल

हमें अँगूठा दिखा रहे हैं तीनों बन्दर बापू के
कैसी हिकमत सिखा रहे हैं तीनों बन्दर बापू के
प्रेम-पगे हैं शहद-सने हैं तीनों बन्दर बापू के
गुरुओं के भी गुरू बने हैं तीनों बन्दर बापू के
सौंवी बरसी मना रहे हैं तीनों बन्दर बापू के
बापू को ही बना रहे हैं तीनों बन्दर बापू के

१९६९

महाप्रभु जान्सन

बहुत बड़ा मसान है
रात-दिन धू-धू करती हैं चिताएँ
आएँ महाकापालिक, आएँ
इसी दग्ध भूमि पर अपना आसन जमाएँ।

यहीं करें आप यथारुचि यथाशक्ति शव-साधन
कुत्ते और गीध करेंगे आपका आराधन
मिलेंगे यहाँ आपको शुद्ध निर्दोष मुर्दे
ताज़ा है कलेजा, अविकृत हैं गुर्दे
आएँ आप महामहिम, आएँ
इसी दग्ध भूमि पर अपना आसन जमाएँ।

साथ ले आना अपनी चण्डियाँ, चामुण्डाएँ
मिलेंगी यहाँ उन्हें अभिनव मुण्डों की मालाएँ
लेटा है चित व्योमकेश त्रिलोचन धूर्जटि
खाली है विशाल वक्ष
होकर सवार उस पर नाचें पिशाचिनी प्रमदाएँ
दसियों काल-भैरव देंगे आठों याम मसान का पहरा
होगा हवन कुण्ड का किनारा मौत के कुएँ का लहरा
देखेगी दुनिया आत्मसिद्धियों के चमत्कार
आएँ महाकापालिक, देर न करें अब की बार।
क्या है वियतनाम, क्या है कच्छ, क्या है काश्मीर
रुकेगा नहीं आपका रथ, ढहेंगे सारे प्राचीर

हुए हैं अर्जुन को फिर से विश्व-रूप के दर्शन
सिर धुनता है थोरो, खीझता है इमर्सन
हो रही है तैयार गीता की नयी टीका
बासी हुआ कर्मयोग, वेदान्त फीका
अस्तमित तथागत, मूर्च्छित चैतन्य
सुप्तप्राय रामकृष्ण, हतप्रभ विभूतियाँ अन्य
सज्जित है पीठिका, क्षेत्र है तैयार
आएँ महाकापालिक, देर न करें अबकी बार।

१९७०

आज मैं बीज हूँ

बस, थोड़ी और उमस
बस, थोड़ी और धूप
बस, थोड़ा और पानी
बस, थोड़ी और हवा
बस, थोड़ा भुरभुरापन
—क्या देर है भला बाहर आने में !
आज मैं बीज हूँ
कल रहूँगा अंकुर
बटुर-बटुर आएगी दुनिया, मुझे देखने को आतुर
आज मैं बीज हूँ
अलक्षित, ना-चीज़ हूँ
गर्क हूँ धरती की जादुई कोख में

१९७०

रहे गूँजते बड़ी देर तक

सुने इन्हीं के कानों से मैंने तुतलाहट में गीले बोल
तीन साल वाले बच्चों के प्यारे बोल, रसीले बोल :

"मैंले नाम तेले नाम
बिएनाम बिएनाम
मेले नाम तेले नाम
बिएनाम बिएनाम !"

दंग रह गया सुनकर मैं तो वियतनाम का कीर्तन
दंग रह गये नयन, दिखे शिशुकर-चरणों के नर्तन
नयी लगी मुझको श्रमिकों की बस्ती वही पुरानी
दमक रहा था शिशु-मुखड़ों पर तरुणाई का पानी
भूल गया जाने क्यों मुझको अपना दुसह बुढ़ापा
उनकी तुतलाहट से यह बासी स्वर अपना नापा।

उन बच्चों की ग्रीवाओं में रग-रग फूल रही थी
बाल दृगों में जाने कैसी आशा झूल रही थी
छोटी-छोटी झण्डी थामे मुन्ने प्यारे-प्यारे
अग्रज पीढ़ी की अनुकृति में लगा रहे थे नारे
"मेला नाम बिएनाम
तेला नाम बिएनाम
बिएनाम बिएनाम
बिएनाम बिएनाभ !"

मैंने सोचा :
निर्भय होकर शोषण की बुनियादें यह खोदेंगे
मैंने सोचा :
बेबस बूढ़े विप्लवियों का कालिख यह धो देंगे
मैंने सोचा :
फिरकाबन्दी—जातिवाद का झाड़ेंगे यह भूत
मैंने सोचा :
निबिड़ विषमता को मिटाएँगे
नवयुग के शिशु-दूत !

रहें गूंजते बड़ी देर तक
इन कानों के अन्दर
तुतलाहट में गीले बोल
प्यारे बोल, रसीले बोल :
"मेले नाम
तेले नाम

बिएनाम
बिएनाम !"

१९७१

घर से बाहर निकलेगी कैसे लजवन्ती

फटे वस्त्र हैं, घर से बाहर निकलेगी कैसे लजवन्ती
शर्म न आती, मना रहे वे महँगाई की रजत जयन्ती
काम नहीं है, दाम नहीं है
चैन नहीं, आराम नहीं है
धुआँ भरा है दिल-दिमाग में
सुबह नहीं, शाम नहीं है
तरुणों को डाकू बनने दो
फिर करवाना आत्म-समर्पण
अपराधों की राख मलो तो
चमके प्रजातन्त्र का दर्पण
हरित क्रान्ति के घटाटोप में
पालक की पत्तियाँ गल गईं
माखनचोर बने भू-स्वामी
कृषकों पर गोलियाँ चल गईं
मुँह बाये सुनती झोपड़ियाँ राग बिलावल जैं-जैवन्ती
शर्म न आती, मना रहे वे महँगाई की रजत जयन्ती
चाटुकार चीखें - चिल्लाएँ
करें आरती, चंवर डुलाएँ
पूँछ उठाकर नाच दिखाएँ
चिकनी वाणी में गुण गाएँ
सूट डालकर हाथी मचला
कछुआ इम्पाले पर लेटा
भूसी मिला-मिलाकर चीनी
बेच रहा बनिया का बेटा
कंकालों पर बिछा दी गई
खद्दर की सतरंगी चादर
बन्दूकें हँस पड़ीं कि देखा

चन्दन के चर्खे का आदर
बूंद-बूंद पानी की खातिर
फसलों के शिशु तरस रहे हैं
लेकिन अनुदार्ना करुणा-घन
झीलों पर ही बरस रहे हैं
महल खड़े, चिमनियाँ खड़ी हैं
लाशें नीचे दबी पड़ी हैं
भवनों के सीने पर झुमके
बिजली के सतरंगी झुमके
सत्तू की पोटरियाँ बाँधे
शिशुओं को बैठाए काँधे
अचरज के मारे मुँह बाए
बहुजन इन्हें देखने आए
नीचे निपट ग़रीबी, ऊपर ठाठ-बाट की रजत जयन्ती
शर्म न आती, मना रहे वे महँगाई की रजत जयन्ती

अस्सी प्रतिशत दीन जनों की कष्ट-कथा है रजत जयन्ती
परदुख-कातर तपोधन की विकट व्यथा है रजत जयन्ती
अमृत - मन्थनी प्रवंचना की नई प्रथा हे रजत जयन्ती
कथित कथन, चर्वित चर्वण की मथी-मथा है रजत जयन्ती

१९७२

महामना मेघराज !

झुक आए हो ?
बस अब झुके ही रहना !
इसी तरह इतमीनान से बरसते जाना हौले-हौले
हड़बड़ी भी क्या है तुमको !
ओ रे मेघराज, तुम्हारी यह छाया-छत
यों ही तनी रहे सारा दिन, सारी रात…
विराट, अधोर, स्निग्ध-धूसर शामियाना
देखो भई, हटा न ले जाना
बुरा लगेगा धरती रानी को तुम्हारा वो मखौल

झुक आए हो तो अब झुके ही रहना
बरसते रहना इसी तरह हौले-हौले
देखो भाई, जमे रहो सारा दिन, सारी रात…
करने दो आराम सूरज और चाँद को
ले रहे होंगे सुख की साँस—
जंगल, पहाड़, नदियाँ, झील, समन्दर
ले रहे होंगे चैन की नींद आँधी-तूफ़ान-बवण्डर
दम साधे कहीं पड़ा होगा महाकाल
कर चुकी माता प्रकृति नए सिरे से गर्भ-धारण
देखो भाई महामना मेघराज,
भाग न जाना कहीं और अब
आए हो तो जमे रहना चार-छै रोज़
थोड़ी-बहुत तकलीफ़ होगी—
उसे हम खुशी-खुशी लेंगे झेल…
देखो भई, बन्द न करना अपना खेल !

१९७२

शालवनों के निबिड़ टापू में…

हलबी और हिन्दी का
हमारा दुभाषिया साथी
करने लगा उससे बातें

फूल बाबू के लिए चाहिए थी माचिस
पास की झोपड़ी मे वह ले आया साबित दियासलाई
क्षण-भर बाद वापस भी दे आया
फिर वो पैसे माँगने लगा इशारे से
हमने थमा दी अठन्नी…
यानि, पचास पैसों वाला नया सिक्का
खुशी में चमकने लगीं माड़िया की आँखें
कहने लगा : "जोहार ! जोहार ! जोहार साऽऽब…"

मुस्कराकर बतलाया हमारे दुभाषिए ने—

(इत्ती-सी देर में उन दोनों में हो गई थीं ज़रा-मरा-सी बातें
"दस-पन्द्रह वर्ष पहले यह दिल्ली गया था
आदिवासी लोकनृत्य वाली अपनी पार्टी के साथ···"
मैंने जानना चाहा—
"पूछो, उन दिनों कौन था दिल्ली का राजा ?"
नचाकर हथेलियाँ
अबूझ-सी पहेलियों में गुम हो गया बेचारा शबर-पुत्र !··
क्या कहे ! क्या न कहे !
नाम ले कौन-सा !
कौन-सा नाम न ले !
इतनी लम्बी अवधि में स्मृति-पटल पर से धुल-पुँछकर
ग़ायब हो चुके थे वे नाम···।

मैंने आखिर सुझाई चन्द संज्ञाएँ—
"नेहरू, राजेन्दर परसाद, राधा कृस्नन···
बोलो, कौन था उन दिनों दिल्ली का राजा···?"
"मालूम नहीं अपने को···"
अपन को नईं मालूम···"
डालकर भौंहों पर ज़ोर बोला माड़िया अधेड़
और अगले ही क्षण
हथेलियों पर उछालता वही सिक्का
उतर गया सड़क के नीचे
खो गया शालवनों के निबिड़ टापू में
माड़िया अधेड़।
बोला हमारा दुभाषिया मित्र—
(रविशंकर विश्वविद्यालय का एम० ए०)
"अपन इसके साथ दो रोज़ रह पाते !
काश ! झोपड़ियों वाली इसकी बस्ती तक
पहुँच पाते अपन
रातों वाली अड्डेबाजी में साथ देते इसका
साखू के पत्तोंवाले दोने में साथ-साथ पीते सल्फ़ी
चखते भुना हुआ गोश्त सुअर का साथ-साथ
फिर शायद खुलकर बातें करता यह हमसे···।"
और हम चारों जने
देखते रह गए शालवनों की उस पगडण्डी की ओर
कम-से-कम दस मिनट तक देखते रहे

तैरती रहीं अरण्यक छवियाँ सूनी निगाहों में
लेकिन वह तो अब तक अलक्षित हो चुका था
जा चुका था गहरे निबिड़ अरण्य की अतल झील के अन्दर।
···स्टार्ट हुई हमारी जीप
बैलाडीला वाली उसी सड़क पर
दन्तेवाड़ा से ५५ किलोमीटर आगे···

१९७२

मैं तुम्हें अपना चुम्बन दूँगा

तुम उनकी साजिशों को खत्म कर दोगे
तुम प्रवंचना की उनकी कुटिल चालों का अन्त कर दोगे
हत्याएँ करने-करवाने की—
ठण्डी फाँसियाँ देने दिलवाने की—
चुपचाप जहर घोलने-घुलवाने की—
कारागार की नारकीय कोठरियों में
मानवता को गलाने-गलवाने की—
यानी, उनकी एक-एक साजिश को
तुम खत्म कर दोगे
हमेशा-हमेशा के लिए!

मैं तुम्हारा ही पता लगाने के लिए
घूमता फिर रहा हूँ
सारा-सारा दिन : सारी-सारी रात!

आगामी युगों के मुक्ति-सैनिक, कहाँ हो तुम?
निपीड़ित-शोषित मानवता के उद्धारक, कहाँ हो तुम?
आओ, सामने आओ बेटे!
मैं तुम्हारा चुम्बन लूंगा
मैं तुम्हें अपना चुम्बन दूंगा

मैं तुम्हीं को अपनी यह शेष आस्था अर्पित करूंगा
मैं तुम्हारे ही लिए जिऊँगा, मरूँगा

मैं तुम्हारे ही इर्द-गिर्द रहना चाहूँगा
मैं तुम्हारे ही प्रति अपनी वफ़ादारी निबाहूँगा

आओ, खेत-मजदूर और भूमिदास नौजवान
आओ, खदान-श्रमिक और फैक्ट्री-वर्कर नौजवान
आओ, कैम्पस के छात्र और फैकल्टियों के नवीन प्रवीण प्राध्यापक
हाँ, हाँ, तुम्हारे ही अन्दर तैयार हो रहे हैं
आगामी युगों के लिबरेटर

आओ भई, सामने आओ !
मैं तुम्हारा चुम्बन लूँगा
मैं तुममें से एक-एक का सिर सूँघूँगा
आओ भई, सामने आओ !
मुझ पगलेट के साथ बातचीत करो
हँसो-खेलो मेरे साथ
मैं तुम्हारी जूतियाँ चमकाऊँगा
दिल बहलाऊँगा तुम्हारा
कुछ भी करूँगा तुम्हारे लिए···
मैं तुम्हें अपना चुम्बन दूँगा···

१९७३

पैने दाँतों वाली

धूप में पसरकर लेटी है
मोटी-तगड़ी, अधेड़, मादा सूअर···

जमना-किनारे
मखमली दूबों पर
पूस की गुनगुनी धूप में
पसरकर लेटी है
यह भी तो मादरे-हिन्द की बेटी है
भूरे-भूरे बारह थनों वाली !

लेकिन अभी इस वक्त

छौनों को पिला रही है दूध
मन-मिजाज ठीक है
कर रही है आराम
अखरती नहीं है भरे-पूरे थनों की खींच-तान
दुधमुँहे छौनों की रग-रग में
मचल रही है आखिर माँ की ही तो जान !

जमना-किनारे
मखमली दूबों पर
पसरकर लेटी है
यह भी तो मादरे-हिन्द की बेटी है !
पैने दाँतों वाली···

१९७२

प्रजातन्त्र का होम

सागर-कन्या रेत पर सोयी सारी रात
जाने कैसे जुड़ गई पर्णकुटी की बात
पर्णकुटी की बात जुड़ गई जाने कैसे···
मथा गया सागर निकले पैसे ही पैसे
संस्कृत में गालियाँ सुनेगी फिर भी धन्या
सोई सारी रात रेत पर सागर-कन्या

सामन्तों ने कर दिया प्रजातन्त्र का होम
लाश बेचने लग गए खादी पहने डोम
खादी पहने डोम लग गए लाश बेचने
माइक गरजे, लगे जादुई ताश बेचने
इन्द्रजाल की छतरी ओढ़े श्रीमन्तों ने
प्रजातन्त्र का होम कर दिया सामन्तों ने

चन्दन कहे कपूर से, चलो, चलें उस ठौर
वहाँ मचलते गन्धमृग, हवा वहाँ की और
हवा वहाँ की और, चौंर सब शेर डुलाते
वनदेवी के श्रीमुख-सौरभ-हमें बुलाते···

चलो, बुलावा आया अबकी बहुत दूर से
चलो, चलें उस ठौर, कहे चन्दन कपूर से
कण-कण से उठती रही सहमी जै-जैकार
माई के उर पर हँसा शिशु-मुण्डों का हार
शिशु-मुण्डों का हार हँसा माई के उर पर
शंख निछावर हुए पगों के नूपुर-सुर पर
गूंजा नभ बौने तानाशाहों की प्रण मे
सहमी जै-जैकार रही उठती कण-कण से

१९७३

अन्न-पचीसी

१

जन-जन का दिल टोह रही है अन्नब्रह्म की माया
भस्मासुर को मोह रही है अन्नब्रह्म की माया
प्रभु-पीढ़ी को परख रही है अन्नब्रह्म की माया
सिर धुनती है, बिलख रही है अन्नब्रह्म की माया
जन-जन का दिल टोह रही है अन्नब्रह्म की माया

२

डायन बनकर घूम रही है अन्नब्रह्म की माया
यम की ठोड़ी चूम रही है अन्नब्रह्म की माया
लोकधुनों पर थिरक रही है अन्नब्रह्म की माया
बल की बुकनी छिड़क रही है अन्नब्रह्म की माया
डायन बनकर घूम रही है अन्नब्रह्म की माया

३

प्राण-प्राण पर डोल रही है महाकाल की छाया
हिय-हिय में बिख घोल रही है महाकाल की छाया
भ्रम का भूत भगाएगी यह महाकाल की छाया
घर-घर अलख जगाएगी यह महाकाल की छाया
प्राण-प्राण पर डोल रही है महाकाल की छाया

४

गोदामों में अन्न कैद है, पेट-पेट है खाली
भूख-पिशाचिन बजा रही है, द्वार-द्वार पर थाली

दो चाहे हिंसा की देवी को गाली पर गाली
बलि पशुओं की ले रही है, खप्पर लेकर काली
गोदामों में अन्न कैद है, पेट-पेट है खाली

५

अन्नब्रह्म को भूल गई क्या वीणा-पुस्तक वाली?
शीश महल में बुनता है कवि नायलन की जाली!
कुछ आँखों का काजल देखा, कुछ गालों की लाली
भुला दिया है कटु सत्यों को, देखो खामखयाली
अन्नब्रह्म को भूल गई क्या वीणा-पुस्तक वाली

६

राजनीति क्या नाप सकेगी अन्नब्रह्म की माया
कूटनीति क्या भाँप सकेगी अन्नब्रह्म की माया
मरी खाल की फूँक बनेगी अन्नब्रह्म की माया
दस लेनिन दस तिलक जनेगी अन्नब्रह्म की माया
राजनीति क्या नाप सकेगी अन्नब्रह्म की माया

७

कंकालों को नाच सिखाती अन्नब्रह्म की माया
लघु रूप को विराट दिखाती अन्नब्रह्म की माया
दाढ़ी-चोटी को मिलवाती अन्नब्रह्म की माया
चिन्तन को ठोकर खिलवाती अन्नब्रह्म की माया
कंकालों को नाच सिखाती अन्नब्रह्म की माया

८

कण-कण में शोले भड़काती अन्नब्रह्म की माया
सौ-सौ जंजीरें तड़काती अन्नब्रह्म की माया
वहम झाड़ती, भूत भगाती अन्नब्रह्म की माया
कुटी-कुटी में अलख जगाती अन्नब्रह्म की माया
कण-कण में शोले भड़काती अन्नब्रह्म की माया

९

सत्ता खींचें भले विधायक, हमें चाहिए दाना
आपस में उलझें जननायक, हमें चाहिए दाना
प्रस्तावों पर बतकुट्टन हो, हमें चाहिए दाना
झड़पा-झड़पी हो, अनबन हो, हमें चाहिए दाना
सत्ता खींचें भले विधायक, हमें चाहिए दाना

१०

भूखे भजन कहाँ से होगा, चारों वेद ठिठोली
मन रोएगा, कान सुनेंगे, आदर्शों की बोली

अन्नचोर खेलें जन-जन के अरमानों की होली
छूट-फूट से टकराएगी सोशलिज्म की गोली
भूखे भजन कहाँ से होगा, चारों वेद ठिठोली

११

अन्धी होगी भूख कि छूटे अश्रुगैस के गोले
खौल रही हैं गंगा-जमुना, भड़क उठे हैं शोले
शान्ति-पाठ सुनते हैं प्रभु जी, सिंहासन क्यों डोले
मनमानी करता है गुपचुप, कालनेमि क्या बोले
अन्धी होगी भूख कि छूटे अश्रुगैस के गोले

१२

व्यापारी हाकिम नेता···तीनों ही खूब मिले हैं
अन्दर नीचे काई कीचड़, ऊपर कमल खिले हैं
जो चाहो माँगो इनसे, सपनों में होंठ हिले हैं
तीन रंग के तेरह टुकड़े क्या ही खूब सिले हैं
व्यापारी हाकिम नेता···तीनों ही खूब मिले हैं

१३

भूखों मरते हों बच्चे तो यों ही मत रह जाओ
आँतें सूख रही हों तो आँसू मत वृथा बहाओ
हाथ पैर वाले हो, नाहक कायर नहीं कहाओ
कीड़ों और मकोड़ों जैसे यों मत प्राण गँवाओ
भूखों मरते हों बच्चे तो यों ही मत रह जाओ

१४

कूच करेंगे भुक्खड़, थर्राएगी दुनिया सारी
काम न आएँगे रत्ती भर विधि-निषेध सरकारी
बन्दूकों पर हावी होगी सैनिक की लाचारी
सरे आम कोड़े खाएँगे बेदम अत्याचारी
कूच करेंगे भुक्खड़, थर्राएगी दुनिया सारी

१५

जन-जन में विद्रोह भरेगी अन्नब्रह्म की माया
गुर्बत का मैदान चरेगी अन्नब्रह्म की माया
भूखों का भवताप हरेगी अन्नब्रह्म की माया
दुख में सुख-संचार करेगी अन्नब्रह्म की माया
जन-जन में विद्रोह भरेगी अन्नब्रह्म की माया

१६

कहाँ गए चावल-गेहूँ, दलहन-तिलहन के दाने
कागज का रुपया रोया सुनना पड़ता है ताने

हर सीढ़ी छोटी पड़ती है, भाव चढ़े मनमाने
सबकी कलई उतर गई है, सभी गए पहचाने
कहाँ गए चावल-गेहूँ, दलहन-तिलहन के दाने

१७

पके बाल की खाल निकालें, करते हैं मुँह काला
इन पर तो कुढ़ता ही होगा नीली छतरी वाला
कौन हटाए चूल्हे पर से अब मकड़ी का जाला
भुक्खड़ देखें मकई के दानों की मोहन माला
पके बाल की खाल निकालें, करते हैं मुँह काला

१८

शासन करना क्या जानें ये कपटी-कूर-कुचाली
गल्लाचोरों की पौ बारह, जनता की पामाली
किसे रिझाए नेताओं की सूरत रोगन वाली
राजनीति बदनाम हुई, बाकी है खामखयाली
शासन करना क्या जानें ये कपटी-कूर-कुचाली

१९

गुलछर्रे वे उड़ा रहे हैं गुटबन्दी के बल पर
उनकी निष्ठा टँगी हुई है केवल अपने दल पर
भाई और भतीजे हावी हैं उनकी हलचल पर
हम तो यों ही तरस खा गए उनकी घुटी अकल पर
गुलछर्रे वे उड़ा रहे हैं गुटबन्दी के बल पर

२०

बैलों के साथी हलधर, तुम हँसिया वाले आओ!
खान श्रमिक तुम भूत सरीखे काले-काले आओ!
आओ छटनी के शिकार! तुम निपट निराले आओ!
आओ तुम बेकार, पंगु तुम, बैठे-ठाले आओ!
बैलों के साथी हलधर, तुम हँसिया वाले आओ!

२१

आओ, तुमको बुला रही है अन्नब्रह्म की माया
उभर रहा है देश यही है अन्नब्रह्म की माया
जन-मन में करवट लेती है अन्नब्रह्म की माया
विप्लव के अण्डे सेती है अन्नब्रह्म की माया
आओ, तुमको बुला रही है अन्नब्रह्म की माया

२२

हरी चूनरी, लाल घाघरा, भूत-भवानी आई
दुखियों की माँ मजलूमों की अपनी रानी आई

महाकाल की मौसी आई, यम की नानी आई
तटबन्धों की क्षय होगी क्या, प्रलय हिमानी आई
हरी चूनरी लाल घाघरा, भूत-भवानी आई

२३

हम भी अब हल-बैल सँभालें रचना-फचना छोड़ें
काफी गोद लिया कागज, आओ अब धरती कोड़ें
खिला चुके आकाश कुसुम, मिट्टी से नाता जोड़ें
अन्न नहीं है उधर, इधर आओ अपना रुख मोड़ें
हम भी अब हल-बैल सँभालें रचना-फचना छोड़ें

२४

कोटि-कोटि मुख कमल खिलेंगे, इन्हें चाहिए दाना
कोटि-कोटि कर कमल हिलेंगे, इन्हें चाहिए दाना
आधा अनशन आधा भोजन, इन्हें चाहिए दाना
नया राष्ट्र नौ लाख नियोजन, इन्हें चाहिए दाना
कोटि-कोटि मुख कमल खिलेंगे, इन्हें चाहिए दाना

२५

नव विधान, नव यन्त्र रचेगी अन्नब्रह्म की माया
नई ऋचा, नव मन्त्र रचेगी अन्नब्रह्म की माया
चिन्तन को नव इंगित देगी अन्नब्रह्म की माया
युग की पीड़ाएँ हर लेगी अन्नब्रह्म की माया
नव विधान, नव यन्त्र रचेगी अन्नब्रह्म की माया

दोहा

सीधे-सादे शब्द हैं भाव बड़े ही गूढ़
अन्न पचीसी घोख ले, अर्थ जान ले मूढ़
कबिरा खड़ा बजार में, लिए लुकाठी हाथ
बन्दा क्या घबराएगा, जनता देगी साथ
छीन सके तो छीने ले, लूट सके तो लूट
मिल सकती कैसे भला अन्नचोर को छूट
आज गहन है भूख का, धुंधला है आकाश
कल अपनी सरकार का होगा पर्दाफाश
नागार्जुन-मुख से कढ़े साखी के ये बोल
साथी को समझाइए रचना है अनमोल
अन्नपचीसी मुख्तसर, लोग करोड़-करोड़
सचमुच ही लग जाएगी आँख-कान में होड़

अन्नब्रह्म ही ब्रह्म है बाकी ब्रह्म पिशाच
औघड़ मैथिल नाग जी अर्जुन यही उवाच

इति श्री अन्नपचीसी समाप्त

१९७३

तुम तो नहीं गईं थीं आग लगाने

तुम तो नहीं गईं थीं आग लगाने
तुम्हारे हाथ में तो पेट्रोल का गीला चिथड़ा नहीं था।
आँचल की ओट में तुमने तो हथगोले नहीं छिपा रखे थे।

भूख वाला भड़काऊ परचा भी तो नहीं बाँट रही थीं तुम !
दातौन के लिए नीम की टहनी भी कहाँ थी तुम्हारे हाथ में !
हाय राम, तुम तो गंगा नहाकर वापस लौट रही थीं !
कन्धे पर गीली धोती थी, हाथ में गंगाजल वाला लोटा था,
बी० एस० एफ० के उस जवान का क्या बिगाड़ा था तुमने ?

हाय राम, जाँघ में ही गोली लगनी थी तुम्हारे !
जिसके इशारे पर नाच रहे हैं हकूमत के चक्के
वो भी एक औरत है !

वो नहीं आयेगी अस्पताल में तुम्हें देखने
सीमान्त नहीं हुआ करती एक मामूली औरत की घायल जाँघ
और तुम शहीद सीमा सैनिक की बीवी भी तो नहीं हो
कि वो तुम से हाथ मिलाने आयेगी।

१९७४

बाघिन

लम्बी जिह्वा, मदमाते दृग झपक रहे हैं
बूंद लहू के उन जबड़ों से टपक रहे हैं
चबा चुकी है ताजे शिशुमुण्डों को गिन-गिन
गुर्राती है, टीले पर बैठी है बाघिन

पकड़ो, पकड़ो, अपना ही मुंह आप न नोचे !
पगलाई है, जाने, अगले क्षण क्या सोचे !
इस बाघिन को रक्खेंगे हम चिड़ियाघर में !
ऐसा जन्तु मिलेगा भी क्या त्रिभुवन भर में !

१९७४

क्रान्ति सुगबुगाई है

क्रान्ति सुगबुगाई है
करवट-बदली है क्रान्ति ने
मगर, वह अब भी उसी तरह लेटी है
एक बार इस ओर देखकर
उसने फिर से फेर लिया है
अपना मुंह उसी ओर···
"सम्पूर्ण क्रान्ति" और "समग्र विप्लव" के मंजुघोष
उसके कानों के अन्दर
खीज भर रहे हैं या गुदगुदी
—यह आज नहीं, कल बतला सकूंगा !
अभी तो देख रहा हूँ
लेटी हुई क्रान्ति की स्पन्दनशील पीठ
अभी तो इस पर रेंग रहे हैं चींटे
वे भली-भाँति आश्वस्त हैं
इस उथल-पुथल में
एक भी हाथ उन पर नहीं उठेगा
चलता रहेगा उनका धन्धा

वे अच्छी तरह आश्वस्त हैं
वे क्रान्ति की पीठ पर मजे में टहल-बूल रहे हैं
क्रान्ति सुगबुगाई थी जरूर
लेकिन करवट बदलकर
उसने फिर उसी दीवार की ओर
मुँह फेर लिया है---
मोटे सलाखों वाली काली दीवार की ओर !

मोटे सलाखों वाली काली दीवार के उस पार
न सुसज्जित मंच हैं, न फूलों के ढेर
न बन्दनवार, न मालाएँ
न जय-जयकार
न करेंसी नोटों की गड्डियों के उपहार···
मोटे सलाखों वाली काली दीवार के उस पार
नारकीय यन्त्रणा देकर
तथाकथित "अभियोग" कबूल करवाने वाले
एलेक्ट्रिक कण्डक्टर हैं···
मोटे सलखों वाली काली दीवार के उस पार
लट्ठधारी साधारण पुलिस मैन नहीं हैं
वहाँ तो मुस्तैद है अपनी ड्यूटी में
डी० आई० जी० रैंक का घुटा हुआ अधेड़ बर्बर
कमीनी निगाहों—तिहरी मुस्कानों वाला :
मोटे होठों में मोटा सिगार दबाए है···
वो अब तक कर चुका है,
जाने, कितने तरुणों का नितम्ब-भंजन···
जाने कितनी तरुणियों के भगांकुर
करवा दिए हैं सुन्न
डलवा-डलवाकर बिजली के सिरिंज···
मोटे सलाखों वाली काली दीवार के उस पार
शिष्ट-सम्भ्रान्त आई० ए० एस० ऑफिसर नहीं हैं
वहाँ तो हिटलर का नाती है
तोजो का पोता है
मुसोलिनी का भांजा है···
दीवार की इस ओर के
कोमल कण्ठों से निकले नरम-गरम नारे
वहाँ तक नहीं पहुँच पाते हैं

पहुँच भी पाएँ तो बर्बर हत्यारा
अपने कानों के अन्दर गुदगुदी ही महसूस करेगा
उसे बार-बार हँसी छूटेगी
सरलमति बालकों की खानदानी नादानी पर
[गत वर्ष उस बर्बर डी० आई० जी० की साली भी बैठ गई थी
बारह घण्टों वाले प्रतीक अनशन पर, चौराहे के सामने
रिक्शा वालों ने कहा था : "हाय, राम !
सोने की चूड़ियाँ भी इस तमाशे में शामिल हैं !"]

मोटे सलाखों वाली काली दीवार के उस पार
अविराम चालू हैं यन्त्रणाएँ—
अग्नि-स्नान और अग्नि-दीक्षा की !
वहाँ क्रान्ति और विप्लव
तरुण शान्ति सेना वालों के
सुगन्धित कर्मकाण्ड नहीं हुआ करते !
मोटे सलाखों वाली काली दीवार के उस पार
काम नही आएँगे शिथिल संकल्प,
तरल भावुकता
शीतोष्ण उद्वेलन
वाक्य-विन्यास का कौशल
गणित की निपुणता
कुलीनता के नखरे
मोटे सलाखों वाली काली दीवार के उस पार
कोई गुंजाइश नहीं होगी
उत्पीड़न की छाया-छवियाँ उतारने की
क्रान्ति और विप्लव का फिलमीकरण
कहीं और होता होगा···

बार-बार लाखों की भीड़ जुटी
बार-बार सुरीले कण्ठों से लहराई
"जाग उठी तरुणाई···जाग उठी तरुणाई"
बार-बार खचाखच भरा गांधी मैदान
बार-बार प्रदर्शन में आए लाखों-लाख जवान···
बार-बार वापस गए
बार-बार आए
बार-बार आए

बार-बार वापस गए

हवा में भर उठी इन्कलाब के कपूर की खुशबू
बार-बार गूँजा आसमान
बार-बार उमड़ आए नौजवान
बार-बार लौट गए नौजवान...

१९७४

काश, क्रान्ति उतनी आसानी से हुआ करती

काश, क्रान्तियाँ उतनी आसानी से हुआ करतीं!
काश, क्रान्तियाँ उतनी सरलता से सम्पादित हो जातीं!
काश, क्रान्तियाँ योगी, ज्योतिषी या जादूगर के चमत्कार हुआ करतीं!
काश, क्रान्तियाँ 'बैठे-ठाले सज्जनों' के दिवा स्वप्नों-सी घटित हो जातीं!

अग्निगर्भी संकल्प
आत्मविलोपी उत्सर्ग
पावन एवं पुण्य जुगुप्सा
निर्मल करुणा
कठोर अनुशासन
अपरिसीम साहस
अनवरत अध्यवसाय...
यही तो कुछ-एक तत्त्व हैं
यही पहुँचा देते हैं क्रान्ति की तलहटियों तक
शोषित-निपीड़ित-संघर्षशील मानव-समुदाय को
कुम्भ के मेले में
'तीर्थराज' प्रयाग की ओर अभिमुख
लाखों-लाख की गतानुगतिक 'भेड़िया धसान' भीड़
लगा-लगाकर डूब 'संगम' के 'जादुई' जल में
वापस आ जाती है अपने-अपने ठौर पर
नहीं, नहीं, वैसा कुछ नहीं हुआ करता
विप्लवी वह्नि-स्नान में शामिल होने की प्रक्रिया में
वहाँ व्याकरण-सम्मत प्रांजल भाषा में घण्टों प्रवचन झाड़ने वाला

बना-ठना कोई 'युग की पुरुष' नहीं हुआ करता
वहाँ हजारों-हजार की कीमत वाले विदेशी कैमरे नहीं चमका करते
वहाँ अमरीकी या जापानी या फ्रेंच टेपरिकार्डर नहीं हुआ करते
नहीं, नहीं, वहाँ यह सब कुछ नहीं होता

१९७४

धोखे में डाल सकते हैं

हम कुछ नहीं हैं
कुछ नहीं हैं हम
हाँ, हम ढोंगी हैं प्रथम श्रेणी के
आत्मवंचक···पर-प्रतारक···बगुला-धर्मी
यानी धोखेबाज
जी हाँ, हम धोखेबाज हैं
जी हाँ, हम ठग हैं···झुट्ठे हैं
न अहिंसा में हमारा विश्वास है
न हिंसा में हमारा विश्वास है
मन, वचन, कर्म···हमारा कुछ भी स्वच्छ नहीं है
हम किसी की भी 'जय' बोल सकते हैं
हम किसी को भी धोखे में डाल सकते हैं

१९७५

खिचड़ी विप्लव देखा हमने

खिचड़ी विप्लव देखा हमने
भोगा हमने क्रान्ति विलास
अब भी खत्म नहीं होगा क्या
पूर्ण क्रान्ति का भ्रान्ति विलास
प्रवचन की बहती धारा का
रुद्ध हो गया शान्ति विलास

खिचड़ी विप्लव देखा हमने
भोगा हमने क्रान्ति विलास

मिला क्रान्ति में भ्रान्ति विलास
मिला भ्रान्ति में शान्ति विलास
मिला शान्ति में क्रान्ति विलास
मिला क्रान्ति में भ्रान्ति विलास

पूर्ण क्रान्ति का चक्कर था
पूर्ण भ्रान्ति का चक्कर था
पूर्ण शान्ति का चक्कर था
पूर्ण क्रान्ति का चक्कर था

टूटे सींगों वाले साँडों का यह कैसा टक्कर था !
उधर दुधारू गाय अड़ी थी
इधर सरकसी बक्कर था !
समझ न पाओगे वर्षों तक
जाने कैसा चक्कर था !
तुम जनकवि हो, तुम्हीं बता दो
खेल नहीं था, टक्कर था !

१९७५

सत्य

सत्य को लकवा मार गया है
वह लम्बे काठ की तरह
पड़ा रहता है सारा दिन, सारी रात
वह फटी-फटी आँखों से
टुकुर-टुकुर ताकता रहता है सारा दिन, सारी रात
कोई भी सामने से आए-जाए
सत्य की सूनी निगाहों में ज़रा भी फ़र्क नहीं पड़ता
पथराई नज़रों से वह यों ही देखता रहेगा
सारा-सारा दिन, सारी-सारी रात

सत्य को लकवा मार गया है
गले से ऊपर वाली मशीनरी पूरी तरह बेकार हो गई है
सोचना बन्द
समझना बन्द
याद करना बन्द
याद रखना बन्द
दिमाग की रगों में ज़रा भी हरकत नहीं होती
सत्य को लकवा मार गया है
कौर अन्दर डालकर जबड़ों को झटका देना पड़ता है
तब जाकर खाना गले के अन्दर उतरता है
ऊपर वाली मशीनरी पूरी तरह बेकार हो गई है
सत्य को लकवा मार गया है

वह लम्बे काठ की तरह पड़ा रहता है
सारा-सारा दिन, सारी-सारी रात
वह आपका हाथ थामे रहेगा देर तक
वह आपकी ओर देखता रहेगा देर तक
वह आपकी बातें सुनता रहेगा देर तक
लेकिन लगेगा नहीं कि उसने आपको पहचान लिया है
जी नहीं, सत्य आपको बिल्कुल नहीं पहचानेगा
पहचान की उसकी क्षमता हमेशा के लिए लुप्त हो चुकी है
जी हाँ, सत्य को लकवा मार गया है
उसे इमर्जेन्सी का शाक लगा है
लगता है, अब वह किसी का न रहा
जी हाँ, सत्य अब पड़ा रहेगा
लोथ की तरह, स्पन्दनशून्य मांसल देह की तरह !

१९७५

अहिंसा

१०५ साल की उम्र होगी उसकी
जाने किस दुर्घटना में
आधी-आधी कटी थी बाँहें

झुर्रियों-भरा गन्दुमी सूरत का चेहरा
धँसी-धँसी आँखें···
राजघाट पर, गाँधी समाधि के बाहर
वह सबेरे-सबेरे नजर आती है
जाने कब किसने उसे एक मृगछाला दिया था
मृगछाला के रोएँ लगभग उड़ चुके हैं
मुलायम-चिकनी मृगछाला के उसी अद्धे पर
वो पीठ के सहारे लेटी
सामने अलमुनियम का भिक्षा पात्र है
नए सिक्कों और इकटकही-दुटकही नए नोटों से
करीब-करीब आधा भर चुका है वो पात्र
अभी-अभी एक तरुण शान्ति-सैनिक आएगा
अपनी सर्वोदयी थैली में शिक्षापात्र की रकम डालेगा
झुक के बुढ़िया के कान में कुछ कहेगा
आहिस्ते-आहिस्ते वापस लौट जाएगा
थोड़ी देर बाद
शान्ति सेना की एक छोकरी आएगी
शीशे के लम्बे गिलास में मौसम्बी का जूस लिए
बुढ़िया धीरे-धीरे गिलास खाली कर डालेगी
पीठ और गर्दन में
हरियाणवी तरुणी के सुपुष्ट हाथ का सहारा पाकर
बुदबुदाएगी फुसफुसी आवाज में—जियो बेटा !
बुढ़िया का जीर्ण-शीर्ण कलेवर
हासिल करेगा ताजगी

यह अहिंसा है
इमर्जेन्सी में भी
मौसम्बी के तीन गिलास जूस मिलते हैं
नित्य-नियमित, ठीक वक्त पर
दुपहर की धूप में वह छाँह के तले पहुँचा दी जाएगी
बारिश में तम्बू तान जाएँगे मिलिटरी वाले
हिंसा की छत्र-छाया में
सुरक्षित है अहिंसा···
गीता और धम्मपद और सन्तवाणी के पद
इस बुढ़िया के लिए भर लिए गए हैं रिकार्ड में
यह निष्ठापूर्वक रोज सुबह-शाम

सुनती है रामधुन, सुनती है पद
'आपातकालीन संकट' को
इस बुढ़िया की आशीष प्राप्त है

१९७५

अगले पचास वर्ष और...

अगले पचास वर्ष और आप जिएँ
स्वस्थ-प्रसन्न रहें, शान्ति-सुधा-रस पिएँ
आगे-पीछे उमड़-उमड़ आएँ तरुणों की टोलियाँ
साथ हों पुलिस जन, साथ हों आफिसर
हो नहीं लाठी चार्ज, छूटें नहीं अश्रुगैस-गोलियाँ

अगले पचास वर्ष और
बहती रहे प्रवचन की अनाविल धारा
गुफाओं से निकलें मुनि-गण, वरण करें कारा
तरुण रहें संयत,
चढ़े नहीं क्रोध का पारा
सुनहली लिखावट हो, चमके नारे पर नारा

अगले पचास वर्ष और बने रहें कूड़ों के ढेर
भंगियों के जीवन में हो नहीं किंचित भी हेर-फेर
गल्लों के आढ़तिये मचाएँ अधिकाधिक अन्धेर
चुपचाप देते रहें पुष्ट चन्दा अबेर-सबेर
बढ़ती जाए फिर भी समग्र क्रान्ति की टेर

राशि-राशि किसलय गुच्छित
कुसुमास्तीर्ण प्लास्टिक शर-शय्या पर
लेटे रहे युगावतार पितामह भीष्म
प्रवचनरत हृदय परिवर्तनकारी
अगले पचास वर्ष और

समग्र लाभ-लोभ के अविकल अधिकारी
मुक्तहस्त दान दें टैक्स चोर तस्कर व्यापारी

करें निःसंकोच विदुर-बुजुर्ग तरुण कन्धों की सवारी
मस्त रहें धृतराष्ट्र, चढ़ी रहे समग्र क्रान्ति की खुमारी
अगले पचास वर्ष और

हों नहीं चिन्तित दलपति, बने रहेंगे सारे ही दल
गति रहेगी सीमित, अ-सीमित रहेंगे फल
जड़ पकड़ लेगी शनैः-शनैः संवैधानिक तानाशाही
पण्डितों-मौलवियों से मिलेगी उसे निरन्तर वाह-वाही
यही भारत पुत्री करेगी पूर्ण कुबेरों की मनचाही

सन्त होंगे महासन्त, कुसन्त होंगे उपसन्त
स्वार्थी न होंगे, पर, कीर्ति की लालसा का रहेगा न अन्त
ऊपर-ऊपर मूक क्रान्ति, विचार क्रान्ति, सम्पूर्ण क्रान्ति
कंचन क्रान्ति, मंचन क्रान्ति, वंचन क्रान्ति, किंचन क्रान्ति
फल्गु-सी प्रवाहित रहेगी भीतर-भीतर तरल मदिर भ्रान्ति

१९७५

वो सब क्या था आखिर

दस लाख की भीड़
उस दिन दिल्ली के माहौल को
कर रही थी कम्पित उत्तप्त
दस लाख की भीड़, उस दिन
तुम्हें अपना 'मुख' बनाकर कूच कर रही थी
दस लाख की भीड़, उस वक्त
तुम्हारा स्पष्ट आदेश चाह रही थी
उस दिन पार्लमेंट के बाहरी कक्ष में
स्पीकर ने तुम्हारी अगवानी की थी
स्वास्थ्य के बारे में पूछा था
शर्बत पिलाया था
तुम उनके समक्ष
मुस्कुराए थे निहायत भद्रतापूर्वक
वहाँ से वापस आकर लगभग दो घण्टा बोले थे

बोट क्लब वाले मैदान में वही लाखों की भीड़
फिर तुम्हारे सामने थी
उस दिन मार्च की छठी तारीख थी
'लोकनायक', उस रोज वो तुम कौन थे ?
तुम्हारा भोलापन
तुम्हारी 'लोकनीति'
'सम्पूर्ण क्रान्ति' वाले तुम्हारे सोंधे खयाल
व्यापक जन क्रान्ति की तुम्हारी अनिच्छा
'सर्वहारा' के प्रति परायेपन के तुम्हारे भाव
अभिनव महाप्रभुओं के प्रति शक्ति सन्तुलन का
तुम्हारा हवाई मूल्य बोध···
तुम्हारी मसीहाई महत्त्वाकांक्षाएँ···
काहिल, आरामपसन्द, संशयशील, डरपोक, कपटी, क्रूर
'भलेमानसों' से दिन-रात तुम्हारा घिरा होना
वो सब क्या था आखिर ?
समझ नहीं पाया कभी, समझ नहीं पाऊँगा
तरल आवेगों वाला, अति भावुक, हृदय धर्मी मैं जनकवि

१९७५

सूरज सहम कर उगेगा

लगता है
हिन्द के आसमान में
अब सूरज सहमकर उगेगा
अपनी किरणें बिखेरेगा डरता-डरता, काँपता-काँपता

लगता है
हिन्द के आसमान में
ठीक दोपहर के वक्त
सूरज फ्यूज हो जाएगा
जी हाँ, वैशाख-जेठ का प्रखर-प्रचण्ड मध्याह्न
बिना ग्रहण के भी डूब जाएगा
धुन्ध के माहौल में

लगता है
हिन्द के आसमान में
साबित सूरज भक् से निकल आएगा
फाड़कर मसानी सन्नाटा बरसाती अमावस का

लगता है
हिन्द के आसमान में
सूरज पर भी लागू होंगे
"आपातकालीन स्थिति वाले आर्डिनेन्स"

लगता है
हिन्द के आसमान में
अब सूरज सहमकर उगेगा ··

१९७५

प्रतिबद्ध हूँ

प्रतिबद्ध हूँ
सम्बद्ध हूँ
आबद्ध हूँ

प्रतिबद्ध हूँ, जी हाँ, प्रतिबद्ध हूँ—
बहुजन समाज की अनुपल प्रगति के निमित—
संकुचित 'स्व' की आपाधापी के निषेधार्थ···
अविवेकी भीड़ की 'भेड़िया-धसान' के खिलाफ···
अन्ध-बधिर 'व्यक्तियों' को सही राह बतलाने के लिए···
अपने आपको भी 'व्यामोह' से बारम्बर उबारने की खातिर···
प्रतिबद्ध हूँ, जी हाँ, शतधा प्रतिबद्ध हूँ !

सम्बद्ध हूँ, जी हाँ, सम्बद्ध हूँ—
सचर-अचर सृष्टि से···
शीत से, ताप से, धूप से, ओस से, हिमपात से···
राग से, द्वेष से, क्रोध से, घृणा से, हर्ष से, शोक से, उमंग से, आक्रोश से···
निश्चय-अनिश्चय से, संशय-भ्रम से, क्रम से, व्यतिक्रम से···

निष्ठा-अनिष्ठा से, आस्था-अनास्था से, संकल्प-विकल्प से···
जीवन से, मृत्यु से, नाश-निर्माण से, शाप-वरदान से···
उत्थान से, पतन से, प्रकाश से, तिमिर से···
दम्भ से, मान से, अणु से, महान् से···
लघु-लघुतर-लघुतम से, महा-महाविशाल से···
पल-अनुपल से, काल-महाकाल से···
पृथ्वी-पाताल से, ग्रह-उपग्रह से, नीहारिका-जल से···
रिक्त से, शून्य से, व्याप्ति-अव्याप्ति-महाव्याप्ति से···
अथ से, इति से, अस्ति से, नास्ति से ··
सबसे और किसी से नहीं
और जाने किस-किस से···

सम्बद्ध हूँ, जी हाँ, शतधा सम्बद्ध हूँ !
रूप-रस-गन्ध और स्पर्श से, शब्द से···
नाद से, ध्वनि से, स्वर से, इंगित-आकृति से···
सच से, झूठ से, दोनों की मिलावट से···
विधि से, निषेध से, पुण्य से, पाप से···
उज्ज्वल से, मलिन से, लाभ से, हानि से···
गति से, अगति से, प्रगति से, दुर्गति से···
यश से, कलंक से, नाम-दुर्नाम से···
सम्बद्ध हूँ, जी हाँ, शतधा सम्बद्ध हूँ !

आबद्ध हूँ, जी हाँ, आबद्ध हूँ—
स्वजन-परिजन के प्यार की डोर में···
प्रियजन के पलकों की कोर में···
सपनीली रातों के भोर में···
बहुरूपा कल्पना रानी के आलिंगन-पाश में···
तीसरी-चौथी पीढ़ियों के दंतुरित शिशु सुलभ हास में···
लाख-लाख मुखड़ों के तरुण हुलास में···
आबद्ध हूँ, जी हाँ, शतधा आबद्ध हूँ !

१९७५

नेवला

कौन नहीं लाड़ लड़ाना चाहता है इससे ?
कौन नहीं गोद में उठा लेना चाहेगा इसको ?
कौन नहीं खुश होता है
इसकी आँखों में आँखें डालकर ?
जम्बू, जमूरा, मोतिया, दुलरुआ···
जाने कितने नाम मिल गए हैं इसे !
—हम सारे ही बन्दियों का
बड़ा ही लाड़ला खिलौना है यह तरुण नेवला···

एक बार मोतिया ने
मेरी नाक की नोक में
गड़ा दिए थे अपने दाँत—
नहीं, वो गुस्से में नहीं था
वह लाड़ लड़ाने के मूड में था
लेकिन मैं तो उस दोपहरी में
लेटा था, झपकियाँ ले रहा था
मैं कतई नहीं था खिलवाड़ के मूड में
सो, शैतान ने
अपने पैने दाँत गड़ा दिए थे
इस बूढ़े बन्दर की नाक की नोक पर
बड़ा ही गुस्सा आया था···
खैर, खरोंच-वरोंच नहीं पड़ी थी
पीछे, सुदामा से बतलाया तो उसने ठहाके मारे
फिर, देर तक मैं भी हँसता रहा था।
अखलाक को मालूम हुआ
अखिलेश (पांडे) को मालूम हुआ
दीना और मुंद्रिका को मालूम हुआ
हँसते-हँसते सभी के पेटों में बल पड़ गए !
मैं खुद भी हँसता रहा था देर तक
खैर, खरोंच-वरोंच नहीं आयी थी !

तू रह-रहकर कहाँ गुम हो जाता है ?
हफ्ता-हफ़्ता, दस-दस रोज़ गायब रहता है !

देख जमूरे, तेरी आवारगी बेहद खलती है हमें
अब तुझ पर पिटाई पड़ने ही वाली है मोतिया !
हाँ, बतलाए दे रहा हूँ
अब कोई तुझे माफ़ नहीं करेगा—
अच्छा, बतला तो भला !
कहाँ-कहाँ रहा पिछले दिनों ?
जेलर के क्वार्टर में यानी आनन्दी प्रसाद के घर में ?
याकि मंजर बाबू के उस छोटे क्वार्टर में ?
बोले वे, कहाँ रहा इतने दिन ?
च्चु: च्चु: च्चु: च्चु: ! आः आः आः आः
मोतिया, ओः ओः ओः
मोतिया ! मोतिया ! !
हाँ, इसी तरह बड़ों की बात मानते हैं—
इन्सान तो क्या, हैवान तक निगाहें झुकाकर
करीब सरक आते हैं : हाँ, इसी तरह गर्दन झुका देते हैं
हाँ, इसी तरह !
बिल्कुल इसी तरह—
कम से कम घण्टा भर तो अभी आराम कर ले
इस बूढ़े बन्दर की गोद में !

अखलाक, अखलाक !
ये देखो, मोतिया मेरी गोद में लेटा है
जाने कितना थका है आज !
सारा दिन जाने कहाँ-कहाँ के चक्कर लगाता रहा है
अखलाक, लाओ तो प्लेट में खीर
हाँ, देखना, चार-पाँच चम्मच से ज्यादा न डालना !
क्या होगा सरऊ को ज्यादा खीर चटाकर ?
ओह, नहीं अखलाक, मेरा मतलब यह नहीं था
जरी-सी इत्ती-सी खीर !
अमाँ, तुम तो भारी किरपिन हो यार···
थोड़ी-सी और डालो बेटे !
'जमूरे को पाकर'
अपनी पीली लुंगी सम्भालते-सम्भालते
मुस्कुराकर बोला अखलाक :
'बेहद सेण्टिमेण्टल हो उठते हैं बाबा आप तो !'
और, इधर—

प्लेट में चम्मच की खटपट सुनते ही
मोतिया ने लगाई छलांग !
खीर अभी बिल्कुल गर्म है···
पतीला अभी बिल्कुल गर्म है···
पतीला चूल्हे से उतारकर रख गया है रामबचन
ताजा-ताजा दूधिया भाप
हवा में घुल उठा है···

मोतिया भली-भाँति ट्रेण्ड है
गर्मा-गर्म खीर को वो अपनी चंगुल से
नीचे सीमेण्ट वाली फर्श पर बिखेर चुका है
चप-चप-चप-चप···शप-शप-शप-शप
चाट रहा है खीर मोतिया जल्दी-जल्दी में
जाने कैसी हड़बड़ी में है वो
जाने कितना भूखा है वो
चंगुल से बिखेर-बिखेरकर फर्श पर खीर
शपाशप-चपाचप चाट रहा है
उसकी यह फुर्ती देखते ही बनती है
रामबचन, सुदामा, मुंद्रिका, अखिलेश पाण्डे
मोहनिया बाबू, नौशाद, अखलाक,
दसई, हकेन्दू, कर्मा, सलीम —
मोतिया के इर्द-गिर्द आके जमा हो गए हैं
कमर में झटका देता हुआ सुदामा
और दो कलछी खीर निकाल ले आता है :
"ओह ! ओह ! च्च-च्च-च्च
बड़ा भुखायल मालूम पड़ता है जमूरा
खा रे खा ! तेरे खातीर
बाबा आज खीर-पार्टी दे रहे हैं
अरे, हमारे इस तीन नम्बर वार्ड में
नित्तह खीर घुटती है शाम को तो···
ब्बा रे ब्बा, क्खा रे क्खा···जमूरा मेरे !"
सुदामा कहता है—
"लगता है कई दिन बाद आज
जमूरे को खीर का 'सवाद' मिला है—
मगर, जमूरे, आज तेरे को सारी रात हम
मिसा-बन्दी बना के रक्खेंगे

सबेरे चार-पाँच बजे रिहा करेंगे
क्या बाबा जमूरे को अभी भागने देंगे ?
जो हुकुम होगा आपका, वही न करेंगे हम···

अब होली के दिन आ गए
शाम को पाँच बजे से ही मच्छरों का हमला शुरू हो जाता है
अत: सुबह तक उनकी कारस्तानी चलती रहती है
लेकिन मोतिया है कि इन मच्छरों से सुरक्षित है
अभी रात के दो बजेंगे—
मगर देखो तो शैतान किस कदर
सुख की नींद सो रहा है
अखलाक की मसहरी के अन्दर
बेसुध-बेखबर नींद खींच रहा है !
इसे क्या पर्वाह है इन साले मच्छरों की !
रात्रिशेष में, ठीक पाँच बजे, मोतिया बाहर निकल भागेगा
या कि आधा घण्टा पहले ही
अपनी पतली थूथून घुसेड़कर मसहरी से सरकेगा
सलाखों की फाँक से बरामदे में पहुँचेगा
और फिर नींबू की छोटी झाड़ से आगे होगा
अखाड़े के करीब रातरानी के छाँटे-तराशे पौधे के पास
या कि बैंगन की क्यारियों के करीब
पाखाना-पेशाब से निबट लेगा
और, तब फिर, शुरू हो जाएगी जमूरे की दिनचर्या
हो सकता है, वो अगले दो-तीन दिनों तक
इस वार्ड के विशाल प्राँगण में कहीं नजर ही न आए।
मंजरबाबू के क्वार्टर में बचपन गुजार चुका है न !
मंजर साहब ने छोटी-छोटी ताजा मछलियाँ खिलाकर
बड़े जतन से पाला-पोसा था—
मोतिया के बीसियों नाज-नखरे झेले हैं मंजरबाबू ने
उन दिनों वो नए-नए बक्सर आए थे
अपना क्वार्टर नहीं था उनका
एक हम पेशा (सब-जेलर) सज्जन के साथ,
रहना पड़ता था बेचारे को। जैसे-तैसे वक्त गुजार रहे थे
फेमिली को नहीं लाए थे मंजरबाबू
फिर एक दिन वो हमपेशा साहबान
अकेले में स्वर धीमा करके बोले थे :

देखिए साहब, हमारे बच्चे अभी छोटे हैं
होगा मोतिया आपका लाड़ला
लेकिन खतरनाक जानवर है न !
यह हमारे बच्चों की जूजी न काट खाए
नहीं साहब, इसे हटाइए यहाँ से ! ···
फिर हुआ यही कि चार दिनों की छुट्टी लेकर
मंजर बाबू सीधे नवादा पहुँचे
इकलौती बिटिया वाले सास-ससुर को मना-मुनू कर
अपनी बेगम साहबा को बक्सर ले आए
यानी कि इस मोतिया की खातिर
मंजर साहब उन हमपेशा साहबान के यहाँ से
खुद ही हट गए ! हाँ, जानवर तो जानवर ठहरा न !
गुफ़्तगू में मंजर बाबू ने यह सब बतलाया उस रोज़···
तो जाहिर है कि मंजर साहब का क्वार्टर
मोतिया का वह अपना ही क्वार्टर है।

यह लीजिए
ठीक ३.२२ पर, 'खन्न' की आवाज़ हुई
छोटी केतली का ढक्कन मीट-शेफ से नीचे गिरा है
ज़रूर ही मोतिया की करतूत है
दूध की गन्ध पाकर वह मीट-शेफ के माथे पर
पहुँच गया है लगा के छलाँग
ढक्कन खोलने की कोशिश में
केतली फर्श पर गिरा दी है
अखलाक के 'सुपुत्र' ने
आखिर आधा चम्मच दूध तो उसे मिला ही होगा
मगर फिर इत्ती रात मोतिया भागकर गया किधर ?
देखूँ तो अपनी मसहरी से बाहर निकलकर···
(लालटेन को अन्दर रखकर लिखना-पढ़ना होता है न !)
क्या पता, बिल्ली की कारगुजारी हो !
वो भी तो दूध की चटोरी होती है···
अकेले क्या मोतिया ही दूध का शौक़ीन है यहाँ ?

ओह, अब मैं क्या बतलाऊँ आपसे !
सचमुच यह मोतिया ही था
फर्श पर केतली गिराकर वही भागा है—

हाँ, वो सचमुच ही गायब है—
अखलाक की मसहरी के कोने में
सिरहाने की तरफ दुबककर
अभी-अभी वह किस तरह सोया पड़ा था !
गुड़ी-मुड़ी होकर, दुबककर गहरी नींद में कैसे सोया था !
आवारा कहीं का···
अभी-अभी ग्यारह बजे, जब हम दूध ले रहे थे
अखलाक ने पुलकित स्वरों में कहा था :
"बाबा, अब यह सारी रात इसी तरह सोएगा
कहीं नहीं जाएगा यहाँ से···"
मैंने अखलाक वाली लालटेन की बत्ती खूब तेज कर दी
कि शायद मोतिया नींद की खुमारी में उठा हो
और पहलू बदलकर पायताने की तरफ जा लेटा हो
नहीं, वो सचमुच निकल गया है
अखलाक मसहरी के अन्दर अकेला है—
लो बेटे, तुम्हारा सुपुत्र चुपचाप खिसक गया, न !
अब वो कई रोज बाद तुम्हारी सुध लेगा ।

अरे वाह, वाह रे जमूरे, वाह !
तू वापस कब लौटा पाजी ?
फिर दुबक गया अखलाक के कम्बल में !
क्यों न हो, चार बजे हैं तो रात नहीं भीगेगी ?
बसन्त-शेष जो ठहरा यह मौसम···
हवा में कैसी खुनकी है ।
रात के चौथे पहर का ठण्डा पवन—
'गुलाबी जाड़ा' तो भला कौन कहेगा इसे ?
नहीं, नहीं, अब मैं फिर लालटेन की बत्ती तेज नहीं करूँगा···
तेरी पूंछ तो साफ-साफ दिखाई दे गई है मुझे !
लेकिन, मोतिया, तू वापस कब लौटा ?
अरे वाह, वाह रे जमूरे, वाह !
तेरे नेचर का पूरा-पूरा पता कहाँ लगा सका हूँ अब तक—
अखलाक नौ महीनों से तुझे जानता है
मुझे तो यहाँ एक सौ दस ही रोज हुए हैं न ?
मैं नहीं परिचित हो सका हूँ उतना तुझ से ।
लेकिन हाँ, अब भाग मत जाइयो सबेरे-सबेरे
आज तेरे को मैं मछली खिलाऊँगा

एक नहीं, दो दिलाऊँगा···हाँ, रे जमूरे, हाँ !
देखना, सुबह-सुबह भाग नहीं जाना अब !
खीर तो खैर दुपहर बाद रोज पकती है
मगर आज भी मुंद्रिका मछलियाँ जरूर लाएगा
कल भी लाया था, वह अक्सर लाता है मछलियाँ

ताजा गोश्त का लाल टुकड़ा
मजबूत सुतरी के छोर में बँधा है
फर्श से ढाई-तीन फुट ऊपर लटकाए
अखलाक ने वो सुतरी ऊँचे थाम रक्खी है···
मोतिया बार-बार छलांग लगा रहा है
लपक रहा है बार-बार गोश्त के टुकड़े की ओर
पूरी ताकत लगाकर उछल रहा है
गुस्से में चीख रहा है···किर्र···किर्र···किर्र !
उबाल खाकर कुलाँचे भर रहा है बार-बार
बीच-बीच में ज़रा-सी देर के लिए
बस, लम्हे-भर के लिए
पल-भर के लिए यानी दस-पाँच सेकण्ड के लिए
मोतिया दम मार लेता है
फिर पूरी ताकत लगाकर
लपकता है गोश्त के टुकड़े की ओर
मगर वो कामयाब कहाँ हुआ ?
यह खेल क्या देर तक चलता रहेगा ?
नहीं, अब खत्म होगा शो···
तमाशबीन अपनी-अपनी राह धरेंगे
मोतिया गोश्त का टुकड़ा, सुतरी सहित, लेकर
उधर रातरानी की झाड़ की ओट में जा बैठेगा
लीजिए, आखिर उसने लपक ही लिया
पकड़ इतनी पक्की है कि वो खुद ही टँग गया है
बड़ी मजबूती से लटका है मोतिया अधर में
गोश्त के टुकड़े में गड़े हैं उसके दाँत
वो हवा में झूल रहा है
उस्ताद और जमूरे की यह नटबाजी
ढेर सारे लोगों का ध्यान अपनी तरफ खींच चुकी है

बीच में हमने यह भी देखा, कि

उछल-कूद में विफल होकर
वह अपने उस्ताद के कन्धे पर चढ़ गया
(ठीक इसी तरह जामुन के पेड़ पर चढ़ता है गोह
छिपकली की टोह में, चुपचाप, लेकिन फुर्ती से)
कन्धे से बाँह पर, या वापस फिर कमर पर
पोजीशन जमाकर उसने गर्दन लम्बी कर ली
इस तरह बीच में ही गोश्त वाली सुतरी को
हड़प लेने की कोशिश कर रहा था मोतिया

आखिर परेशान वो गरीब
फर्श पर दम लेने की खातिर लेट गया
उछल-कूद के, अपने पैंतरे सहेज कर
(स्पन्दनशून्य, चेष्टाविहीन उसकी वो भूमिका
किसी सिद्ध हठयोगी की शवाऽऽसन वाली मुद्रा थी क्या !)
हमने मान लिया : मोतिया थककर लस्त-पस्त हो चुका है…
अखलाक, इस पर रहम करो
अब बेचारे को ज्यादा न सताओ
गोश्त का टुकड़ा इसके हवाले कर दो
नहीं, नहीं अब यह खेल खत्म हुआ…
फिर यक-ब-यक जमूरे ने ऊँची छलाँग लगा दी
'हाई जम्प' के अपने पिछले रिकार्ड तोड़ गया
मय सुतरी के, गोश्त का वो टुकड़ा उसने झटक लिया था
हमारे लाड़ले अखलाक बाबू सौ फीसदी धोखा खा गए थे
उस रोज उनका पालतू 'सुपुत्र' उनसे २० निकला आखिर

१९७६

चन्दू, मैंने सपना देखा

चन्दू, मैंने सपना देखा, उछल रहे तुम ज्यों हिरनौटा
चन्दू, मैंने सपना देखा, भभुआ से हूँ पटना लौटा
चन्दू, मैंने सपना देखा, तुम्हें खोजते बद्री बाबू
चन्दू, मैंने सपना देखा, खेल-कूद में हो बेकाबू

चन्दू, मैंने सपना देखा, कल-परसों ही छूट रहे हो
चन्दू, मैंने सपना देखा, खूब पतंगें लूट रहे हो
चन्दू, मैंने सपना देखा, लाए हो तुम नया कलैण्डर
चन्दू, मैंने सपना देखा, तुम हो बाहर, मैं हूँ बाहर
चन्दू, मैंने सपना देखा, भभुआ से पटना आए हो
चन्दू, मैंने सपना देखा, मेरे लिए शहद लाए हो

चन्दू, मैंने सपना देखा, फैल गया है सुयश तुम्हारा
चन्दू, मैंने सपना देखा, तुम्हें जानता भारत सारा
चन्दू, मैंने सपना देखा, तुम बहुत बड़े डॉक्टर हो
चन्दू, मैंने सपना देखा, अपनी ड्यूटी में तत्पर हो

चन्दू, मैंने सपना देखा, इम्तिहान में बैठे हो तुम
चन्दू, मैंने सपना देखा, पुलिस-भान में बैठे हो तुम
चन्दू, मैंने सपना देखा, तुम हो बाहर, मैं हूँ बाहर
चन्दू, मैंने सपना देखा, लाए हो तुम नया कलैण्डर

१९७६

खल गई होली इस साल...

यहाँ हम निश्चिन्त हैं
भर-पेट खाते हैं
भर जी सोते हैं
मर्ज़ी-मुताबिक बोलते-बतियाते हैं
हँसते-हँसते पेट में बल पड़ जाता है
ठहाके छूटते हैं, सारा का सारा वार्ड गूँज-गूँज उठता है
हमारी मुस्कानों पर तो सान ही चढ़ता रहता है यहाँ...
फिर भी, भई, जेल तो आखिर जेल ही है न ?

अखाड़ा जगा रखा है हमने
सबेरे-सबेरे दसियों जोड़े आपस में गुंथ जाते हैं
ठोंक-ठोंककर ताल 'जोर-आजमाईश' चलती है
एक-एक की गर्दन और पीठ
पूरमपूर मिट्टी, जी हाँ, दो-दो किलो सोख लेती है

पुट्ठों और रानों से पसीना छूटता है तड़-तड़-तड़
घुटनों से उतरकर एड़ियों तक पहुँच जाती है पसीने की धार
तरुणाई लूटती है यहाँ जवानी की बहार
जवानी करती है कदम-पदम पर तरुणाई की मनुहार
सयाने भी नहीं बैठे हैं गुमसुम या कि बेकार
वही-वही सीख नहीं पीढ़ी को दे रहे हैं बार-बार
वो ही कहलाते हैं नेताजी, वो ही हैं हमारे सिपहसालार
हमें खानी पड़ती हैं उनकी झिड़कियाँ, उनकी फटकार
तरुणों को बेहद भाते हैं 'कान-मलाई' वाले लाड़-प्यार

जी हाँ, किलास भी चलते हैं
चैत की तिपहरिया में ये हमें बेहद खलते हैं
क्या करें मगर, सयाने तो अमूमन
हमेशा ही दिमागी खुराक पर पलते हैं
जभी तो हफ़्ते में दो बार
सयानों के लेक्चर, यानी हमारे किलास चलते हैं
यूँ हकीकत है कि—
कथन-मथन में ताज़गी बरकरार रहे तो
सामने वालों को भी मज़ा आता है
समझदारी भी बढ़ती है
और, साहेब, अखरता नहीं है चैत की तिपहरिया का हाँका

होली हमें बुरी तरह खल गई इस साल
जिन नाजुक गालों पर मला करते थे गुलाल
और जिन्हें गालियाँ देकर होते थे निहाल
हाय वो सामने नहीं थे इस साल
मगर यहाँ भी हमें—
रहने नहीं पाया मलाल
यहाँ भी हमें मिल गई थी ढोलक और झाल
हमीं में एक बन गया था छोकरी, कर दिया था कमाल
बाकी, हम सभी नीचे थे उस दिन ताल-बेताल
भंग भी छनी, मालपुए भी कटे, उड़े भी गुलाल
फिर भी हमें बुरी तरह खल गई होली इस साल···

१९७६

कब होगी इनको दीवाली ?

उसका मुक्तिपर्व कब होगा ?
कब होगी उसकी दीवाली ?
चमकेगी उसके ललाट पर
कब ताजे कुंकुम की लाली ?

अरे, अरे, छै वर्ष हो गए,
उसे मिलेगा कब छुटकारा ?
वो बन्दी है वो 'नक्सल' है,
मन का तगड़ा, तन का हारा !

भले जनों की, बड़े-बड़ों की
राजनीति का वो अछूत है !
दलित-निपीड़ित मानवता का
वो प्रतिनिधि है अग्रदूत है !

उसे सुनेगी कौन हकूमत ?
कौन मुकदमे वापस लेगी ?
कब वैसी सरकार बनेगी
जो उसको छुटकारा देगी ?

जिनके शोणित की लाली से
लाख-लाख मुख कमल खिले हैं,
सच बतलाओ, भाई यूँ ही
उनको क्या इन्साफ मिले हैं ?

क्या कसूर था बेचारे का ?
क्यों अचार-सा सीझ गया वो ?
मिलना-जुलना छोड़ दिया है,
एक-एक पर खीझ गया वो !

ढंकी सीखचों के अन्दर से
दुबला-पतला हाथ हिला तो !
'जी हाँ, ठीक-ठाक हूँ—मानो
गूंगे का संकेत मिला तो !

मैं बन्दी 'सम्पूर्ण क्रान्ति' का
भोग रहा था 'मिसा'-सुलभ सुख !
इच्छा थी 'नक्सल' बन्दी का
देखूंगा संकल्प - सुदृढ़ मुख

मुच्छड़, रोबीला, वर्दीधर
पहरू था यमदूत - सभाई !
चाहे कुछ हो मुझ बूढ़े पर
उसको कुछ भी दया न आई !

वो भी इंगित में ही बोला
हाथ हिला फिर डण्डा वाला
'साहब चले गए हैं आकर
लगवा दूंगा अब मैं ताला…

लूट मचाई, रेप किया है
कतल किया है, यह खूनी है
देखो फिर भी इन सुसरों की
चर्चा कैसी दिन-दूनी है ?

'बाबा' आप बड़े भोले हो !
इनको दर्शन देने आए…
ये तो इस सेण्ट्रल कारा में
जान हमारी लेने आए !…'

पता चला वे सात जने थे,
जाने कब से यहाँ पड़े थे !
सातों के सातों 'नक्सल' थे,
अपने हक के लिए लड़े थे !

सातों के सातों चमार थे
अति दरिद्र थे, भूमिहीन थे
करते थे मेहनत - मजदूरी
मालिक लोगों के अधीन थे

भूमि-हरण बर्दाश्त कर गए
चुप्पी साधी मार-पीट पर

गुस्सा तब भड़का, बहुओं की
इज्जत जब लूटी घसीटकर

फिर तो वे सातों के सातों
बने भेड़िया, बाघ हो गए
पुरखे तक धरती पर उतरे
जनम-जनम के पाप धो गए

धरती ने आधार दिया है
सूरज ने दी है गरमाई!
इनकी गति से पवन त्रस्त है
फुर्ती से बिजली शरमाई:

लील सकेगा इन्हें न कोई
इनको कौन पचा पाएगा?
निज तिकड़म से इनके बल की
शादी कौन रचा पाएगा?

इनकी प्रतिध्वनियों से कारा—
की दीवारें हिल-हिल जाएँ!
आओ इन बन्दी वीरों के
स्लोगन वे हम भी दुहराएँ···

फौलादी संकल्पों वाले
इनका युग, समझो, आया ही
सेल - कुण्ड में सीझ - सीझकर
रुग्ण हुई है बस काया ही

इनकी उर-उष्मा में अब ये
जेल - सेल सब गल जाएँगे
प्रवंचितों के कोपानल में
सौ कुबेर भी जल जाएँगे···

नेता वाले निजी वार्ड में
सोच रहा था ठण्डे दिल से
आए हैं, सम्पूर्ण क्रान्ति में
ताड़ बना लेंगे हम तिल से

किस मुंह से भेजूं मैं उन तक
अपनी खीर, मिठाई अपनी
सोचा-सोचा, फिर-फिर सोचा
शरमा गई ढिठाई अपनी !

इनका मुक्तिपर्व कब होगा ?
कब होगी इनकी दीवाली ?
चमकेगी इनके ललाट पर
कब ताजे कुंकुम की लाली ?

१९७६

सुबह-सुबह

सुबह-सुबह
तालाब के दो फेरे लगाए

सुबह-सुबह
रात्रि शेष की भीगी दूबों पर
नंगे पांव चहलकदमी की

सुबह-सुबह
हाथ-पैर ठिठुरे, सुन्न हुए
माघ की कड़ी सर्दी के मारे

सुबह-सुबह
अधसूखी पतइयों का कौड़ा तापा
आम के कच्चे पत्तों का
जलता, कड़ुवा कसैला सौरभ लिया

सुबह-सुबह
गँवई अलाव के निकट
घेरे में बैठने बतियाने का सुख लूटा

सुबह-सुबह

आंचलिक बोलियों का मिक्स्चर
कानों की इन कटोरियों में भरकर लौटा
सुबह-सुबह

१९७६

बसन्त की अगवानी

रंग-बिरंगी खिली-अधखिली
किसिम-किसिम की गन्धों-स्वादों वाली ये मंजरियाँ
तरुण आम की डाल-डाल टहनी-टहनी पर
झूम रही हैं…
चूम रही हैं—
कुसुमाकर को ! ऋतुओं के राजाधिराज को !!
इनकी इठलाहट अर्पित है छुई-मुई की लोच-लाज को !!
तरुण आम की ये मंजरियाँ…
उद्भिद-जग की ये किन्नरियाँ
अपने ही कोमल-कच्चे वृन्तों की मनहर सन्धि भंगिमा
अनुपल इनमें भरती जाती
ललित लास्य की लोल लहरियाँ !!
तरुण आम की ये मंजरियाँ !!
रंग-बिरंगी खिली-अधखिली…

१९७६

इन सलाखों से टिकाकर भाल

इन सलाखों से टिकाकर भाल
सोचता ही रहूँगा चिरकाल
और भी तो पकेंगे कुछ बाल
जाने किसकी/जाने किसकी
और भी तो गलेगी कुछ दाल

न टपकेगी कि उनकी राल
चाँद पूछेगा न दिल का हाल
सामने आकर करेगा वो न एक सवाल
मैं सलाखों में टिकाए भाल
सोचता ही रहूँगा चिरकाल

१९७६

फिसल रही चाँदनी

पीपल के पत्तों पर फिसल रही चाँदनी
नालियों के भीगे हुए पेट पर, पास ही
जम रही, घुल रही, पिघल रही चाँदनी
पिछवाड़े बोतल के टुकड़ों पर—
नाच रही, कूद रही, उछल रही चाँदनी
दूर उधर, बुर्जी पर उछल रही चाँदनी

आँगन में, दूबों पर गिर पड़ी—
अब मगर किस कदर सँभल रही चाँदनी
पिछवाड़े, बोतल के टुकड़ों पर
चमक रही, दमक रही, उछल रही चाँदनी
वो देखो, सामने
पीपल के पत्तों पर फिसल रही चाँदनी

१९७६

हरे-हरे नए-नए पात

हरे-हरे नए-नए पात···
पकड़ी ने ढक लिए अपने सब गात
पोर-पोर, डाल-डाल
पेट-पीठ और दायरा विशाल

ऋतुपति ने कर लिए खूब आत्मसात
हरे-हरे नए-नए पात
ढक लिए अपने सब गात
पकड़ी का सयाना वो पेड़
कर रहा गुप-चुप ही बात
ढक लिए अपने सब गात
चमक रहे
दमक रहे
हिल रही डुल रही खिल रही खुल रही
पूनम की फागुनी रात
पकड़ी ने ढक लिए सब अपने गात

१६७६

नंगे तरु हैं, नंगी डालें

नंगे तरु हैं, नंगी डालें
इन्हें कौन-से हाथ सँभालें
खीझ भड़कती, घुटती आहें
झेल न पातीं इन्हें निगाहें
कैदी की लँगड़ी मनुहारें
कैसे इनकी सनक उतारें
मौसम के जादू मचलेंगे
कब इनमें टूसे निकलेंगे
हरियाली का छाजन होगा
आसमान कब साजन होगा

अब भी तो पतझर थक जाए
इनका नंगापन ढक जाए
हरियाली इन पर झुक आए
नग्न नृत्य अब भी रुक जाए
नंगे तरु हैं, नंगी डालें···
इन्हें कौन-से हाथ सँभालें !

१६७६

होते रहेंगे बहरे ये कान जाने कब तक

होते रहेंगे बहरे ये कान जाने कब तक
ताम-झाम वाले नकली मेघों की दहाड़ में
अभी तो करुणामय हमदर्द बादल
दूर, बहुत दूर, छिपे हैं ऊपर आड़ में

यों ही गुजरेंगे हमेशा नहीं दिन
बेहोशी में, खीझ में, घुटन में, ऊबों में
आएँगी वापस जरूर हरियालियाँ
घिसी-पिटी झुलसी हुई दूबों में

१९७६

हरिजन-गाथा

एक

ऐसा तो कभी नहीं हुआ था ?
महसूस करने लगीं वे
एक अनोखी बेचैनी
एक अपूर्व आकुलता
उनकी गर्भकुक्षियों के अन्दर
बार-बार उठने लगी टीसें
लगाने लगे दौड़ उनके भ्रूण
अन्दर-ही-अन्दर
ऐसा तो कभी नहीं हुआ था

ऐसा तो कभी नहीं हुआ था कि
हरिजन-माताएँ अपने भ्रूणों के जनकों को
खो चुकी हों एक पैशाचिक दुष्काण्ड में
ऐसा तो कभी नहीं हुआ था···

ऐसा तो कभी नहीं हुआ था कि

एक नहीं, दो नहीं, तीन नहीं--
तेरह-के-तेरह अभागे—
अकिंचन मनुपुत्र
जिन्दा झोंक दिए गए हों
प्रचण्ड अग्नि की विकराल लपटों में
साधन-सम्पन्न ऊँची जातियों वाले
सौ-सौ मनुपुत्रों द्वारा !
ऐसा तो कभी नहीं हुआ था···

ऐसा तो कभी नहीं हुआ था कि
महज दस मील दूर पड़ता हो थाना
और दारोगा जी तक बार-बार
खबरें पहुँचा दी गई हों सम्भावित दुर्घटनाओं की

और, निरन्तर कई दिनों तक
चलती रही हों तैयारियाँ सरेआम
(किरासिन के कनस्तर, मोटे-मोटे लक्कड़,
उपलों के ढेर, सूखी घास-फूस के पूले
जुटाए गए हों उल्लासपूर्वक)
और एक विराट चिताकुण्ड के लिए
खोदा गया हो गड्ढा हँस-हँसकर
और ऊँची जातियों वाली वो समूची आबादी
आ गई हो होली वाले 'सूपर मौज' के मूड में
और, इस तरह जिन्दा झोंक दिए गए हों

तेरह के तेरह अभागे मनुपुत्र
सौ-सौ भाग्यवान मनुपुत्रों द्वारा
ऐसा तो कभी नहीं हुआ था···
ऐसा तो कभी नहीं हुआ था···

दो

चकित हुए दोनों वयस्क बुजुर्ग
ऐसा नवजातक
न तो देखा था, न सुना ही था आज तक !
पैदा हुआ है दस रोज पहले अपनी बिरादरी में
क्या करेगा भला आगे चलकर ?
रामजी के आसरे जी गया अगर !

कौन-सी माटी गोड़ेगा ?
कौन-सा ढेला फोड़ेगा ?
मग्गह का यह बदनाम इलाका
जाने कैसा सलूक करेगा इस बालक से
पैदा हुआ है बेचारा—
भूमिहीन बन्धुआ मजदूरों के घर में
जीवन गुजारेगा हैवान की तरह
भटकेगा जहाँ-तहाँ बनमानुस-जैसा
अधपेटा रहेगा, अधनंगा डोलेगा
तोतला होगा कि साफ-साफ बोलेगा
जाने क्या करेगा
बहादुर होगा कि बेमौत मरेगा···
फिक्र की तलैया में खाने लगे गोते
वयस्क बुजुर्ग दोनों, एक ही बिरादरी के हरिजन
सोचने लगे बार-बार···
कैसे तो अनोखे हैं अभागे के हाथ-पैर
राम जी ही करेंगे इसकी खैर
हम कैसे जानेंगे, हम ठहरे हैवान
देखो तो कैसा मुलुर-मुलुर देख रहा शैतान !
सोचते रहे दोनों बार-बार···

हाल ही में घटित हुआ था वो विराट दुष्काण्ड···
झोंक दिए गए थे तेरह निरपराध हरिजन
सुसज्जित चिता में···

यह पैशाचिक नरमेध
पैदा कर गया है दहशत जन-जन के मन में
इन बूढ़ों की तो नींद ही उड़ गई है तब से !
बाकी नहीं बचे हैं पलकों के निशान
दिखते हैं दृगों के कोर-ही-कोर
देती है जब-तब पहरा पपोटों पर
सील-मुहर सूखी कीचड़ की

उनमें से एक बोला दूसरे से
बच्चे की हथेलियों के निशान
दिखलाएँगे गुरु जी से

वो जरूर कुछ न कुछ बतलाएंगे
इसकी किस्मत के बारे में
देखो तो ससुरे के कान हैं कैसे लम्बे
आँखें हैं छोटी पर कितनी तेज हैं
कैसी तेज रोशनी फूट रही है इन से !
सिर हिलाकर और स्वर खींचकर
बुद्धू ने कहा—
हाँ जी खदेरन, गुरु जी ही देखेंगे इसको
बताएँगे वही इस कलुए की किस्मत के बारे में
चलो, चलें, बुला लावें गुरु महाराज को···

पास खड़ी थी दस साला छोकरी
दद्दू के हाथों से ले लिया शिशु को
सँभलकर चली गई झोंपड़ी के अन्दर

अगले नहीं, उससे अगले रोज
पधारे गुरु महाराज
रैदासी कुटिया के अधेड़ संत गरीबदास
बकरी वाली गंगा-जमनी दाढ़ी थी
लटक रहा था गले से
अँगूठानुमा ज़रा-सा टुकड़ा तुलसी-काठ का
कद था नाटा, सूरत थी साँवली
कपार पर, बाईं तरफ घोड़े के खुर
का निशान था
चेहरा था गोल-मटोल, आँखें थी घुच्ची
बदन कठमस्त था···
ऐसे आप अधेड़ संत गरीबदास पधारे
चमर टोली में···

'अरे भगाओ इस बालक को
होगा यह भारी उत्पाती
जुलुम मिटाएँगे धरती से
इसके साथी और संघाती

'यह उन सबका लीडर होगा
नाम छपेगा अखबारों में
बड़े-बड़े मिलने आएँगे

लद-लदकर मोटर-कारों में

'खान खोदने वाले सौ-सौ
मजदूरों के बीच पलेगा
युग की आँचों में फ़ौलादी
साँचे-सा यह वहीं ढलेगा

'इसे भेज दो झरिया-फरिया
माँ भी शिशु के साथ रहेगी
बतला देना, अपना असली
नाम-पता कुछ भी न कहेगी

'आज भगाओ, अभी भगाओ
तुम लोगों को मोह न घेरे
होशियार, इस शिशु के पीछे
लगा रहे हैं गीदड़ फेरे

'बड़े-बड़े इन भूमिधरों को
यदि इसका कुछ पता चल गया
दीन-हीन छोटे लोगों को
समझो फिर दुर्भाग्य छल गया

'जनबल धनबल सभी जुटेगा
हथियारों की कमी न होगी
लेकिन अपने लेखे इसको
हर्ष न होगा, गमी न होगी

'सबके दुख में दुखी रहेगा
सबके सुख में सुख मानेगा
समझ-बूझकर ही ममता का
असली मुद्दा पहचानेगा

'अरे देखना इसके डर से
थर-थर काँपेंगे हत्यारे
चोर-उचक्के-गुण्डे-डाकू
सभी फिरेंगे मारे-मारे

'इसकी अपनी पार्टी होगी

इसका अपना ही दल होगा
अजी देखना, इसके लेखे
जंगल में ही मंगल होगा

'श्याम सलोना यह अछूत शिशु
हम सबका उद्धार करेगा
अजी यही सम्पूर्ण क्रान्ति का
बेड़ा सचमुच पार करेगा

'हिंसा और अहिंसा दोनों
बहनें इसको प्यार करेंगी
इसके आगे आपस में वे
कभी नहीं तकरार करेंगी...'

इतना कहकर उस बाबा ने
दस-दस के छः नोट निकाले
बस, फिर उसके होंठों पर थे
अपनी उँगलियों के ताले

फिर तो बाबा की आँखें
बार-बार गीली हो आईं
साफ सिलेटी हृदय-गगन में
जाने कैसी सुधियाँ छाईं
नव शिशु का सिर सूँघ रहा था
विह्वल होकर बार-बार वो
साँस खीचता था रह-रहकर
गुमसुम-सा था लगातार वो

पाँच महीने होने आए
हत्याकाण्ड मचा था कैसा !
प्रबल वर्ग ने निम्न वर्ग पर
पहले नहीं किया था ऐसा !

देख रहा था नवजातक के
दाएँ कर की नरम हथेली
सोच रहा था—इस गरीब ने
सूक्ष्म-रूप में विपदा झेली
आड़ी-तिरछी रेखाओं में

हथियारों के ही निशान हैं
खुखरी है, बम है, असि भी है
गण्डासा-भाला प्रधान हैं

दिल ने कहा—दलित माँओं के
सब बच्चे अब बागी होंगे
अग्निपुत्र होंगे वे, अन्तिम
विप्लव में सहभागी होंगे

दिल ने कहा—अरे यह बच्चा
सचमुच अवतारी वराह है
इसकी भावी लीलाओं का
सारी धरती चारागाह है

दिल ने कहा—अरे हम तो बस
पिटते आए, रोते आए !
बकरी के खुर जितना पानी
उसमें सौ-सौ गोते खाए !

दिल ने कहा—अरे यह बालक
निम्न वर्ग का नायक होगा
नई ऋचाओं का निर्माता
नए वेद का गायक होगा

होंगे इसके सौ सहयोद्धा
लाख-लाख जन अनुचर होंगे
होगा कर्म-वचन का पक्का
फ़ोटो इसके घर-घर होंगे

दिल ने कहा—अरे इस शिशु को
दुनिया-भर में कीर्ति मिलेगी
इस कलुए की तदबीरों से
शोषण की बुनियाद हिलेगी

दिल ने कहा—अभी जो भी शिशु
इस बस्ती में पैदा होंगे
सब-के-सब सूरमा बनेंगे
सब-के-सब ही शैदा होंगे

दस दिन वाले श्याम सलोने
शिशु मुख की यह छटा निराली
दिल ने कहा—भला क्या देखें
नजरें गीली पलकों वाली
थाम लिए विह्वल बाबा ने
अभिनव लघु मानव के मृदु पग
पाकर इनके परस जादुई
भूमि अकंटक होगी लगभग
बिजली की फुर्ती से बाबा
उठा वहाँ से, बाहर आया
वह था मानो पीछे-पीछे
आगे थी भास्वर शिशु-छाया

लौटा नहीं कुटी में बाबा
नदी किनारे निकल गया
लेकिन इन दोनों को तो अब
लगता था सब कुछ नया-नया

तीन

'सुनते हो' बोला खदेरन
'बुद्धू भाई देर नहीं करनी है इसमें
चलो, कहीं बच्चे को रख आवें···
बतला गए हैं अभी-अभी
गुरु महाराज,
बच्चे को माँ-सहित हटा देना है कहीं
फौरन बुद्धू भाई···!'
बुद्धू ने अपना माथा हिलाया
खदेरन की बात पर
एक नहीं, तीन बार !
बोला मगर एक शब्द नहीं
व्याप रही थी गम्भीरता चेहरे पर
था भी तो वही उम्र में बड़ा
(नत्तन से कम का तो भला क्या रहा होगा !)

चलो चलो !
उठो, फौरन उठो !

शाम की गाड़ी से निकल चलेंगे
मालूम नहीं होगा किसी को···
लौटने में तीन-चार रोज तो लग ही जाएँगे···

'बुद्धू भाई तुम तो अपने घर जाओ
खाओ, पियो, आराम कर लो
रात में गाड़ी के अन्दर जागना ही तो पड़ेगा···
रास्ते के लिए थोड़ा चना-चबेना जुटा लेना
मैं इत्ते में करता हूँ तैयार
समझा-बुझाकर
सुखिया और उसकी सास को···'

बुद्धू ने पूछा, धरती टेककर
उठते-उठते---
'झरिया, गिरिडीह, बोकारो
कहाँ रखोगे छोकरे को ?
वहीं न ? जहाँ, अपनी बिरादरी के
कुली-मजूर होंगे सौ-पचास ?
चार-छै महीने बाद ही
कोई काम पकड़ लेगी सुखिया भी···'
और, फिर अपने आप से
धीमी आवाज में कहने लगा बुद्धू—
'छोकरे की बदनसीबी तो देखो
माँ के पेट में था तभी इसका बाप भी
झोंक दिया गया उसी आग में···

बेचारी सुखिया जैसे-तैसे पाल ही लेगी इसको
मैं तो इसे साल-साल देख आया करूँगा
जब तक है चलने-फिरने की ताकत चोले में···
तो क्या आगे भी इस कलुए के लिए
भेजते रहेंगे खर्ची गुरु महाराज ?···

बढ़ आया बुद्धू अपने छप्पर की तरफ
नाचते रहे लेकिन माथे के अन्दर
गुरु महाराज के मुँह से निकले हुए
हथियारों के नाम और आकार-प्रकार

खुखरी, भाला, गँडासा, बम, तलवार…
तलवार, बम, गँडासा, भाला, खुखरी…

१९७७

पुलिस आगे बढ़ी…

चन्दन का चर्खा निछावर है इस्पाती बुलेट पर
निछावर है अगरबत्ती चुरुट पर, सिग्रेट पर
नफ़ाखोर हँसता है सरकारी रेट पर
पलाई करो दिन-रात, लात मारो पब्लिक के पेट पर

पुलिस आगे बढ़ी—
क्रान्ति को सम्पूर्ण बनाएगी
गुमसुम है फौज—
वो भी क्या आज़ादी मनाएगी
बंध गई घिग्घी—
माथे में दर्द हुआ
नंगे हुए इनके वायदे—
नाटक बे-पर्द हुआ !

मिनिस्टर तो फूकेंगे अन्धाधुन्ध रकम
सुना करेगी अवाम बक-बक-बकम
वतन चुकाएगा जहालत की फीस
इन पर तो फबेगी खादी नफ़ीस

धन्धा पालिटिक्स का सबसे चोखा है
बाकी तो ठगैती है, बाकी तो धोखा है
कन्धों पर जो चढ़ा, वो ही अनोखा है
हमने कबीर का पद ही तो घोखा है

१९७८

२६ जनवरी, १५ अगस्त

किसकी है जनवरी, किसका अगस्त है ?
कौन यहाँ सुखी है, कौन यहाँ मस्त है ?

सेठ है, शोषक है, नामी गला-काटू है
गालियाँ भी सुनता है, भारी थूक-चाटू है
चोर है, डाकू है, झूठा-मक्कार है
कातिल है, छलिया है, लुच्चा-लवार है
जैसे भी टिकट मिला
जहाँ भी टिकट मिला
शासन के घोड़े पर वो ही सवार है
उसी की जनवरी छब्बीस
उसी का पन्द्रह अगस्त है
बाकी सब दुखी हैं, बाकी सब पस्त हैं···

कौन है खिला-खिला, बुझा-बुझा कौन है
कौन है बुलन्द आज, कौन आज मस्त है ?
खिला-खिला सेठ है, श्रमिक है बुझा-बुझा
मालिक बुलन्द है, कुली-मजूर पस्त है
सेठ यहाँ सुखी है, सेठ यहाँ मस्त है
उसकी है जनवरी, उसी का अगस्त है

पटना है, दिल्ली है, वहीं सब जुगाड़ है
मेला है, ठेला है, भारी भीड़-भाड़ है
फ्रिज है, सोफ़ा है, बिजली का झाड़ है
फैशन की ओट है, सब कुछ उघाड़ है

पब्लिक की पीठ पर बजट का पहाड़ है
गिन लो जी, गिन लो, गिन लो जी, गिन लो
मास्टर की छाती में कै ठो हाड़ है!
गिन लो जी, गिन लो, गिन लो जी, गिन लो
मजदूर की छाती में कै ठो हाड़ है!
गिन लो जी, गिन लो, गिन लो जी, गिन लो
घरनी की छाती में कै ठो हाड़ है!
गिन लो जी, गिन लो, गिन लो जी, गिन लो

बच्चे की छाती में कै ठो हाड़ है!
देख लो जी, देख लो, देख लो जी, देख लो
पब्लिक की पीठ पर बजट का पहाड़ है!
मेला है, ठेला है, भारी भीड़-भाड़ है
पटना है, दिल्ली है, वहीं सब जुगाड़ है
फ्रिज है, सोफ़ा है, बिजली का झाड़ है
फैशन की ओट में सभी कुछ उघाड़ है

महल आबाद है, झोपड़ी उजाड़ है
गरीबों की बस्ती में उखाड़ है, पछाड़ है
धत् तेरी, धत् तेरी, कुच्छो नहीं! कुच्छो नहीं
ताड़ का तिल है, तिल का ताड़ है
ताड़ के पत्ते हैं, पत्तों के पंखे हैं
पंखों की ओट है, पंखों की आड़ है
कुच्छो नहीं, कुच्छो नहीं···
ताड़ का तिल है, तिल का ताड़ है
पब्लिक की पीठ पर बजट का पहाड़ है

किसकी है जनवरी, किसका अगस्त है!
कौन यहाँ सुखी है, कौन यहाँ मस्त है!
सेठ ही सुखी है, सेठ ही मस्त है
मन्त्री ही सुखी है, मन्त्री ही मस्त है
उसी की है जनवरी, उसी का अगस्त है

१९७८

हमने तो रगड़ा है

तुमसे क्या झगड़ा है
हमने तो रगड़ा है—
इनको भी, उनको भी, उनको भी!

दोस्त है, दुश्मन है
खास है, कॉमन है
छाँटो भी, मीजो भी, धुनको भी

लँगड़ा सवार क्या
बनना अचार क्या
सनको भी, अकड़ो भी, तुनको भी

चुप-चुप तो मौत है
पीप है, कठौत है
बमको भी, खाँसो भी, खुनको भी

तुमसे क्या झगड़ा है
हमने तो रगड़ा है
इनको भी, उनको भी, उनको भी !

१९७८

नथने फुला-फुलाके…

राह चलते-चलते
यक-ब-यक बाँह पकड़ ली
खुद भी खड़े रहे
मुझे भी रोक लिया
और बोले :
क्या कुछ खास-सी महसूस होती है ?
मैं चौंका :
क्या सचमुच कोई खासियत मालूम देती है !
फिर हमारे प्राध्यापक मित्र
भरपूर साँस खींचकर कहने लगे :
"यहाँ, मुलुण्ड में इत्र का कारखाना लगा है
मराठा व्यवसायी एक कोई केलकर साहब ने
सौरभ-द्रव्यों का अपना अभिनव उत्पादन-केन्द्र
आरम्भ किया है यहाँ मुलुण्ड में
प्रतिदिन, सन्ध्याकाल
पवन देव की अनुकम्पा से
इर्द-गिर्द बीसियों किलोमीटर
हो उठते हैं मुअत्तर…

यह सुरभित सान्ध्य समीर
हमारे मुलुण्ड की बहुत बड़ी खासियत है…"

"आपकी गन्ध-चेतना ठस तो नहीं हुई ?
अभी तो सत्तर के न हुए होंगे आप—"
फिर से प्राध्यापक मित्र ने
अपने तईं भरपूर साँस खींची
नथने फुला-फुलाके
वो मुअत्तर हवा भर ली अन्दर

१९७८

दौड़ गयी है पुलकन रोम-रोम में

गुदगुदा उठे हैं
चौकस और चिकने गलियारे
कानों के…
रोम-रोम में दौड़ गई है पुलकन
नवम्बर का मासान्त
निशान्त का शेष प्रहर
जी हाँ, चार बजने ही वाले हैं
हेमन्ती बादल टपका रहे हैं बूंदें
बड़ी-बड़ी बूंदें, अतिशीतल बूंदें
बड़े ही इत्मीनान से
ओह, कैसे मूड में इधर को
निकल आए हैं हेमन्ती बादल
लगता है, कल ही इन्हें
तगड़ी बोनस मिली है
चार दिनों के रईस हेमन्ती बादल
मौज के अपने सहज मूड में हैं
निश्चय ही, ये किसी को
चिढ़ाने नहीं निकले हैं
यहाँ तो मगर गुदगुदा उठे हैं
कानों के गलियारे

दौड़ गई है पुलकन रोम-रोम में

१९७८

बदलियाँ हैं

पवन ने बहका लिया था,
मेघ-कुल की पुत्रियाँ हैं !
—बदलियाँ हैं !

बरस पड़ना कहीं पर भी
भिगो देना किसी को भी
—दुआ इनसे माँग लो !

ओफ़, इनसे क्यों डरे हो ?
—कहाँ इनमें बिजलियाँ हैं !
अरे, ये तो ऽऽ
—बड़ी भोली बदलियाँ हैं !
—बड़ी सादी बदलियाँ हैं !
अजी, इनको ऽ ऽ
—खूँटियों पर टाँग लो !
बरस पड़ना कहीं पर भी
भिगो देना किसी को भी
—दुआ इनसे माँग लो !

तैर आएँ कब किधर को
कब किधर को खिसक जाएँ
क्या पता…बस मौज इनकी !
बताऊँ भी ?
ज़रा तो बदनाम है ही फ़ौज़ इनकी !
मगर, यूँ तो, मेघ-कुल की पुत्रियाँ हैं !
पवन ने बहका लिया था, बदलियाँ हैं !
—दुआ इनसे माँग लो…
—खूँटियों पर टाँग लो…

१९७९

बेतवा किनारे-१

बदली के बाद खिल पड़ी धूप
बेतवा किनारे
सलोनी सर्दी का निखरा है रूप
बेतवा किनारे
रग-रग में धड़कन, वाणी है चूप
बेतवा किनारे
सब कुछ भरा-भरा, रंक हैं भूप
बेतवा किनारे
बदली के बाद खिल पड़ी धूप
बेतवा किनारे

१६७६

बेतवा किनारे-२

लहरों की थाप है
मन के मृदंग पर बेतवा-किनारे
गीतों में फुसफुस है
गीत के संग पर बेतवा-किनारे
क्या कहूँ, क्या कहूँ
पिकनिक के रंग पर बेतवा-किनारे
मालिश फ़िज़ूल है
पुलकित अंग-अंग पर बेतवा-किनारे
लहरों की थाप है
मन के मृदंग पर बेतवा-किनारे

१६७६

हेमन्ती बादल हैं···

हेमन्ती बादल हैं···
इनकी अगवानी में दादुर नहीं बोले !
कोयलों ने कूक नहीं भरी, पर नहीं तोले
इनकी अगवानी में—
चातक तक मौन रहे, मोर नहीं डोले !
हेमन्ती बादल हैं
जाने कहाँ, जाने किधर—
बरसाकर आए हैं बरफ के गोले !
सुलभ है
तटवर्ती द्रुमों का सहारा
रुपहली सीपियों ने अधर पुट
क्यों नहीं खोले !
हेमन्ती बादल हैं···

१९७९

हम भी साझीदार थे

लगता है
प्रजातन्त्र का रथ
उतर गया है पटरी से
लगता है
सारी-की-सारी पार्टियों के नेता
रुचिपूर्वक खेल रहे हैं
दलीय स्वार्थों के शतरंज
अन्धे धृतराष्ट्र की मोह-माया
भली-भाँति प्रवेश कर गई है
दलपतियों के अन्त:करण में
लगता है
बुद्धिजीवियों की हमारी अपनी बिरादरी भी
शत-प्रतिशत लिप्त है

सुविधाएँ बटोरेंगे जाने की द्यूत-क्रीड़ा में
जी हाँ, अँगूठा दिखला रहे हैं
हमारे पुत्र-पौत्र, स्वजन-परिजन
सुरक्षित है हमारी आशीष
उन्हीं के निमित्त···
जी हाँ, अपने तो स्थितप्रज्ञ ठहरे
कोई अँगूठा दिखलाए
अथवा अर्पित करे फूल-माला
अच्छा ही तो लगता है!
लगता है
हम भी साझीदार थे
राजघाट वाली उस बेहयाई में!
अभी तो उतर गया
प्रजातन्त्र का रथ
पटरी से···

१९७८

प्रतिहिंसा ही स्थायी भाव है

नफ़रत की अपनी भट्ठी में
तुम्हें गलाने की कोशिश ही
मेरे अन्दर बार-बार ताकत भरती है
प्रतिहिंसा ही स्थायीभाव है अपने ऋषि का,
वियत्काङ के तरुण गुरिल्ले जो करते थे
मेरी प्रिया वही करती है···
नव-दुर्वासा, शबर-पुत्र मैं, शबर-पितामह
सभी रसों को गला-गलाकर
अभिनव द्रव तैयार करूँगा
महासिद्ध मैं, मैं नागार्जुन
अष्ट धातुओं के चूरे की छाई में मैं फूंक भरूँगा
देखोगे, सौ बार मरूँगा
देखोगे, सौ बार जियूँगा
हिंसा मुझसे थर्राएगी

मैं तो उसका खून पियूंगा
प्रतिहिंसा ही स्थायीभाव है मेरे कवि का
जन-जन में जो ऊर्जा भर दे, उदगाता हूं उस रवि का

१९७९

नदियाँ बदला ले ही लेंगी

प्रभु सत्ता के मेरु-शिखर पर
फिर से बैठ गई हो जमकर
मतपत्रों को चबा रही हो
लील रही हो लुगदी थम-थमकर
कुछ तो दया करो पब्लिक पर
कुछ तो रहम करो मौसम पर
कुछ तो रहम करो जी खुद पर
खाओ तरस तनिक तो हम पर
प्रभु सत्ता के मेरु-शिखर पर
फिर मे बैठ गई हो जमकर

जीर्ण-शीर्ण है संविधान यह
जैसा अपना पुरुष - पुरातन
नित्य नवीना प्रकृति तुम्हारी
देती अध्यादेश दनादन
बाकी दलपति महिषासुर हैं
काम नहीं आया मशीनगन
चमत्कार पर' चमत्कार से
सचमुच अघा गया क्या जन-मन
जीर्ण - शीर्ण है संविधान यह
जैसा अपना पुरुष - पुरातन

बाकी सारे पुरुष - पुरातन
मात्र एक तुम नित्य नई हो
अब तो तुम भारत-माता हो
अब तो तुम आनन्दमयी हो

महिला क्या तुम महामर्द हो
बजरंगी हो कालजयी हो
मौसम तुम से मार खा गया
पालिटिक्स की तुम कलई हो
बाकी सारे पुरुष - पुरातन
मात्र एक तुम नित्य नई हो

तुम तो सचमुच घासलेट से
अबके चिल्का-झील भरोगी
कहते हैं बेहद दयालु हो
जन-जन के दुख-दैन्य हरोगी
सेण्टर में हो पूरब - पश्चिम—
उत्तर - दक्षिण एक करोगी
युग-देवी हो, सूक्ष्म भाव से—
खाली बस मतपत्र चरोगी
तुम तो सचमुच घासलेट से
अबके चिल्का - झील भरोगी

हम धीरज से सुना करेंगे
गाल बजाओ भाषण मारो
जै, जै, जै, जै, जगत्तारिणी
अपने खानदान को तारो
अन्दर हो अशान्ति, पर बाहर
विश्वशान्ति के मन्त्र उचारो
शत्रु - शत्रु हैं, मित्र - मित्र हैं
उन्हें डुबाओ, इन्हें उबारो
हम धीरज से सुना करेंगे
गाल बजाओ भाषण मारो

— वहाँ बँट रहे डीजल - चीनी
यहाँ किरासन च्यवनप्राश है
खाना नहीं पका है कल से
अपने कवि का मुँह उदास है
पोती नया कलेण्डर लाई
फोटो में फिलमी हुलास है
आग लगेगी तुम दौड़ोगी
झुग्गी में भी श्री निवास है

वहाँ बँट रहे डीजल - चीनी
यहाँ किरासन च्यवनप्राश है

बनी रहेगी रात युगों तक
देखो इसको प्रात न करना
नियमित हरिजन - वध के आगे
अश्वमेध की बात न करना
तीन - तीन हैं, पाँच - पाँच हैं
देखो इसको सात न करना
उल्लू बैठे मुंडेरों पर
तुम उन पर दृक्-पात न करना
बनी रहेगी रात युगों तक
देखो इसको प्रात न करना

इस होली में भूमिहीन की
किस्मत का भुट्टा सिकता है
खेतों में बन्दूकें उगतीं
टके सेर तो बम बिकता है
क्रान्ति दूर है, सच-सच बतला
बुद्धू, तुझको क्या दिखता है
आ, तेरे को सैर कराऊँ
घर में घुसकर क्या लिखता है
इस होली में भूमिहीन की
किस्मत का भुट्टा सिकता है

देखो, देखो, वामपन्थ का
असर नहीं फैले उत्तर में
देखो, देखो, इस पंजे की
छाया राज करे घर - घर में
पारसबीघा की लपटों का
धुआँ दिखे अवनी - अम्बर में
सारे चीफ मिनिस्टर रेंकें
भजनलाल के मीठे स्वर में
देखो, देखो, वामपन्थ का
असर नहीं फैले उत्तर में

गिरिजन- हरिजन सब तो सहते
सोचा था हम भी सह लेंगे

सोच लिया था हमने पहले
तीस महीना चुप रह लेंगे
जो भी बातें कहनी होंगी
घर के अन्दर ही कह लेंगे
जिस धारा में सभी बह रहे
सोचा था हम भी बह लेंगे
गिरिजन - हरिजन सब तो सहते
सोचा था हम भी सह लेंगे

लेकिन तीस दिनों में ही तो
दम घुटता लगता है अपना
बीसों सूत्र दहक उट्ठे हैं
सुन लो, रोना और कलपना
व्यर्थ हो रहा विपक्षियों का
गुप - चुप वोटर - वोटर जपना
फीके पकवानों को आया
फागुन में चीनी का सपना
लेकिन तीस दिनों में ही तो
दम घुटता लगता है अपना

स्थिर सरकार बनी है अबकी
ढांचा है इसका फौलादी
फिर से सधे बीस सूत्रों की
दुनिया भर में फिरी मुनादी
फुः विपक्ष की कानी आँखें
बुला रहीं अपनी बरबादी
सौ-सौ संजय वापस लाए
सेंत - मेंत अपनी आजादी
स्थिर सरकार बनी है अबकी
ढांचा है इसका फौलादी

सुनो, सुनो जी, थिरक उठे हैं
फिर से वही राग - दरबारी
वही सिपाही, वही मुलाजिम
वे अफसर, वे ही अधिकारी
देखो, देखो, वापिस आए
सारे ही मुंशी पटवारी

आसन-फासन शुरू हुए फिर
हवन हो गए फिर से जारी
सुनो, सुनो जी, थिरक उठे हैं
फिर से वही राग - दरबारी

पगली ने तो शुरू कर दिया
फिर से अपना खेल पुराना
हटो, हटो, ओझल हो जाओ
खुद भी बचना, मुझे बचाना
हुए निछावर जो, उनपे तो
लुटा रही है खुला खजाना
धारण कर रक्खा है उसने
अबके तो भगतिन का बाना
पगली ने तो शुरू कर दिया
फिर से अपना खेल पुराना

गद्दी से उतरे मोरारजी
तीस महीने गुजर न पाए
घटक-घटक में उठा - पटक थी
कौन भला किसको समझाए
कूटनीति की जादूगरनी
लौटी तो बच्चे मुसकाए
महँगाई ने नई अदा से
चमकीले आँचल लहराए
कूटनीति की जादूगरनी
लौटी तो बच्चे मुसकाए

माई जी का अलग मंच है,
बेटा व्याकुल है तिकड़म में
बैश्नोदेवी मुसकाई थी
क्या रक्खा है नेम-धरम में
पब्लिक को ठगने की नीयत
घुली हुई है मरम - मरम में
समझ सकेंगे नहीं फर्क ये
सख्त - सख्त में, नरम - नरम में
माई जी का अलग मंच है
बेटा व्याकुल है तिकड़म में

भारत माता की काया में
गलित कोढ़ के घाव देखिए
नए-नए वाजिदशाहों के
भीतरघामी ताव देखिए
पूरब-उत्तर की आँधी में
हिलती हैं वो नाव देखिए
दिल्ली वाली देवी जी के
वचन सुन लिए भाव देखिए
भारत माता की काया में
गलित कोढ़ के घाव देखिए

भारत-पुत्री ही सवार है
भारतमाता के सीने पर
खुदगर्जी में, औरों के तो
शर्त लगती है जीने पर
इसकी खातिर कोटि-कोटि जन
आज बाध्य है विष पीने पर
लाख लाख मन रुई निछावर
इस छटाँक-भर पशमीने पर
भारत-पुत्री ही सवार है
भारतमाता के सीने पर

न्यायमूर्ति कठमुल्ले होंगे
न्यायपालिका शीश धुनेगी
संविधान की पंक्ति-पंक्ति अब
दण्डनीति का जाल बुनेगी
जग जीतेगी भारत-पुत्री
नहीं किसी की एक सुनेगी
वहीं हँसेगा जिसे कहेगी
वह बोलेगा जिसे चुनेगी
न्यायमूर्ति कठमुल्ले होंगे
न्यायपालिका शीश धुनेगी

खीझ उठा हूँ खुद ही खुद पर
क्यों न तुम्हारा यश मैं गाता
कल परसों थी भारत-पुत्री
आज बनी हो भारतमाता

चरण चूमने को आतुर हैं
    सौ 'बौद्धिक', सौ-सौ 'निर्माता'
सौ-सौ की तुम 'उद्धारक' हो
    सौ-सौ की हो 'जीवनदाता'
खीझ उठा हूँ खुद ही खुद पर
    क्यों न तुम्हारा यश मैं गाता

बुद्धू का दिल तो कहता है
    अबके भारी गहन लगेगा
बुद्धू का दिल तो कहता है
    अबके संसद भवन ढहेगा
बुद्धू का दिल तो कहता है
    बच्चा-बच्चा अस्त्र गहेगा
बुद्धू का दिल तो कहता है
    कोई अब न तटस्थ रहेगा
बुद्धू का दिल तो कहता है
    अबके भारी गहन लगेगा

हाँ, पानी में आग लगाओ
    नदियाँ बदला ले ही लेंगी
नयन-नीर सिंचित खेतों को
    शोणित की धारें धो देंगी
यह तिकड़म, ऐसी गतिविधियाँ
    क्या तो साथ हमेशा देंगी
अन्त करेंगी यही तुम्हारा
    यही तुम्हारी जड़ खोदेंगी
हाँ, पानी में आग लगाओ
    नदियाँ बदला ले ही लेंगी

दलबदलू बुज़ुर्ग

"दर-असल
अपन वही हैं
वही रहेंगे, हाँ, वही
न बदले हैं, न बदलेंगे
बदलते हुए दीखेंगे
फिर भी कुछ नहीं सीखेंगे
८०-८५-९० के बूढ़ों को ढोएँगे
उन्हीं के साए में, बापू की समाधि पर
शपथ लेंगे, फिर साल-दर-साल रोएँगे

"ऐक्शन लेगी पब्लिक, हमारा होगा रिऐक्शन
च्वाइस रहेगी हमारी, हमारा सिलेक्शन
पटना-लखनऊ-भोपाल
वचनजाल-भ्रमजाल-महाजाल
अपना तो नेता गोत्र, चकाचक है अपना हाल-चाल
घबराए, सो स्साला; शरमाए, सो ग-ग गधा
अपुन तो कदम-कदम है सधा
दो हैं, तीन हैं, चार हैं, पाँच हैं
पंचों के भत्ते में क्या भला आँच है

"आएँगी काम दधीचि की हड्डियाँ
सूखेंगी स्वर्ग में संतों की चड्डियाँ
यों ही फला करेगी
कल्पवृक्ष की एक-एक टहनी
यों ही रहेगी चालू—
क ह नी-अ न क ह नी
दर-असल, अपनी तो नीयत वही है
लाभ-लोभ, भीतरघात, आदत रही है
अपनी तो नीयत वही
आदत वही है···"

१९८१

बार-बार हुए हैं लहूलुहान
(इराक-ईरान युद्ध के सन्दर्भ में)

सुलगे हैं बार-बार
बारूदी उल्का-पुंज
झुलसे हैं बार-बार
प्रणय-मुखर द्राक्षा कुंज
बार-बार हुए हैं लहूलुहान
अरब और फारस के जवान
उमर खैय्याम मगर इतना नहीं रोया था !
बुजुर्ग शहंशाह कभी ऐसा नहीं खोया था !
रागारुण सुन्दरियाँ बनेंगी अवश्य भिखारिनें
परस्पर कलहाक्रान्त धन-पिशाच तेल-वणिक्
गिनेंगे 'स्वगत' लाभांक, औरों को लड़ाएँगे
बढ़ा ही लेंगी अपने-अपने प्रताप क्षेत्र
छिनाल महाशक्तियाँ, घिनौनी महाशक्तियाँ
कहाँ से मिलेगा उतना सुर्मा
रह जाएँगे सुर्ख महाप्रभुओं के रक्त-विकराल नेत्र
दिखाई नहीं पड़ेंगी
हकीम लुकमान की पीढ़ियाँ
कागज पे रह जाएँगे धरे-के-धरे
यू० एन० ओ० के फर्मानी सूत्र वाक्य !
उमर खैय्याम कभी इतना नहीं रोया था···
बुजुर्ग शहंशाह कभी ऐसा नहीं खोया था···
झुलसे हैं बार-बार प्रणय-मुखर द्राक्षा कुंज !
सुलगे हैं बार-बार बारूदी उल्का-पुंज

१९८१

लोह गोपिकाएँ

पी के आएँ
चन्दन की हवाएँ

भले फिर मुड़ जाएँ
बाएँ कि दाएँ
लोह गोपिकाएँ ! ···
निठुराई सिखाएँ—
करतब दिखाएँ
कनक छड़ियाँ नचाएँ
कूट नए पचाएँ
तरुण-तन चबाएँ
मेंहदी रचाएँ
भले फिर मुड़ जाएँ
दाएँ कि बाएँ
लोह गोपिकाएँ

१९८१

छोटी मछली···बड़ी मछली

अभी हाल की बात है···
एक रोज़, अरब-सागर में,
कुमारी अन्तरीप के निकट,
अपने दौरे के दरम्यान
बड़ी मछली, झपाटे से छोटी मछली के करीब आई
'गुफ़्तगू' वाली शैली में बोली—
"तेरे अन्दर
मौजूद हैं
परिवर्तन और विकास के तत्व···
तू खुद ही एक दिन
'बड़ी मछली' में तब्दील हो जाएगी···
तेरी 'अस्थि-धातु' के अन्दर
वे सभी 'आणविक तत्व' मैं स्पष्ट देख रही हूँ
तेरी हड्डियों पर अपने आप
मांस की गुद्दियाँ पनपने लगेंगी···
पतझर के बाद ठूँठ क्या हरा-भरा नहीं होता ?"
इतना कहकर बड़ी मछली मुंह फाड़कर

छोटी मछली के बिल्कुल निकट आ गई···
आवाज की अनुगूंज सुनाई पड़ी—
"ना, डरते नहीं प्यारी बच्ची !
"नहीं, नहीं, कतई नहीं !
"अब तू आराम से इन जबड़ों के अन्दर, आ जा !
"गीता ने क्या कहा है ? भूल गई ?
"आत्मा का विनाश नहीं होता···
"आत्मा नित्य है, अ-वि-नश्वर
"नैनं छिन्दति शस्त्राणि
"नैनं दहति पावकं···
"तू मेरे उदर में पहुँचकर भी खत्म नहीं होगी···
"तेरी हड्डियाँ कल-परसों तक
"मैं बाहर उगल दूंगी !
"चन्द रोज बाद ही तो
"चार गुनी बड़ी नज़र आएगी
"तब तू भी शिकार करती फिरेगी छोटी मछलियों का !
"बड़े-बड़े मगर तेरे चापलूस होंगे···
"मेरी एक-एक विशेषता
"उत्तराधिकार में तू हासिल कर लेगी
"तब तू किसी से नहीं डरेगी मेरी बच्ची !
"आह मेरी बच्ची ! वाह मेरी मुन्नी !
"अभी तो आ जा मेरे मुँह में
"देखना, यहाँ अन्दर क्या नहीं है !"

छोटी मछली सचमुच चली गई अन्दर
जी हाँ, वहाँ क्या नहीं था !
सब कुछ था ! सब्ब कुच्छ !!
शान्ति-मैत्री-सद्भाव-सुख समृद्धि···
सीझे हुए विप्लवियों की अस्थियों के अम्बार···
चुसे हुए रक्त की उफनती हुई धार···
जगह-जगह चलाए जा रहे थे—
गुमराह करने की कलाओं के प्रशिक्षण कोर्स···
कंकड़ों-गिट्टियों को पीस-पीसकर—
केमिकल्स के योग से, ढाली जा रही थीं
लाखों-करोड़ों-अरबों स्वर्ण मुद्राएँ
क्रॉस, स्वस्तिक आदि चिह्नों वाले

ठप्पे-प्रतीक
तैयार किए जा रहे थे···जहरीली
पेस्ट के छोटे-बड़े ट्यूब, फसलें जलाने
वाले पाउडर···और जाने क्या-क्या
तैयार हो रहे थे लेबोरेटरियों में!
तो, छोटी मछली का सींकिया ढाँचा
उछल-उछलकर, उल्टी तिरछी भंगिमाओं में
घूम-घामकर मुआयना करता रहा अर्सा तक!!
(बेचारी का बदन गायब हो चुका था,
हजम हो गया था, बड़ी मछली के
जठरानल की आँच में···सिर्फ
सींकिया ढाँचा ही बच रहा था!)

तो अन्त में हुआ यह कि
छोटी मछली का वो सींकिया ढाँचा
बड़ी मछली के जल-मार्ग से
एक रोज़ बाहर आ गया···
फिर एक अवधि के बाद—
जादुई करिश्मे से
छोटी मछली का सींकिया ढाँचा
मझोली मछली का आकार-प्रकार
धारण कर गया, दिखने लगा
तरुण 'ह्वेल' की भाँति!
दिखने लगा 'तरुणी ह्वेल' की भाँति
यानी बड़ी मछली की एक 'सम्पूर्ण शिष्या'
तैयार थी: उदीयमान 'मगरमच्छ'
भावी मादा 'मगरमच्छ'···
तैयार थी: जी हाँ, अब वो
आगे चलकर बड़ी मछली नं०-५,
या फिर बड़ी मछली नं०-७ कहलाएगी!
विश्व के सारे समुद्र इसके चारागाह होंगे
चारागाह, जी हाँ, लीला निकेतन और
शिकार-क्षेत्र···
फिर तो पानी के छोटे-छोटे जीव
उसके उदर में समाते चले जाएँगे···
सुरसा की वो नानी तो यही चाहेगी

कि सारी की सारी दुनिया
उसी के जबड़ों के अन्दर आ जाए ! !

"हाँ, अब ठीक है !
अब तो तू वरुण देवता की
'लायक औलाद'
हो गई : दूरदर्शी—जिम्मेदार
लेकिन अभी तुझे
दस बार मेरे जबड़ों के अन्दर
जाना है, वहाँ प्रशिक्षण लेने हैं तुम्हें तो !
आगे तू मेरे मल-मार्ग से नहीं,
मेरी साँसों से बाहर आएगी···
कभी कानों से बाहर आएगी···
कभी आँखों से बाहर आएगी···
और हाँ, आखिरी बार तो
तू मेरे मुँह से पानी के बुलबुले बनकर
निकलेगी···
और, हर बार ज़्यादा बड़ी दिखेगी
और, हर बार तेरी पाचन-शक्ति बढ़ती जाएगी
और हर बार तू अपनी परछाइं से
आप ही चौंक-चौंक उठेगी
भविष्य में तेरे तन के अति सूक्ष्म छिद्रों से
रंगीन आभा फूटती होगी—
कभी नीली···
कभी गुलाबी···
कभी पीलिया···
कभी दूधिया···
कभी चटक-सुर्ख···
कभी मिश्रित तिनरंगी···
कभी जोगिया गैरिक···
कभी हल्की चम्पई···
कभी आसमानी···
कभी भूरी···
कभी मटमैली···
कभी मोतिया···
डार्लिंग, तू इस सबसे घबराना नहीं;

नहीं, नहीं, बिल्कुल नहीं
हाँ, मेरी बच्ची,
तू तनिक भी परेशान मत होना !
बिल्कुल नहीं
कतई नहीं
मेरी बच्ची, मेरी जान !
हाँ, एक ही खतरा है, जिससे
होगी तू परेशान
बल्कि, ज़रा-सी गफलत में
मिट सकता है तेरा नामोनिशान
तू बाक़ी सब कुछ करना
मगर पानी छोड़कर—
कभी किनारे लगने की
भूल न करना !
देखना, उस प्रलोभन से
अपने को बचाए रखना···
इस तरह युगों-युगों तक
मस्ती का अमृत रस चखना
हाँ, मेरी बच्ची,
हमारी बिरादरी को
वरुण देवता ने
सृष्टि के आरम्भ में ही
यह अभिशाप दिया था
किनारे पर मौत है
किनारे पर मौत है
किनारे पर मौत है
ओ मेरी बच्ची !
ओ मेरी बच्ची !
ओ मेरी बच्ची !
यों, तो मैं तेरे को
खबरदार करती ही रहूँगी
लेकिन तू खुद भी
अपने आपको काबू में रखना !
बाक़ी सब-कुछ करना—
मगर ध्यान रखना···
किनारे पर मौत है

किनारे पर मौत है
किनारे पर—"

१६८१

क्या हम…

क्या, निकट भविष्य में हम रेंगकर चलेंगे ?
क्या, निकट भविष्य में हम अपनी थूक चाटेंगे ?
क्या, हम आगामी वर्षों में
अपने दोनों कान पकड़कर
दण्ड-बैठक लगाएंगे ?
क्या, हम आँखें मूंदकर
उनकी हर बात पर हामी भरते जाएँगे
क्या, हम डर के मारे
हमेशा के लिए गूंगे हो जाएँगे
क्या, वे हमें ढोर-डंगर की तरह
डण्डे दिखा-दिखाकर हाँकेंगे ?
प्रगतिशील पार्टियों के दलपति तक
हमसे ठकुर सुहाती चाहते हैं
अपनी नुक्ताचीनी सुनकर
वे अन्दर-ही-अन्दर बुरा मान जाते हैं
आपस में फुसफुसाते हैं :
"इसके दिलो-दिमाग के अन्दर
गोबर भर गया है—
छोड़ो भी, करने दो
सी० आई० ए० का हाथ मजबूत…
छोड़ो भी, पागल कुत्तों की तरह
भौंक-भौंककर मर जाएँगा…"

१६८१

भर रहा है चमक…

दमक रहे हैं
बालों के गुच्छे
सुनहले-सफेद…
अविराम वृष्टि का यह मध्यान्तर
दे रहा है अवसर
छिपे हुए सूरज को
कि
निचली घाटियों को करे निहाल

कि
चमकाए
धान के मृदु-हरित नवांकुरों को
सीढ़ीनुमा खेतों में

कि
भरे अधिकाधिक जीवन-रस
कच्ची नासपातियों के अन्दर

कि, दमदार बनें
भुट्टों के दूधिया दाने…
फ़िलहाल तो प्रकाश का यह देवता
पहाड़ी बरसात का सहमा-सहमा यह सूरज
भर रहा है रंग कर्म की चमक
मकई के पौधों में…

लो, वह चमक रहा है
सुनहले-सफेद बालों के गुच्छे
लो, वह ओझल हुआ
घिर आया कोहरा
छा गया कोहरा

१९८१

कैसा लगा

कैसा लगाऽऽ
कैसा लगाऽऽ
कैसा लगा कोहरा ?

बना गया है हमें
बना गया है तुम्हें
अपनी वहम का मोहरा !
        कैसा लगाऽऽ

भाफ में नहाया भी
यों ही गरमाया भी
हुआ जाने दोहरा
        कैसा लगाऽऽ

पूस की ठिठुरन में
पूनम की छुअन में
अच्छा लगा कोहरा !
        अच्छा लगा !!

जान भर रहे हैं जंगल में

गीली भादों
रैन अमावस…

कैसे ये नीलम उजास के
अच्छत छींट रहे जंगल में
कितना अद्‌भुत योगदान है
इनका भी वर्षा-मंगल में
लगता है ये ही जीतेंगे
शक्ति प्रदर्शन के दंगल में

लाख लाख हैं, सौ हजार हैं
कौन गिनेगा, बेशुमार हैं
मिल-जुलकर दिप-दिप करते हैं
कौन कहेगा, जल मरते हैं…
जान भर रहे हैं जंगल में

जुगनू हैं ये स्वयं प्रकाशी
पल-पल भास्वर पल-पल नाशी
कैसा अद्‌भुत योगदान है
इनका भी वर्षा-मंगल में

इनकी विजय सुनिश्चित ही है
तिमिर तीर्थ वाले दंगल में
इन्हें न तुम 'बेचारे' कहना
अजी यही तो ज्योति-कीट हैं
जान भर रहे हैं जंगल में

गीली भादों
रैन अमावस…

१६८१

वो हमें चेतावनी देने आए थे

मध्य रात्रि में,
पहले तो
कुपित स्वरों की मिश्रित अनुगूंज
सुनाई पड़ी…
वो अनुगूंज पास आती गई
बिल्कुल करीब आ गई…
कि यक-ब-यक प्रगट हुए
चार-पांच खूंखार चेहरे—
भीम-भयंकर
कद्दावर काठी थी उनकी !

'क' आकृति वाला पहला बोला :
"जाने कब से तू
हमारी ऐसी-तैसी करता आया !
तेरी करतूत अब बरदाश्त नहीं होती
बोल क्या करूँ तेराऽऽऽ···"

'म' आकृतिवाला दूसरा गर्जा···
(वो और भी तैश में था)
"करना क्या है !
गला घोंट दे साले काऽऽ···"

तीसरे की आकृति 'प' जैसी थी
उनमें वही थोड़ा सभ्य लगा···
उसकी भाषा भी शिष्ट प्रतीत हुई···
वो कह रहा था :
"आप तो काफी समझदार हैं !
हमारे प्रति आपके आचरण
इतने अ-शोभन क्यों हैं ?
ज़रा खुद ही सोचिए तोऽऽ
आखिर कब तक कोई चुप रहे ?
सहनशीलता की भी एक सीमा होती !
सोचिए तो खुद ही···"

आखिर में 'ज' आकृतिवाला
सामने आया···
उसने दाँत पीसते हुए कहा :
"साले, हमें सब पता है,
कहाँ-कहाँ जाता है तू !
भोपाल, जयपुर, पटना, चण्डीगढ़,
लखनऊ, शिमला, नई दिल्ली···
तेरे सारे ठौर-ठिकाने
हमें मालूम हो चुके हैं
बोल क्या करें तेरा ?"

अपना तो पसीना छूट रहा था···
घिग्घी बँध गई थी···
साँप सूँघ गया था···

फिर हुआ यही कि
उन सबने थूका
मेरी तरफ मुंह करके···
और, यह कहते हुए
अंधेरे में गुम हो गए :
"बस अभी इतना काफी है ।
अगली बार इसकी खबर लेंगे !"

दरअसल यह सब
एक डरावना सपना था
मगर अपना तो
सचमुच बुरा हाल था
प्यास के मारे गला सूख रहा था···
थर्मस से पानी निकालकर
हमने दो बार पिया···
और बाकी रात बैठे रहे !
सोचते रहे, सोचते रहे :
क्रान्ति, समता, प्रगति, जनवाद
—आजीवन हमने
इन शब्दों से काम लिया है !
वो हमें चेतावनी दे गए हैं !

१९८२

उसे हड़बड़ी थी

पिछली रात
ठीक ३.२२ पर एक हादसा हुआ···
मई-जून की वो भरी-पूरी झेलम
नील-निर्मल प्रवाहों वाली वो 'वितस्ता'
मेरे ऊपर से होकर गुजरी—पिछली रात !
लगातार आधा घण्टा तक, नहीं ४५ मिनट लगे !
प्रवाहित होती रही मुझ पर से
मैं लेटा रहा, निमीलित-नेत्र···

मन-ही-मन जागरूक, मोद-मग्न···
आशीष की मुद्रा में मेरे होंठ हिलते रहे
जी हाँ, मैं मगन-मन लेटा रहा उतनी देर
जी हाँ, झेलम को हड़बड़ी थी—
वो सिन्ध से मिलने जा रही थी,
मुझे झेलम पिछली रात निहाल कर गई !

१९८२

सोनिया समन्दर

सोनिया समन्दर
सामने
लहराता है
जहाँ तक नज़र जाती है,
सोनिया समन्दर !

बिछा है मैदान में
सोना ही सोना
सोना ही सोना
सोना ही सोना

गेहूँ की पकी फसलें तैयार हैं—
बुला रही हैं
खेतिहरों को
—"ले चलो हमें
खलिहान में—
घर की लक्ष्मी के
हवाले करो
ले चलो यहाँ से"

बुला रही हैं
गेहूँ की तैयार फसलें
अपने-अपने कृषकों को···

१९८२

बच्चा चिनार

बच्चा चिनार
उदास है···
उसने इन्कार कर दिया
बढ़ने से
अपने बुजुर्गों का चिर जीवन
बच्चा चिनार पसन्द नहीं करता···
उसने सामने खड़े
बच्चा चीड़ से पूछा—
'क्या सोच रहा है तू ?'
बच्चा चीड़ हुलसकर बोला
'मगज खपाने का काम
हमारे बुजुर्ग करेंगे !
अपन तो रत्ती-भर पर्वाह नही करते
किसी बात की, कतई नहीं !
बिल्कुल नहीं ! !
हाँ, प्यारे, उधर तो सुन !
आदमजाद बच्चों की
किलकारियाँ तो सुन ! !
मुन्ने भी हैं
मुन्नियाँ भी हैं
पहाड़ी नहीं, मैदानी हैं वे···
पंजाबी हैं, मराठे हैं, बंगाली हैं,
आपस में जाने क्या कह-सुन रहे हैं ।'
बच्चा चिनार झूमकर बोला—
'इनके बुजुर्ग साथ नहीं आए !'
'नहीं'—बच्चा चीड़ बोला, आहिस्ते
'हाँ, दो ही तो थे···
दोनों ही मानतलाई गए होंगे
वहाँ एक हरियाणवी गाय
फ्रिजवाली घास खाती है—
और ४५ लीटर दूध देती है रोज
दोनों बुजुर्ग
हरियाणवी गाय के खुरों की पवित्र धूल

सर-माथे लगाएँगे
और, जम्मू वापस आ जाएँगे !
और तब तक ये भी हमारी घाटी छोड़ चुके होंगे'
गम्भीर होकर कहा बच्चा चिनार ने—
'अच्छा हुआ अल्पजीवी मैदानी बुजुर्ग इधर नहीं आए।
वर्ना हमारे चिरजीवी बुजुर्गों का गुमान
दस गुना बढ़ जाता !'

१९८२

सजीले प्रिय देवदार

सजीले, प्रिय देवदार !
कौन भला, तुमको—
यहाँ पर लाया उतार ?
तुम्हारी निवास भूमि
जलधि तल से
ऊपर, अति ऊपर
फुट जहाँ सात-आठ-नौ हजार
ओ, हे, तुम
पहाड़ी तरुओं में, पाहुन उदार
सजीले प्रिय देवदार

१९८२

झाग ही झाग तो हो !

असल में—
हुआ है क्या, बतलाऊँ ?
आहिस्ते-आहिस्ते
तुमने इन्हें अपंग हो जाने दिया है—

शब्द, स्पर्श, गन्ध, रस, रूप
सारे-के-सारे छीज गए हैं लगभग !
लानत है, तुम तो खुलकर हँस भी नहीं पाते !
प्रभावित नहीं होती
लाजवन्ती तुम्हारे छूने से
गन्ध-चेतना ठस है तुम्हारी
रसबोध पंगु है
श्रुति-कुहर हो गए रबर की तरह
अपने 'स्व' को सुला दिया है तुमने !
ऐसे में क्या हो आप ?
झाग ही झाग तो हो !

१९८२

कविता

वो रूठ गई है
उसे परेशान मत करो
जाने किस मुहूर्त में
उसे अपमानित किया था तुमने !
तुम्हारी धुली मुस्कान पे
उसे घिन आती है···
आपके शब्दालंकार
भुस की बोरियाँ हैं उसके लिए
प्लीज, हट जाओ सामने से
उसे परेशान मत करो आप
अभिधा-लक्षणा-व्यंजना
सबकी सब सहेलियाँ हैं उसकी
सबकी सब···
उसे खो चुके हो आप, सदा-सदा के लिए !

१९८२

ऐसे भी हम क्या ! ऐसे भी तुम क्या !

ऐसा भी तन क्या !
ऐसा भी देह क्या !
सह न सके—

शीतातप-वृष्टि-उमस···
पुलक, पसीना,
प्रभंजनी वात्याचक्र
चरम ठिठुरन, हड़कम्प
लू के थपेड़े, विघूर्णन···
सह न सके—
शिरःशूल, आँतों की मरोड़ !
ऐसा भी देह क्या !
ऐसा भी तन क्या !

ऐसा भी मन क्या !
ऐसी भी बुद्धि क्या !
कर न सके प्रपंचों का छेदन-भेदन···
घबराए ज़रा-ज़रा-सी बातों में
अकारण बिदके, पग-पग पे रूठ जाए
पहन ले दम्भ का मुकुट
पचा नहीं पाए ग्लानि और अपमान
ले नहीं पाए प्रतिशोध
क्षमा ही क्षमा करता चला जाए···
ऐसी भी बुद्धि क्या !
ऐसा भी मन क्या !

ऐसे भी हम क्या !
ऐसे भी तुम क्या !
रूठ जाएँ पग-पग पे
पग-पग पे मान जाएँ
सोंघते रहें जुगत भीतर घात की
कदर नहीं करें दिन की, रात की
पल-पल खोते चलें
छिन-छिन रोते चलें

औरों की सिद्धि पर सिर धुनें
दूर की ढोल पर गप्प-ही-गप्प बुनें
आज के काम टालें कल पर
तर्क-ही-तर्क करें—
सीप की चमक पर, छायामय जल पर
ऐसे भी तुम क्या !
ऐसे भी हम क्या !

१९८२

तेरी खोपड़ी के अन्दर

गले से
रुद्राक्ष की लम्बी माला
लटक रही थी
जोगिया कलर वाले
कुर्ते पर···
दाहिने कान से
लाल फूल अटका पड़ा था,
चमक रहा था भाल पर
चन्दन का पीला तिलक···

वो अपना रिक्शा
मेरे निकट ले आया
—"नमस्ते बाबा जी !"
संजीदगी में बोला—
"किधर को ले चलूं बाबा जी ?"

मैं उसको गौर से देखने लगा
वो अच्छा-भला युवक था,
गंदमी सूरत का दुबला-पतला !

बड़ी-बड़ी आँखें, सुरमई···
चौड़ी-पेशानी पर

चमक रहा था चन्दन का टीका
लुंगी पीली थी
पैर खाली थे···

"चलो बाबा जी,
किधर ले चलूं ?
छीपी तालाब ?
बेगमपुल ?···"

कि इतने में
एक और युवक
इन कानों में
फुसफुसा के कह गया—
"खबरदार यह मुसलमान है···
इसके रिक्शे पर
कभी ना बैठना आप !"

मगर अपना साथी
अ० अ० बोला—
"हम इसी का रिक्शा लेते हैं।"
हमने उससे कहा—
"हॉस्टल ले चलो,
हाँ-हाँ, मेरठ कालेज हॉस्टल।"

हमें हॉस्टल के गेट पर
पहुँचाकर
निहायत नरम आवाज में
वो कहने लगा—
"बाबा जी, हम अब चुटैया भी रखेंगे
आठ-दस रोज की
भुखमरी के बाद
हमारे अन्दर
य' अक्किल फूटी है !
"बाबा जी,
रुदराछ के मनके
अच्छी मजूरी दिला रहे हैं

"बाबाजी, अब हम
चुटन्ना भी रखेंगे माथे पे
अब हम चन्दन का टीका भी
रोज लगाते रहेंगे···
बाबाजी, अब हम
अपना नाम भी तो
'परेम परकास' बतलाते हैं···"

वो अपना रिक्शा लेकर
वापस जा रहा था···
उसने हमारी बातें सुन ली थीं
जभी तो
अपना 'वक्तव्य'
सूत्र रूप में

हमारे सामने रख गया था !
अपना रिक्शा लेकर
प्रेम प्रकाश जा रहा था
और हम दोनों
मिनटों उसे जाते हुए
देखते रहे···

यों तो वो
कल्लू था—
कल्लू रिक्शावाला
यानी कलीमुद्दीन···
मगर अब वो
'परेम परकास'
कहलाना पसन्द करेगा···
कलीमुद्दीन तो
भूख की भट्ठी में
खाक हो गया था

"जियो बेटा प्रेम प्रकाश !
हाँ-हाँ, चोटी जरूर रख लो ।
और हाँ, पूरनमासी के दिन
गढ़ की गंगा में डूब लगा आना !

हाँ-हाँ, तेरा यही लिबास
तेरे को रोजी-रोटी देगा !
सच, बेटा प्रेम प्रकाश
तूने मेरा दिल जीत लिया !
लेकिन तू अब
इतना तो जरूर करना
मुझे उस नाले के करीब
ले चलना कभी
उस नाले के करीब
जहाँ कल्लू का कुनबा रहता है !
मैं उसकी बूढ़ी दादी के पास,
बीमार अब्बाजान के पास
बैठकर चाय पी आऊँगा कभी !
कल्लू के नन्हे-मुन्ने
मेरी दाढ़ी के बाल
सहलाएँगे···और

"और ?
"और तेरा सिर ! ···"
मेरे अन्दर से
एक गुस्सैल आवाज आई···
—बुड्ढे, अपना इलाज करवा !
तेरी खोपड़ी के अन्दर
गू भर गई है !
खूसट कहीं का !
कल्लू तेरा नाना लगता है न ?
खबरदार साले
तुझे किसने कहा था
मेरठ आने के लिए ? ···"

लगता है
वो गुस्सैल आवाज
आज भी कभी-कभी
सुनाई देती रहेगी···

१९८३

शाबाश महान अभिनेत्री

शाबाश !
यह अभिनय तो
कमाल का रहा आपका
दुख का ऐसा मंचन
दर्शक-समुदाय
पहली बार देख रहा था···
वो हक्का-बक्का हो रहा था···
भाव-विमुग्ध, गूंगे बेचारे !
श्रद्धालु, सरल, सामान्य-जन !
होली के दिन उमंग में
गुलाल का टीका लगाने गए थे
वो आपको !
और क्या,
डेढ़-दो सौ रहे होंगे···
मगर, मादाम,
आपने तो उन्हें चकित ही कर दिया !
आपने कहा —
"मेरा दिल दुखी है
आमाम का दुख देखा नहीं जाता
मैं नहीं दे सकूंगी
उमंग में आपका साथ···
प्लीज; हमें छोड़ दीजिए···"
खबर में छपा था —
"होली वाली वो भीड़
चुपचाप वापस लौट गई
खिन्न-मन, उदास-उदास···"
और, उस रोज
आपका, दुख का यह अभिनय
सचमुच अनोखा था !
वैसा अपूर्व मंचन
शायद ही कभी किसी ने देखा हो !
दुख की उस एक्टिंग के क्या कहने !
शाबाश, महान अभिनेत्री !

१९८३

अग्निबीज

अग्निबीज
तुमने बोए थे
रमे जूझते,
युग के बहु-आयामी
सपनों में, प्रिय
खोए थे !
अग्निबीज
तुमने बोए थे

तब के वे साथी
क्या से क्या हो गए,
कर दिया क्या से क्या तो,
देख-देख
प्रतिरूपी छवियाँ
पहले खीझे
फिर रोए थे
अग्निबीज
तुमने बोए थे

ऋषि की दृष्टि
मिली थी सचमुच
भारतीय-आत्मा थे तुम तो
लाभ-लोभ की हीन भावना
पास न फटकी
अपनों की यह ओछी-नीयत
प्रतिपल ही
काँटों-सी खटकी
स्वेच्छावश तुम
शरशय्या पर लेट गए थे
लेकिन उन पतले होंठों पर
मुस्कानों की आभा भी तो
कभी-कभी खेला करती थी !
यही फूल की अभिलाषा थी

निश्चय, तुम तो
इस 'जन-युग' के
बोधिसत्व थे !
पारमिता में त्याग तत्त्व थे !

१९८३

बढ़ते गए पैर…

यात्रा के क्षणों में
इर्द-गिर्द दृष्टि गई
पल-भर के लिए…
काँप रहे थे
केले के नए-नए पात
हरे-हरे पात
चीकने पात
साबित पात
विदा-वेला में
अनुमति में हिलते-से कोमल पात !
"फिर कब आओगे ?"
हल्की जिज्ञासा थी, इंगितमय—
'बुजुर्ग यायावर,
'सच, सच, बतलाना
'अब, कब आओगे ?'

जवाब में आँखें गीली हो आईं;
चुपचाप, ऊपर पगडण्डियों की ओर
बढ़ते गए पैर…

तीन सिरों वाला बेताल

जी हाँ,
उसके तीन सिर हैं···
यह अक्सर
सामने आ जाता है
नीरव निशा में
दो-ढाई-तीन बजे !
वो मुझे जगा देता है
अपने मजबूत हाथों की छुअन से !
कभी-कभी तो
हलकी चकोटी भी
महसूस होती है उसकी
कभी कभी !
बहरहाल, वो जगा देता है···
तीन सिरों वाला बेताल
लगता है,
अपना पुराना दोस्त है

आज रात
इसने मेरे सामने
रंगीन रूपकों के जाल
बिछा दिए दूर-दूर तक !
एक ही मुंह खुला
सफेद दाँत चमक उठे
रंगीन जालों की किनारियाँ
रोशन थीं
हल्के नीले प्रकाश में !
धीमी फुसफुसाहट सुनाई पड़ी
एक दोस्त की सलाह-मशविरा-सी,
मैत्री पूर्ण परामर्श-सी,
साफ साफ···
"तुम्हारे आगे
कई रंगीन जाल बिछे हैं—
लुभावने, प्रकाशमय···

कोई खतरा नहीं,
सारे-के-सारे जाल निरापद हैं !
"लो, आओ
बेखटके आओ···
इसमें से किसी एक पर
चलकर तो देखो !
शुरू में अटपटा लगेगा,
फिर तो मालूम होगा
अच्छा ही अच्छा, अच्छा ही अच्छा !
तुम्हारी कसम !
मेरी अपनी कसम !
आओ इसमें से
किसी एक पर चलकर देखो !

"बतलाओ तो अब,
क्या कुछ दीख रहा है ?
जरा गौर से देखना,
जरा गौर से सुनना !
आं, हां डरो नहीं···"
कानों में आने लगी
घुंघुरू की आवाज
दो मिनट बाद
सुनाई पड़ने लगे हल्के पदचाप !
और तब
प्रकट हुए सुमुखी किशोरियों के
अनेक ग्रुप—
उनके वस्त्राभरण
बड़े ही आकर्षक थे···
मनोरम थीं अंग भंगिमाएँ···
दो ग्रुप थे केरल कन्याओं के
अलग दिखा मणिपुरी ग्रुप
थोड़ा हटकर गर्बा चल रहा था
गुर्जर बालाओं का,
और उधर उत्तरप्रदेशी,
मौन चपल, रास मग्न
लेकिन छोटा-सा दल था

ओडिशी "छउ"
इन सबसे अलग नजर आया
गर्बा की "खट खट" के अनुरणन
घुंघरुओं की छूम छनन पर
हावी हो रहे थे परन्तु···

लगा कि बहुत बड़ा हाल है,
यहाँ नित्य ही
ऐसा ही कुछ चलता रहेगा
चलता रहा है···

बेताल बोला—
"यह नृत्य नाट्य के
दैनिक अभ्यास का स्थान है
अनुदान-पोषित कला केन्द्रों की
एक प्रशासकीय शृंखला
निगरानी रखती है इस पर···
पहचानो इनमें
तुम्हारे प्रिय मित्रों की
वे लड़कियाँ भी तो यहीं हैं
जिन्हें तुमने उनके बचपन में,
देखा हो बार-बार
बातें की हों बार बार जिनसे ?
लो पहचानो···"
मैंने ध्यान से देखा
देखा और देखा और देखा
इस तरह नृत्य अभ्यास में
लगी हुई बालिकाओं के मध्य,
सचमुच दो-तीन-चार
परिचित चेहरे नजर आए
एक अंजना थी, एक रंजना
एक शीरा थी, एक नीरा···
इनके पिता उच्च अधिकारी थे,
राजस्थान, मध्यप्रदेश
हिमाचल, बिहार में···
वक्त नहीं था वरना

मैं आखीर तक यह सब देखता
इनसे बातें करता…
इनके तजुर्बे सुनता…

"अरे, तुम तो इन्हीं में चिपक गए !
अभी तो ढेर सारा देखना है
क्या तुम्हारे पास फालतू वक्त है !"
लगा कोई बाँह पकड़कर
पीछे खींच रहा है मुझे…
लगा, बेताल को
कोई और बात याद आ गई है,
अभी यह और कुछ देखने नहीं देगा…
चार-पाँच रोज बाद,
रात की आखरी छोर पर
बेताल का दूसरा मस्तक
सामने उभरा…
चौड़ी पेशानी, बड़ी-बड़ी आँखें,
लम्बी नुकीली नाक
चौड़े कान, सुन्दर ग्रीवा,
उसके सुडौल कन्धों पर
वो खूब जंच रहा था
होंठ सिकोड़कर बेताल ने
आँखें मींच लीं
और तब ढेर सारी साँस ली
और तब दम साध लिए
और अब, सीध में
फूंक मारी !
दूसरी बार फूंक मारी
तीसरी बार फूंक मारी
और अब लम्बी टाँगें छितराकर
बेताल मानो दुगना लम्बा हो गया !
पल-भर में सामने था
सजा-सजाया सतरंगा शामियाना
ढाई सौ टेबिल पर
हजार मुख झुके थे
काले सुनहले रेखाचित्रों वाले,

सौ-सौ शानदार प्लेट
नाना प्रकार की खाद्य वस्तुएं
चर्व्य, चोष्य, लेह्य, पेय
सामिष, निरामिष
ताजे अनूठे स्वादों का
यह एक अवर्णनीय माहौल था
रसना की परितृप्ति के लिए
यह एक दैव दुर्लभ संयोग था !
सह अस्तित्व मूलक—
तथाकथित आधुनिकता
और
भोगवाद की अभिनव परिधि के
लचकीले तंतुओं में बंधे
दो हजार भद्र स्त्री-पुरुष
भोज खा रहे थे
मनोयोग पूर्वक
अपनी-अपनी भुजा पर
अपने होटल का बिल्ला लगाए
दर्जनों बैरागण
फुर्ती से इन्हें "सर्व" कर रहे थे

बेताल ने मेरे कानों में कहा
"तुम्हें कोई नहीं देख पायेगा···
तुम इन्हें गौर से देखो···
कई मित्र हैं तुम्हारे यहां···
उन्हें पहचानो···
सचमुच, बिहार, उत्तरप्रदेश
मध्यप्रदेश, दिल्ली के हमारे
कई मित्र "भोज" में शामिल थे !
बेताल फिर बोला—
"यह शिक्षा मन्त्री की
दी हुई पार्टी है···
उसकी लड़की की शादी थी कल
इस पार्टी में सब हैं—
बारात वाले भी,
कन्या पक्ष वाले भी

वर-वधू की विदाई में
और दहेज में
और स्वागत-सत्कार में
लगभग पांच लाख रुपए
खर्च आएँगे, हाँ !"
और नहीं तो क्या !
हमें यहाँ बीसियों सांसद,
दसियों मन्त्री
पचासों साहित्यिक और कला-प्रेमी
नजर आए

आठ-दस महीने निकल गए
मगर वो प्रकट नहीं हुआ
मैं अन्दर-ही-अन्दर
बेहद परेशान था
तीन सिरों वाला
अपना प्रिय मित्र
जाने कहाँ छिप गया !

दमा का सनातन मरीज
रात को थोड़ा सोने वाला
घुमक्कड़ी का शौकीन
मैं, यानी
अर्जुन नागा...
उर्फ बैजनाथ मिसिर
उर्फ यात्री जी
साकिन मौजे तरौनी बड़की
थाना बहेड़ा
जिला दरभंगा
बिहार राज्य
होशो हवास
अपनी धर्म पत्नी
आदरणीया श्रीमती
अपराजिता देवी के
चन्द लफ्जों के मुताबिक

"हम तो आज तक
इन्हें समझ नहीं पाए"

तो जब लगातार
तीन रात अपने तई
उसके इन्तजार में
बैठे रह गए,

तो बेताल को रहम आई
अब वो साक्षात
सामने था···
अभी उसका तीसरा मुख
खुलेगा···
तीसरा मुख खोलने के पहले
बेताल ने अपनी दाहिनी
हथेली फैलाई—
मेरी तरफ वो फैली थी···
वो बोला—
"आओ! इस पर बैठो
मैं तुम्हें पूर्वांचल ले चलूंगा।
फौरन आ जाओ!
देर न करो···"
बेताल की हथेली काफी बड़ी हो गई
मैं उस पर जम गया
अगले ही क्षण
बेताल मुझे लेकर
पूर्वांचल यानी असम
पहुंच गया···

ब्रह्मपुत्र के किनारे
किसी पोलिंग बूथ के सामने
उसने मुझे उतार दिया
आज निर्वाचन का दिनांक था
मैंने देखा—
दुबली पतली बीमार

बकरियों की लाइन लगी थी
वे मत पेटी के अन्दर
अपना-अपना मत पत्र
डाल रही थीं
मत पत्र क्या थे—
छोटे-छोटे पीले पत्ते थे !
वही मत पेटी के अन्दर
डाल रही थीं बकरियाँ
सहमा-सहमा निर्वाचन अधिकारी
एक ओर बैठा था
छोटी टेबिल सामने थी
एक-एक बकरी
मत पेटी के छेद में
मत पत्र डालती जाती थी
हल्के नीले ठप्पे भी
मत पत्रों पर पड़े थे
नहीं भी पड़े थे
सहमी-सहमी-सी बकरियाँ
मतदान कर रही थीं
थोड़ी देर बाद
भेड़ों ने इसी तरह
शान्तिपूर्वक मत पत्र डाले···
और अब अन्त में
एक रात
विराट आकृति
सामने आई···
पहले किन्तु
वातावरण मिश्रित सुगन्ध से
बोझिल हो उठा था !
मेरी गन्ध चेतना के लिए
वैसा ताजा सौरभ
सर्वथा अनूठा था
विलक्षण, अपूर्व !

दिव्य भव्य सुन्दर काया थी
तीन मस्तक थे

चमकीले मुकुटों से सुशोभित
मुखों की कान्ति
परम प्रसन्न थी
ऐसा लगा कि
तीन जोड़ी
कमल पत्री आँखों से
शुभ-ही-शुभ
छलका पड़ रहा है
ऐसा लगा कि इस बार
वो मुझे निहाल करने आया है
—जो भी चाहूँगा
ढेर लग जाएगी उस वस्तु की

तीनों सिर
प्रसन्न भंगिमा में
मेरे समक्ष
स्थिर रहे थोड़ी देर
मस्तक-ही-मस्तक थे
नीचे धड़ नहीं था
मानो किसी अलक्षित आधार पर
वे जमे हों !
सिर छोटे-बड़े होते रहे
स्थूल आकृति में
परिणित होते रहे क्रमशः
मन्द मधुर हास मुद्रा
उनकी बरकरार थी ··

लगभग दस मिनट बाद
जोरों से घूमने लगे तीनों सिर
घूमते गए, घूमते गए,
घूमते-घूमते
वे बवण्डर हो गए
फिर उन्होंने रूप लिया
प्रचण्ड आँधी का !
देखते-देखते
कई पेड़ धराशाई हो गए

कुटीरों के बीसियों छप्पर नदारद थे
इतनी धूल उड़ी कि
कुछ भी नहीं दीख रहा था
सभी के सांस घुटने लगे
वात्याचक्र की यह ताण्डव लीला
टोंटी के भाप की पतली शक्ल में
कई पलों तक
मेरे दाहिने कान के अन्दर
भरती रही
फिर मैंने अपना बायां कान
उसके सामने कर दिया
अब न आंधी थी
न तूफान था
हां, इतना जरूर था कि
मैं आहिस्ते-आहिस्ते
ऊपर उठता गया
एक अदृश्य पैराशूट से
लटक रहा था मैं

"बस-बस मित्र घबराना नहीं
तुम सही-सलामत
अपने ठिकाने पर
वापस पहुंचोगे !
अरे तुम तो अपने साहस के लिए
बहुत मशहूर हो बच्चू !"
ऊपर आसमान था
नीचे अलोकित थी राजधानी
मुझे कहीं कोई देख नहीं रहा था
इक्के-दुक्के विमान
उड़ान भर रहे थे
मध्य रात्रि या रात्रि शेष के
प्रशान्त महासागर के अन्तर्वर्ती
छोटे-बड़े देशों की दिशा में
ये सुदूरगामी जेट थे !

परन्तु मैं तो

पैराशूट में टँगा-टँगा-सा
अपने देश की कैपिटल के
आकाश में तैर रहा था

नीचे, थोड़ी देर बाद
इण्डिया गेट वाला मैदान था
राजपथ, राजपथ, राजपथ···
राष्ट्रपति भवन, राष्ट्रपति भवन···
ज़रा देर बाद
लगा कि पैराशूट की डोर
ढीली कर दी गई
मैं राष्ट्रपति भवन की छत पर
अब टहल बूल रहा हूँ
मुझे कोई देख नहीं रहा
मगर मैं यहाँ से
बाहर निकलूंगा कैसे !
ठीक है कि इसमें
दसियों द्वार हैं
किधर से भी कोई निकल सकता है
लेकिन यहाँ तो
मिलिट्री वालों का पहरा होगा !
कोई भला निकलेगा कैसे ?

कि तभी कानों में
फुसफुसाहट सुनाई पड़ने लगी
"कोटि-कोटि
अन्नहीन, वस्त्रहीन जनों का प्रतिनिधि !
तू भला बाहर नहीं निकलेगा !
किसकी सामर्थ्य है
जो तुझे रोक सके !!

एक-एक मिलिट्री वाला तुझे पहचानता है
"एक ने तुझे देखा था
ज़िला जालन्धर के एक गाँव में
दूसरा मिल चुका है तुझसे

जमशेदपुर के टिस्को के गेट पर
तीसरे को तूने देखा था
कोहिमा के एक चाय घर में
चौथा ठहरा था एक रात
सिकन्दराबाद के उस सस्ते होटल में
वह तभी से तुझे जानता है
पाँचवें का बड़ा भाई
झूठ-मूठ के खूनी मामले में फँसा था
सासाराम में उसे तूने
वकील ठीक कर दिया था
अब यहाँ का कोई पहरेदार
अपनी बन्दूक का रुख तेरी ओर
नहीं करेगा
बाकी पहरेदार भी
तुझसे अपरिचित नहीं होंगे
सारे-के-सारे बच्चे हैं खेतिहरों के

सच, मैं तो आसानी से बाहर आ गया !
हम दोनों हल्के-हल्के मुसकाए
परस्पर हमने हाथ मिलाया,
फिर दस का एक ताजा नोट
मेरी मुट्ठी में गोंजकर
वो फुसफुसाया—"प्लीज,
मेरी तरफ से चाय पी लेना
हम अच्छी तरह तुझको पिछाणते हैं
फौजी जरूर हैं मगर हमारे पास
दिल है
सरमायेदारों को हम माफ नहीं करेंगे
भगतसिंह ने क्या कहा था—
हम कभी नहीं भूल सकते !"

रा. प. भवन के महाविशाल
दक्षिणी गलियारे में पहले तो
टार्च की तेज रोशनी चमकी
फिर दूर से, बन्द गेट के पार
मिलिटरी वाला दिखलाई पड़ा

वो हाथ के इशारे से
मुझे बुला रहा था
मानो कोई पुराना मददगार
सही मार्ग दर्शन के लिए
आगे वढ़कर खड़ा है !

१९८३

अन्तिम प्रणाम

हे मातृभूमि, अन्तिम प्रणाम

अहिबातक पातिल फोड़-फाड़ि
पहिलुक परिचय कें तोड़ि-ताड़ि
पुरजन-परिजन सब कें छोड़ि-छाड़ि
हम जाय रहल आन ठाम
माँ मिथिले, ई अन्तिम प्रणाम

दु:खोधि सं संतरण-हेतु
चिर विस्मृत वस्तुक स्मरण-हेतु
सूतल सृष्टिक जागरण-हेतु
हम छाड़ि रहल छी अपन गाम
माँ मिथिले ई अन्तिम प्रणाम

कर्मक फल भोगथु बूढ़ बाप
हम टा संतति, हे हुनक पाप
ई जानि हवैन्हि जनु मनस्ताप
अनको बिसरक थिक हमर नाम
माँ मिथिले, ई अन्तिम प्रणाम

१९६६

फेकनी

छें रखने पौआही फुच्ची दैबहिक देल,
दै छही मिला तइयो अंटकर सं पानि नित्त,

तइयो तोरहिसं दूध उठौना लैत छिअउ
टिप्पी टा देने जाइत छैं,
से नहि कहियो बिसरल ताकहिं।
बान्हल छउ दूटा बूढ़ि गाए दच्छिना योग ओरियानी में
बेचलए हैं बाछा गोड़ पांचेक कोरियानी मे
बाछी नहि छउ जे रखितैं बैंतरनी क हेतु
गै, क्यों नहि औतहु काज, कथीलै छैं बेहाल ?
नै खाइ छही ने पिबइ छही बहिते रहैत छैं सदरिकाल
की करबै तों कैंचा बचाय
गै, बेटा पीबै छउ ताड़ी !
टाड़ा मे रखबै नुका नुका ?
क लेतउ पुतहु ओहो बहार !
ओहू दिन देखने रहिअउ जे तोहर दलान लग
ठाढ़ रहो रूपन सोनार
अपने तों सहजहि बूढ़ भेलैं
भ गेलौ नातिओ सभ समर्थ
कर दान पुन्न, कर तीर्थ-बर्त
गै फेकनी, तों कपिलस्सर जो !
दसहरा एलइ
सपनहुँ मे नहि तों गेल हेबैं
एहि जन्म सिमरिया घाट,—हे गै !
जो भ आ ग,
संगी साथी लै नहि खगतउ—
टुनटुन जाइत छपि सपरिवार
मैना पीसी सेहो जैती आ, यारकका सेहो जेता;
की ग्वार-गोढ़ि की तेलि-सूड़ि
सब जाय रहल गंगा नहाय !
दसहरा एलइ
गै फेकनि तोहूँ भ' आ ग', की करबैं तों कैंचा बचाय
बरु नातिनिए कें कहि जैहइ—
पौआही सं दू फुच्चीकं ता देल करत तरू दूध वैह,
सिखतऊ परोच्छ'मे तोहर गुन
देतीक मिला छौंड़ी अंटकर सं पानि नित्त
टिप्पी देब अबिते हेतैक !
की करबैं तो कैंचा बचाय
फेकनी गै, जो कर तीर्थ-बर्त

बुचिया, बचबा आ कचनमा
भ गेलउ नाति तीनू समर्थ
जिनगीक ढेकाना कोन,
आब तो सहजहिं पाकल आम भेलैं !
दैं छही मिला तइयो अंटकर सं पानि नित्त !
छें रखने पौआही फुच्ची दैबहिक देल…

१९४५

लखिमा

कवि कोकिलक कल-काकलिक रसमंजरी
लखिमा, अहाँ छलि हैब अद्भुत सुन्दरी
रुष्ट होइतहुँ रूपसी
कहि दैत क्यौ यदि अहाँके विद्यापतिक कवि-प्रेयसी ?
अहाँ अपने मौन रहितहुँ
कहनिहारक मुदा भ जइतैक सत्यानाश !
मानित' थिन ईह !
सुनित' थिन शिवसिंह तऽ घिचबा लित' थिन जीह !
दित' थिन भकसी झोंकाए तुरन्त
क दित' थिन कविक आवागमन सहसा बन्द
अहूँ अन्त:पुरक भीतर
बारिकं अन-पानि
सुभग सुन्दर कविक धरितहुँ ध्यान
बूढ़ि बहिकिरनीक द्वारा
कोनो लाथें
अहाँके ओ पठवितथि सन्देश—
(संगहि संग झुलफीक दुइटा केश !)
'विपुल वासन्ती विभव केर बीच विकसित भेल
कोनो फूलक लेल
लगबथुन गऽ क्यौ कतेको नागफेनिक बेढ़
मुदा तैं की भ्रमर हैत निराश ?
मधु-महोत्सव ओकर चलतइ एहिना सदिकाल !

कहू की करथीन क्यो भूपाल का नभपाल
अहाँ ओमहर
हम एम्हर छी
बीच में व्यवधान
राजमहलक अति विकट प्राकार
सुरक्षित अन्त:पुरक संसार
किन्तु हम उठबैत छी
कौरवन कतहु जं
वेदना विहल अपन ई आँखि
अहींटा कें पावि, सजनि ठाढ़ि चारू दीस
विस्मय विमोहित कंठ सं बहराय जाइछ 'ईस'
खिन्न भ' अलसाइ जनु धनि
बारि जनु दिय अन्न किंवा पानि
व्यर्थ अपनहि उपर कौखन करिअ जनु अभिरौष
विधि विडम्वित बात ई, एहि में ककर की दोष ?
नहि कठिन खेपनाइ कहुना चारि वा छौ मास
देवि, सपनहुँमे करिअ जनु हमर अनविश्वास
अहिक मधुमय भावना सं पुष्ट भय
प्रतिभा हमर—
रचना करत से काव्य
जाहिसं होएताह प्रसन्न नरेश
पुनि हमरो दुहुक मिलनाइ होएत —
सखि, सहज संभाव्य !'

अहांके कवि पठवितथि संवाद
पावि आश्वासन अहाँ तत्काल अनशन छाड़ि
होइतहुँ कथंचित् प्रकृतिस्थ !
मनोरंजन हेतु—
हंसक मिथुन अंकित क' देखबितए
कोनो नौड़ी,
कोनो नौड़ी आवि गाबि कें सुनबैत
ओही प्रियकविक निरूपम पदावलि
जाहिसं होइत अहांकेर
कान दूनू निरतिशय परितृप्त !
चित्त होइत तृप्त !
घृणा होइतए महाराजक उपर

धिक धिक !
स्वयं अपने
एकसं बढ़ि एक एहन
निरूपमा गुण सुन्दरी शत शत किशोरी कें
विविध छल छन्द सं
किंवा प्रतापक प्रबलतासं
पकड़िकए मंगबाय
अन्न-जल भूषण-वसन श्रृंगार सामग्रीक ढेर लगाय
सुरक्षित अन्तःपुरक एहि अरगड़ा मे
बनौने छथि कँकटा रनिवास
बन्दी शिविर सन डेरा सभक क्रम-पात
एक कें दोसराक सङ नहि रहइ जाहिसं मेल
चक्रचालि चलैत छथि तहि लेल
कखन करथिन ककर आदर वा ककर सम्मान—
घटौथिन ककर कखन दिनमान—
अहि चिन्ता में सदै लागल रहै हमरा सभक जीजान
महाराजक चरण संवाहक करमे
सफल होइछ
एक मासक भितरे जे दुइ राति
पुण्यभागा सुहासिनि अभिशप्त से देवांगना
नहि थीक स्त्रिगणक जाति !
अभागलि कँ गोत होएत एहन जकरा
छूबि छाबि कनेक
देने छथिन पुनि अनठाय
मने ओ सभ गाछसं तोड़लक उत्तर
कने दकरल लतामक थुरड़ी जकाँ हो
एम्हर ओम्हर पड़ल पांडुर
कोनो अगिमुत्तूक निर्मम निठुरताक प्रतीक !

सुनइ छी, राजा थिका नारायणक अवतार
करबाक चाही हुनक जय जयकार
किन्तु की ओ भगवान सेहो
क्षीर सागर मध्य
एहिना आड्वाल-रचि विचरैत छथि ?
इच्छानुसार करैत छथि अभिसार—
आइ ककरो ?

कालिह् ककरो ?
इन्दिरा कें बाध्य भ की एहिना
अनका बनाव' पड़इ छनि हृदयेश ?
···तुमैत अहिना तूर
जाइत होएब अहाँ बहुतो दूर
भावनाक अनन्त पथ दिस
एकसरि चुपचाप···
तुमैत अहिना तूर

विद्यापतिक कविताक हे चिर उत्स, हे चिर निर्झरी !
लखिमा, अहाँ छलि हैब अद्भुत सुन्दरी !

१९४५

गामक चिट्ठी

चिट्ठी पबैत देरी तुरन्त
भ जैब बिदा
जं हाथ होए खाली तइओ···
से लिखलन्हि अछि बउआक माए
अपनहि हाथें

झट आउ गाम,
नहि आबी त हमरे सप्पत;
जं होए एको रत्ती सिनेह बेटाक हेतु
जनु अनठबियौ
भ जाउ बिदा चिट्ठी जबैत देरी तुरन्त
से लिखलनिए अपनहि हाथें बउआक माए !

पछुअति दिश चुबं छल परुकों
जनितहि छी भनसाघरक चार
एहिबेर नइ मानल जैत
छरावहि पड़त पुरनका रबढ़ उछेहि
वाती पुरान

बन्हन सेहो सड़ि गेल छैक
सजमनिक रहै लत्ती लतरल
गोन्हू, कन्हाइ, बौका, करिया—सबहक पैरें
धाङल गेलैक अछि राति-दिन
फड़ितहुँ रहैक सरिपहुँ कत्ते
खैंलक अछि भरी टोलाक लोक
दुद्धी सजमनि
बतिया सजमनि
से एहिबेर
अति आबस्सक अछि घर छरैब—
ई लिखलन्हि अछि कौ बउआक माय

बउआ तकैत अछि बाट सदै
बाबू बाबू करितैंहि रहैत अछि ओ सदिखन
बिनु बीटहुँ ओ
चिट्ठि खातिर
दरबज्जा दिस
ताकअ जाइत अछि डाकपीन कें अपनहि
पबितैंहि लिफाफा वा पोसकाट
दउड़ल अबैत अछि आङन दिस
देहरि लग
नाच' लगैत अछि ओ हर्षे
हम्मल बाबू हम्मल तिट्टी
हम्मल तिट्टी हम्मल बाबू
जो नइ देबौक···
हम्मल बाबू···
हम्मल तिट्टी···
नाच' लगैत अछि ओ हर्षे
एह, धन्न, रहू
एतबे दिन मे
ओ कोना बिसरना गेल, एह !
ओकरा तं ओहिना मोन छिअइ
ओ तं तकैत अछि बाट सहै
बाबू बाबू करतहि रहैत अछि ओ सदिखन
आ' एहि साल
की मूड़न नहि करबइ ओकर

ई चैत थिकइ
जेठहिसं चारिम चढ़ि जेतइ
तकबाक कोनो नीक दीन
नहिबेसी तं
खाली पातड़िओ द दिएन्हि भगवत्ती कें
दूटा छागर छन्हि कबुला से ताबे रहौन्हि
तइओ त चाही एक गोट दसटकही हमरा तातकाल
मुदा अहां
नहि करी एहि सबथुक चिन्ता
देखल जयतइ
चिन्ता केने की हैत फल
चल आउ गाम
जं हाथ होए खाली तइओ...
ई लिखलन्हि अछि बउआक माय

खेपब हम चरखा काटि, मुदा
नहि जाएब नइहर एहि बेरि ओहि साल जकां
नहिं कहा पठैबन्हि काका कें
हम एहि बेरि ओहि साल जकां...
गाड़ी ल क कनहा आब ओ...
सङे सङे बुच्चो अबथुन्ह
ल जाथु एतसं ओ हमरा
छौड़ाक देह सड़ि गेलइ अछि
नहि बचतइ ओकर जान आब
मुस्सा परजंत ने छइ घर मे
हम की करिअउ
काका बुच्चो के पठा दियनु...
नहि कहा पठैबन्हि से हुनका
हम एहि बेरि ओहि साल जकां
काटब चर्खा काटब टकुरी
हम खेपि लेब अप्पन कहुना
जं सैह अहांकें होए बेश
हम वृत्त बनल छी अचार भूखें टटाय
नहि कहब किच्छु
हम अलट-बिलट नहि किछु बाजब
चल आउ गाम

जं हाथ होय खाली तइओ
नहि आबी त हमरे सप्पत···
आबहुँ नहि आएब तं अबस्स हम देब तार ··
मोड़ल मोड़ल ओ मैल सन
एहि पोस्टकार्ड पर लिखलन्हि अछि
कौआक टाङ सन अच्छर मे
बउआक माय
अपनहि हाथें···

१९४५

ताड़क गाछ

विकट पातर माँझ
एमगरे अछि ठाढ़ ताड़क गाछ
स्वयं मौंसे तर्जनी बनि,
विधाताकें रहल अछि ललकारि
नहि उपस्थित करइ छन्हि ककरो बङौर लगाय
सब फूसि ओकरा हेतु
जेठक रौद !
झमाझम बरसैत मूसलाधार;
माघक ठार;
चैतक तस;
सब फूसि ओकरा हेतु !
लगाबथु ग केओ कतेको जोर
बाप-पित्तीकें करथु ग सोर
मुदा रोइयाँ एकोटा ओकर
उपाड़ल नहि हेतन्हि ककरोबुते !

१९४६

आसिन मासक राति इजोड़िआ

आसिन मासक राति इजोड़िआ
तिथि त्रियोदशी
झुलि झुलि गाबि रहल बटगमनी दोलङिक गम्हड़ा
बुढ़बा पिपरक ठुठ ठारिपर बैसल-बैसल—
नीलकण्ठ कें कें करैत अछि
बितल दसहरा, ककरा छैक पुछारी ओक्कर आब
सभठां पोखरिमे फुलएल अछि भेंट कुमुदिनिक फूल
खाली हमरेटा भरिऔलक अछि भदबा ओ दिक्शूल
प्रकृति ने मानथि पण्डितलोकनिक काल विवेचन
रुचिगर बेश लगै अछि हमरा धनहा खेत क गेंची
आरि-आरि तें वौआइत छी
डेढ़ पहर बिति गेल इजोड़िआ आसिन मासक

१९४८

फागुनक इजोड़िया टहाटही

बोझल गाड़ी
सूतल अधवयसू बहलमान
नाथल ओ मुठियामिह बला कैला बड़दक सुन्दर जोड़ी
जा रहल लीख धएने सोझहिं
पकिआ सड़क काते काते
टुन टुन टन टन टन टिलिङ टाङ...
क रहल निशीथक शान्ति भंग
मधुबनी दिशुक बोझल गाड़ी
भ भ चित-पट फैला-फैला—
जूआक बाँहि पर पएर दुहू
दिनुका ठेही कें पचा रहल
सूतल अधवयसू बहलमान
फागुनक इजोड़िया टहाटही...

१९४९

जेठक विकट दुफरिआ

जेठक विकट दुफरिआ
छाहरि दुबकलि बड़क गाछ तर
किछु बैसल, किछु ठाढ़े ठाढ़े
आंखि मूनिकं
पाजु करइ अछि माल जाल सभ
चिड़इ चुनमुनी कतए गेल, ने जानि
छिपल लगइ छइ ऊपर ऊपर पानि
बोमिआइत अछि अठगामा पाड़ा पोखरिमे
बकरिक नेड़ी भरि भरि घर मे
खेलारहल मुल्ला चरबहबा
दून दिश एसगरे सतघरा
जङलासं संसार देखइ छी
पड़ल पड़ल अप्पन खोन्ही में
हमहूं कहुना खेपि रहल छी जेठक विकट दुफरिआ

१६

परम सत्य

फूसि थिक संसार
फूसि थिक धरती, फूसि थिक आकाश
फूसि थिक ई माटि
फूसि थिक ई पानि
हम, अहां, ओ, ई, भने क्यो होथु—
व्यक्ति मात्र थिकाह अगबे फूसि
सत्य की तं शून्य
सत्य की तं ब्रह्म
सत्य की तं घनानंद, अखंड, चित्, कूटस्थ,
—सैन्धवलवणसम नीरन्ध्र
सत्य की तं जे ने देखल जाए
सत्य की तं जकर गुण वर्णन न कएना जाय···

बाप-पित्ती पितामह-मातामहक मुहसं सुनल ई बात
जीवनक संग्राम मे यदि आबि जइतए काज
तखन की छल !
तखन सरिपहुं
हमहु बजितहुं—
फूसि थिक संसार
फूसि धरती, फूसि थिक आकाश
जूनि पूछी, आइ-काल्हुक हाल
नहि अबइ अछि का न कोनो ब्रह्म
नहि अबइ अछि काज ई कुल-गोत्र
शिखा-सूत्र त्रिपुण्ड चानन-ठोप
अबइ अछि किछु काज नहि ई पुरनका आटोप
फूसि सभटा थीक
थिक महाजंजाल
फूसि ब्रह्मा-विष्णु दश दिक्पाल
फूसि शास्त्र-पुराण
फूसि व्रत-उपवास
फूसि थिक राजासभक इतिहास
सत्य की, तं—
सत्य थिक ई माटि
सत्य थिक ई पानि
सत्य थिक संसार
सत्य धरती, सत्य थिक आकाश
हम, अहां, ओ, ई, थिकहुं सब गोटे बड़का सत्य
सत्य जीवन, सत्य थिक संघर्ष
सत्य आशा, सत्य थिक आयास
सत्य थिक निर्माण चेष्टा, सत्य थिक आवास
सत्य थिक ई देह
सत्य थिक ई बुद्धि
सत्य थिक ई धैर्य अओर विवेक
सत्य थिक ई मनोबल अ-विजेय
सत्य थिक ई बांहि
सत्य थिक ई हाथ—
जे एकरे प्रतापें कमा लइ छी चारि कैंचा नित्त
नहि अबइ छथि काज हमरा चारि हाथवला ओ भगवा
नहि अबई अछि काज वेद-पुरान

छाड़ि अप्पन काज
अनेरे हम किए हैब हरान
नहि कुकर्म करैत छी जे 'नरक' जाएब 'यम' पकड़ता कान
करा लइ अछि काज राच्छस जखन दश टाकाक
तखन दइ अछि दूइ टाका, ओह !
पच्छ ओकरे लइ छथिन भगवान
पैघ लोकक-धनिकहा सबहोक
हाथ में छन्हि राम-कृष्णक टीक
जे बजइ अछि फूसि तकरा डरैं थर थर कपइ छथि हलुमान
घूम रोटक पाबि दुष्टक पीठ ठोकथि काल भैरव-सन विकट बलवान
सत्त थिक मनुक्ख
सत्त थिक समाङ
धिया-पूता स्वजन-परिजन खेत औ खरिहान
मकइ-महुआ, साम-काओन आंसु-गम्हड़ी धान
माछ-मधु फल-मूल पान-मखान
एहिस की बढ़ि होएत सत्य ?
जाहि भाखा मे बजइ छी, सत्य थिक से बोल
आन बाणी थीक दूरक ढोल !
सत्य ई जे बाप-माइक बीच संधीआ-पूता
ताहिसं पुनि पौत्र-पौत्री नाति-नतिनी आदि
वंशवृक्षवितान
नित्य नूतन वस्तु सबहिक सदक्षण संधान
स्थिति-स्थापकताक पूर्ति संघर्ष
फेर परिवर्तन
पुनः निर्माण
स्थितिक स्थापना फेर
तखन पुनि गति-रोध
तखन पुनि संघर्ष···
एहि क्रमसं निरन्तर परिवर्तनमान प्रगतिशील समाज
जहिना, ज्वैलबंसबिट्टीक दमगर ओधिमेसं
फेर कोपड़
फेर पोरगर बांस
फेर बांसक झमटगरहा झोंझ···
सत्य ई क्षय वृद्ध केर व्यवहार
सत्य ई संसार
चिन्तनाक प्रवाहमे भसिआए

पुरखा लोकनि प्राय:
खसि पड़ल छलाह
जाहि सीमाहीन सागर-मांझ
('नेति-नेति' क बिकट मोनिक मध्य)
खसूग की तहीमे हमरालोकनि ?
आधि भौतिक उपद्रसौं खिन्न,
प्रकृतिकेर रहस्यसं सन्त्रस्त,
आदि मानव देखि लेलनि भीड़ जं दिबड़ाक
आ'कि पीपर-पाकड़ि वा आम-जामुक गाछ
स्तुति कर लगलाह तइखन, तकर पट द,
ऋचा निर्मित भेल
मानि लेलहु,
ताहि युग मे सैह छल हो सत्य
किन्तु तैं की आइ
दिवाड़क ओ भीड़
पीपर-पाकड़िक ओ गाछ
हमरा लोकनिक कोनो वेगर्ता
करत कउखन शान्त ?
वा वरदान कोनो देत ?
पिठारक घोड़कलस, दूधकधार—
व्यर्थ थिक, बेकार !
आइ काल्हुक मनुक्खक क्षमताक आगां
मानि लेलन्हि देवता-गण हारि
आब एटमबमक आगां भ'गेलन्हि अछि
भोथ चामुण्डाक ओ तरुआरि
ताहि दिन छल एक पुष्पक
आइ नभ मे विविध-वर्ग विमान लाख क लाख
उड़ि रहल अछि शान सं दिन राति
तरहथीक अओरा जकां सम्पूर्ण ई संसार
आब सबहक नजीर पर अछि साफ
आइ नहि तं कालिह हिमगिरि मानताहे हारि
महोदय स्वाधीन ओ सम्बुद्ध—
सर्व साधारण मनुक्खक लेल
की रहत अज्ञेय
की रहत अ-विजेय

धन्य हे श्रमशील मानव-विश्व भरि में व्याप्त
धन्य तोहर जाति !
नरक के सुरपुर बनएबाक लेल
सदच्छन तों रहइ छह अपस्यांत
एक दिशसं तोड़ि रहला राक्षसक तों दाँत
सम्मिलित स्वेच्छा प्रणोदित जयति जय जन शक्ति !
हृदय में अछि एक केवल तोहरे टा भक्ति
आन देवी-देवता दिश नहि नवइ अछि माथ
आइ नहि तं काल्हि दानव दलक करबहक अवस्से उच्छेद
कृषक श्रमिक क जीवनी कें बनबिहक पुनिवेद
लैत प्राचीनक सगुण-सद्ज्ञान
लोकहित मे लगविहक अपना युगक विज्ञान
क्यौ नहि रहत अकिंचन, सभ हएत लक्ष्मीबान
सबहि कर्मठ सबहि भोगी हएत सभ विद्वान
एहि धरतीक ओहि स्वर्गक दिव्य सुख जं हम कदाचित्
भोगि नहि पओलहुँ तखन भोगत हमर सन्तान
आइए हम मुक्त कंठें करइछी जनताक तें जय-गान
जयति जनता जनार्दन-भगवान
कविक वाणी करओ दीपित आलसीहुक हृदय मे अभिमान
विजयनी जनवाहिनी-सङ सम्मिलित करओ ओहो—
ओहिना अभियान

सत्य थिक संसार
सत्य थिक मानव समाजक क्रमिक उन्नति—
क्रमिक बृद्धि-विकास
सत्य थिक संघर्षरत जनताक ई इतिहास
सत्य धरती, सत्य थिक आकाश
परम सत्य मनुक्ख अपनहि थीक

१९४९

एक फाँक आँखि, एक फाँक नाक !

कोना क' बिसरिअउ ?
अधक्के देखल ओहि रातुक ओहि ठाँक
एक फाँक आँखि, एक फाँक नाक
कोना क' बिमरिअउ ?

गेल रही सेकेंड शो सिनेमा
अबइत रही घूरल
सी ब्लाक, ३ सी एच···अपन बासा दिश···
कोनो क्वार्टरकेर जँगला रहइ फूजल
रेशमी-नील पर्दा छलइ सहजहिँ संयत कएने
बिजली क प्रकाशकेँ भितरे भितर भरि छाती, भरि कंठ
तइसँ ऊपर ड्योढ़-बेढ़ केबाड़ी, शुद्ध-निरीह सन···
अपना सूरमेँ अबइत रही हनहनैल
जँगला लग अबिताहिँ नजरि भेल ऊपर
आ' कि देखल अधक्के गोर-गोल मुखचन्द्रक अर्धांश
सावधान सचेत एक फाँक आँखि
सङहि एक फाँक नाक
अधक्के देखना गेल
आ कि जँगला भ' गेलइ बंद
आबिकँ अँगन्यास कएल मुदा
कतीकाल धरि रहल नचैत
कपारक भितरका कटोरीमध्य
धारण कए क्रमहि टकुरीक रूप
एक फाँक आँखि···
एक फाँक नाक ··

१९७०

जूनि अबउ भरि राति मेल ट्रेन

बइसल बइसल मेल ट्रेनक प्रतीक्षामे
बहार भए गेल आँखिक सूत
घंटा भरि लेट
आधा घंटा आओर लेट
पैंतालीस मिनट आओर लेट···
आहि रे दैव, की भेलहु तोरा ?
कइएक खेप फोड़ल आङुर
कइएक बेर भेल हाफी
चाटि गेल छी मुल्की मैगजीन
मुङु कि आएल छी सात कप चाह
सों टि लेल अछि दू पाकिट सिगरेट
आहि रे दैव, आब की करू ?
रङल-टीपल पेटारक भरें ओठङलि
दुरगमनिया कनिआ
सूतलि अछि कि जागलि
घोघक अ' ढ़ तर !
व' र मुदा कटइ छइ फोंफ
करिआ कंबल पर ठामहि
सामान रखने अछि सैंइति सिरमादिश
कए रहलइए अडहबक ओगरबाहि
सूति-पातिवाली अधवएसू लोकदिन
लाल पाढ़िक पीअर साड़ी पहिरने···
माङुर सन एनमेन ओकरा देहक कान्ति
लगइए केहेन दिब
आब किए बहरैत आँखिक सूत
जूनि अबउ मेल ट्रेन भरि राति !

१९५७

भोरे-भोर

भोरे-भोरे
आएल छी बूलि
दुबिआही लॉनमें
भोरे भोरे
आएल छी धाङि
पथार मोतिक
भोरे भोरे
क' आएल छी अनुभव
पुलकित होइत छइ रोम रोम
स्पर्शक प्रतापें कोना कोना
भोरे भोरे
पैरक दुहू तरबाक ग' ह' ग' ह' द' ने
आएल छी पीबि
माघी आकाशक हेमाब ओस
भोरे भोरे
आएल छी बूलि
दुबिआही लॉनमें

१९६०

जोड़ा मन्दिर

कच्ची सड़कक कातहिमें
देखन ल' गे ल' ग छोट छीन जोड़ा मन्दिर
पुछलिअइ घसबहिनिकें :
ऐं हए, के बनबओलक अछि
बीच बाधमें जोड़ा मन्दिर ?

उठा कँ' खुर्पी समेत दाहिना हाथ
ओम्हरे इंगित करैत
बाजलि भुटिया घसबाहिनि :

थापित भेल छइन ओइ ठमा पीड़ी
भोकर राउत आ' मुङिआ माइकेर
बूढ़ा-बूढ़ीक सारा पर
ठाढ़ क' देलकइन' ए बेटा जोड़ा मन्डिल
धन्न ओहेन माए-बाप
धन्न एहेन पूत···
एक रती भगेलहूँ ध्यानस्थ ठाढ़े-ठाढ़
झुका लेल माथ
भोकर राउत आ' मुङिआ माइकस्मृत में

दोसर दिन
पोखरिक भीड़ पर
भालसरिक छाहरिमें
सुस्ताइत पाओल सरजुगकें
कुशल-क्षेमक पूछा पेखीक बादे
कहलिअइ सरजुग, राउतकें :
ऐं हओ सरजुग, बाप-माइक सारापार
तरउनी गाँओमें कहाँ केओ ठाढ़ केने छल जोड़ा मन्दिर !

पातर मोछवला पिंडश्याम ग्रामीण युवक
सरजुग राउत
बाजल निरभिमान स्वरमें
"बूढ़ा अपनि हाथें परुकाँ साल
रोपने रहथीन पाँच कट्ठा कुसिआर
तहीमहक शए-पाँचेक
लगा देलअनिए हुनके नाम पर
मासक भितरे दूनू परानी मुनि लेलखीन आँखि
किरिआ-करम, भोज-भातमें उठल हजारेक टाका
मुदा हमरा अपना त सन्तोख नहिए भेल तइसँ

"फागुन जाइत जाइत एमरी
मीलवला देलकइ पुरजी
राटन पर तउला एलिअइ ऊखि
दू दिन बाद आएल हाथ
नौ टा नमरी, सात टा दशटकही, एकटकही छओटा···
गामहिमें भेटि गेल
दू बोरी सीमटि, हजार तिनिएक पाकल पजेबा

बूढ़ा-बूढ़ीक मंडिल भ' गेलइन तइआर सहजहिं···

एतबा कहि कँ'
मूड़ी झुका लेलक
खोंट' लागल संकोचें डूबि
पातर मोछवला सरजुग राउत

कने आगू बढ़ि कँ'
ओकरा पीठ पर फेरैत अपन हाथ
कहलिअइ हम गद्गद भ' कँ :
"आइ धरि अइ परोपट्टामें
फुरल छलइ ककरो कहाँ ई बिखए !
देश-विदेश मुलकी दुनिआ जहान
धाङि आएल छी हम···
कहाँ कतउ देखलिअइए
माइ-बापक नामें तइआर जोड़ा मन्दिर
एह, सरजुग, धन्न थिकाह तों !"

भेलइन संकोच भंजन
तखन पुनि बजलाह
सरजुग राउत उर्फ सरजुग यादव :
"हमरा बूढ़ा-बूढ़ीमें रहइ छलइन अतत्तह मेल
ओहन केओ नहि देखने हैत कतउ
से, हमरा आउर अपनहुँ गबाह छिअइन
लोको कें बूझल छइ नीक जकाँ
हमरा बूढ़ा-बूढ़ी में कहाँ कहिओ भेलइन झगड़ादन
हमरा बूढ़ा-बूढ़ी में कहाँ कहिओ रहलइन ओदाउत
कहवी छइ जे एक परान दू देह
एन मेन तकरे नमूना छलइथ हमर बूढ़ा-बूढ़ी
तही खातिर फुरल ई बात
ठाढ़ क देने छिअइन जोड़ा मंडिल
चढ़ा अबइ छिअइन जा कँ'
दून गोटाक पीड़ी पर फूल
"ओइ सतकठबा कोलाक तीन धूर जमीन
उसर्गल जा चुकल छइन बूढ़ा-बूढ़ी क नाम पर
हमरा बिचारें जल्दी सँ जल्दी

लिखा पढ़ी सेहो भइए जाइ···"

फेर हमरा नजरिक थाह लैत बाजल सरजुग—
कनफुसकी अवाजमें !
"तरौनी गामक बाबू-भइआ लोकनि
हँसी उड़बइ छइथ हमर !"
तइपर कहलिअइ हम सरजुगकें :
"धु:मर्दे, इहो केओ बाजए !
बूझल नहि छहु तोरा ?
तरउनी गामक बाबू-भइआ लोकनि
हँसी उड़बइ छथि हमरो !"

१९६०

अँहँऽ, अँहँऽ···

अँहँऽ अँहँऽ, नहि चाहिअइन, नहि चाहिअइन
ऐटमी आयुध नहि चाहिअइन हमरा भगवान कें
शंख-चक्र-गदा-पद्म···
बझले रहइ छनि चारू हाथ
अँहँ' अँहँ' खागि नहि छइन आन कोनो हथियारक
सेहो की त सूतल छथिन एखन
के उठओतइन हुनका देव-उठानसँ पूर्व ?
अँहँ' अँहँ' छोड़ि दिअउन एखन
पाछाँ बरू भेट क' लेबइन कहिओ !

अँहँ' अँहँ' नहि चाहिअइन, नहि चाहिअइन
पद्मासना लक्ष्मी कें सखा-पात
लगइ छनि हुनका बड्ड बेश अपना बज्र-बहीर कोखि
सृष्टिक आदिमें उएह छली
प्राचार्या परिवार नियोजन विद्याक
अँहँ' अँहँ' केओ नहि करिअइन आलोचना
बाँझे रहथु अहिना माता लक्ष्मी
उल्लूक सौभाग्य थीक हुनका देहक मइल

वेरक ऐवर्य थीक हुनक निर्माल्य
सात-समुद्र-पार आन-आन देशक अच्छोद सरोवर
होइत रहओ प्रतिफलित ओहिना हुनक स्मित-भास्वर ठोरसँ
पड़लि रहथु अनुर्वर, उदास, पेट-कान्ह देने
अपना देशक ई रत्नगर्भा भूमि, हुनके उपेक्षाक मारल !

अँहँ' अँहँ' नहि टोकिअउन महास्थविर ब्रह्माकें
रहथुन हेड़ाएल ढीलक लीख जकां
हिनक पाकल दाढ़ीक बड़का जंगल मध्य
शत-सहस्र अनागत विश्वामित्र अहिना
पटपटाइत रहनु बरू अहिना चारू मुहँक आठोटा ठोर
अँहँ' अँहँ' जूनि राखी एको रती भरोस एहि बूढ़ बाबाक
बइसल रहथु अहिना भने प्रज्ञाकें द' क' तिलांजलि
अनंतशायी भगवान् विष्णुकेर नाभिकमलक मचानपर
इएह रहथीन खेहारने सरस्वतीकें···
बिसरतइ ककरा !
अँहँ' अँहँ' छाड़ि दिअनु हिनका !

१९६२

श्यामघटा, सित बीजुरि-रेह

श्याम घटा, सित बीजुरि-रेह
अमृत टघार राहु अवलेह
फांक इजोतक तिमिरक थार
निबिड़ विपिन अति पातर धार
दारिदउर लक्षमी जनु हार
लोहक चादरि चानिक तार
देखल रहि रहि तड़ित-विलास
जुगुलकिशोरक उन्मद रास

१९६३

पसेनाक गुण-धर्म

क्षार-अम्ल
विगलनकारी, दाहक
रेचक, उर्वरक···
रिक्शाबलाक पीठ दिशु का फाटल तार-तार बनियाइन
पसेनाक अधिकांश गुण-धर्मकें
कए रहल अछि प्रमाणित
मोन होइए हमरा
विज्ञानक कोनो छात्रसँ जा कँए पुछिअइन—
बेशी सँ' बेशी की सभ होइत छइक
पसेनाक गुण-धर्म ?
रिक्शाबालक पीठक चाम
आओर कते शुष्क-श्याम हेतइ ?
स्नायुतंतुक ऊर्जा आओर कते बरकतइ ?
एहि नरवाहनक प्राणशक्ति आओर कते सिद्ध हेतइ !
आओर कते···
क्षार-अम्ल, दाहक विगलनकारी···

१९६६

कंकाले-कंकाल···

शिशु कंकाल
तरुण कंकाल
वृद्ध कंकाल
कंकाल वृद्धाक
कंकाल तरुणीक
कंकाल ननकिरबीक
फड़िच्छ चमड़ीवला कंकाल
कारी चमड़ीबला कंकाल
पाण्डुश्याम चमड़ीबला कंकाल
टहलैत-बुलैत कंकाल

चलैत-फिरैत कंकाल
पड़ल कंकाल
ठाढ़ कंकाल
सूतल कंकाल
जागल कंकाल
सुखाएल थनबला कंकाल
चोकड़ गर्भबला कंकाल
मालगाड़ीबला साइडिंग दिश
लाइन केर दोबगली
भरि-भरि आँजुर, भरि-भरि मुट्ठी
दाना मिश्रित धूरा उठबैत कंकाल

सप्लाइ विभागक चपरासिक नजरि थाहैत कंकाल
दू दू टा प्लेटफार्म सोझांसोझी टपैत
गोड़ पांचेक कुलीक
एक मिसिया मात्सर्य, एकरती सहानुभूति
अनायास हासिल करैत कंकाल
जेठक दुहरियामें जरैत कंकाल
गया दिशुक कोनो ब्रोडगेज स्टेशन
की छल हेतइ नाम ?
अनुग्रह नारायण रोड !
आ कि गुरारू ! आ कि किदन !
मुदा एखन तँ शेष रहि गेल अछि
ओतुक्का स्मृतिक खातामें
कंकाले कंकाल
कंकाले कंकाल···

१९६६

पत्रहीन नग्न गाछ

पत्रहीन नग्न गाछ
लगइए कारी बस कारी, ठूठाकृति
अन्हार गुज्ज रातिमें

स्पंदनहीन, रूक्ष, तक्षक शिशिर
पसरल अछि सबतरि ऊपर-ऊपर
नीचाँ किन्तु, तरबातर दूबिक मोलाएम नवांकुर
बाँटि रहल रोमांचक टटका प्रसाद सउँसे शरीरकें
मोन होइए, गाबी अन्हरिओमें वसन्तक आगमनी
आउ हे ऋतुराज,
नुकाएल छी कालक कोखिमें अनेरे !
दिअउ निश्छल आशीर्वाद
तकइए अहींक बाट घासक पेंपी
आउ हे ऋतुराज !

१९६७

बंगला रचनाएं

আমার কাব্যশিশু

ভূমিষ্ঠ হলো
আমার কাব্যশিশু
নিশুতি রাত্রে
কেউ কি শুনেছে ওর ক্রন্দন
কেউ কি শুনেছে ওর আর্তনাদ
আমি নিজেই এই নবজাতকের ধাত্রী
আমি নিজেই এই নবজাতকের জননী
ভূমিষ্ঠ হয়েছে
আমার কাব্যশিশু
নিশুতি রাত্রে

দীপ্ত সীমন্ত

কোথায় যে
প্রথম প্রথম
সিঁদুর লাগিয়ে ছিলাম
আগাগোড়ার খাতা নেই
হদিস পাবো কি করে
পুরাতত্ত্বের স্মৃতি তে
পরিণত হয়ে গ্যাছে সম্প্রতি
অথচ এই চেনা মুখে
অনাবৃত জ্বল্ জ্বল করিতেছে
একজন কিশোরির
সেই দীপ্ত সীমন্ত

বুড়ো ঘোড়া

আমি মিলিটারির বুড়ো ঘোড়া
আমাকে ওরা বেচে দিলাম
কোনো শহরে টাঙাওয়ালা নিয়ে যাবে আমাকে
বসিয়ে দেবে
চোখের ধারে
রঙিন ঠুলি
বলবে থকরে—
আস্তে চল্ ব্যাটা
আস্তে চল্
আস্তে...

আমার শিউ নেই :

আমার শিউ ঢিউ নেই
মা আমাকে এ্যাকা ছ্যাড়ে গ্যাছে
অন্ন পানের অবসর পাই নি
আমার কোনো সহোদর জীবিত নেই
এ্যাকাই আমি
বিজ্ঞপ্তি হও.
ঘোরা ফেরা কোরি
হুকুম কোরেছে আমাকে
ধারিওয়াল কোম্পানি
আমার শিউ কিউ নেই

सरस्वति

लुनातु जनमानसाद् विमतितन्तुजालावली:
पुनातु कलकल्विषाविलमिदं महीमंडलम् ।
सरस्वति तवांध्रिपद्मयुगलं तडिद्भास्व
तनोतु सततं शुभानि, विनिहन्तु विघ्नानि नः

कुमारलीला

नमामि हरपार्वतीप्रणयपद्मकिंजल्कजं
शिशुं शरवणोद्भवं गजमुखं च सिद्धिप्रभुम् ।
यदीयहिमकन्दुकैः शिखरकोटिसंस्पर्शिभिः
शतद्रुरपि धावनेषु शिथिलादरा दृश्यते ।।

हैमी पार्वती

तारुण्यात् पूर्वमेव प्रथितविजयिनां अग्रणी: कार्तिकेय:,
स्तीक्ष्णप्रज्ञश्च विश्वे वितरति प्रतिभां वालको वारणास्यः ।
तातस्याधित्यकासु प्रमुदितवदना कान्तसांनिध्यतुष्टा
निद्रात्येषा मृड़ानी तुहिनविततिभिः प्रावृतेवाऽऽ समन्तात् ।।

शीते वितस्ता

जाड्यार्तानां सहस्रं दिशि दिशि प्रसृतं देवदारुद्रुमाणां
पांडुत्वगूवेष्टनान्तः शिथिलित दैन्यमाप्ता वनानी।
क्षुत्क्षामे शुष्ककंठे विषमतलगृहे निर्झराणां कुलेऽस्मिन्
शैत्याधिक्यप्रभावाद् विजड़ितगतिका स्विद्यतीयं वितस्ता ॥

गुरुकृपा

तंत्री वेणुः कांस्यकूटं मृदंगः
केषांचित् सा सिद्धिरभ्यासनिष्ठा
रक्षासूत्रैः किं श्लथैर्मन्त्रपूतैः
नादाम्भोधो सद्गुरुः कर्णधारः

डालराः

स्वर्णानां दाडिमानीव
डालरारः सुन्मनोहराः।
किं चित्रमभ्रगमने
यूकालिक्षापि योगिनी ॥

महामुनिः

लक्ष्मीः प्रतीक्षते विष्णुं
बहिरागन्तुमुद्यतम् ।
सागरं चुलके कृत्वा
सुखं शेते महामुनि ॥

'चिनार'-स्मृतिः

वासन्ती कनकप्रभा प्रगुणिता
पीतारुणैः पल्लवैः
हेमाम्भोजविलासविभ्रमरता
दूरे छिरेफाःकृता
यैः आखंडलकेलिकाननकथा
विस्मरिता भूतले
छायाविभ्रमतारतम्यतरलाः
तेऽमी 'चिनार' द्रुमाः ॥

तारुण्येश्लथलम्बमानशिथिले दीर्घायिते यौवने
वार्धक्ये सुचिरायिते च किमु ते स्यादशिषां राशिभिः
पीत्वर वर्षशतानि तानि चषकार्णावामृतस्यानिशं
सत्यं ब्रूहि 'चिनार', जीवति न वा कश्चिद् वयस्यस्तव:

रूपान्तर

मेघदूत

अपने कर्तव्य से भ्रष्ट एक यक्ष
पाकर वर्ष-भर का प्रिया-विरह-शाप
अलकापति धनेश्वर कुबेर से
दीन-हीन कृशकाय ओजरहित खिन्नमन
जाकर रहने लगा रामगिरि की वनस्थलियों में
छाँह थी जहाँ की स्निग्ध, शीतल, मन-भावन
जल था जहाँ का जनकलली के स्नान से पावन। पूर्वमेघ-१।

दुबली कलाइयों के खिसक पड़े कंगन
प्रिया-विरह-कातर खोया-सा रहता मन
बिता दिए कई एक महीने पहाड़ों पर
कि इतने में आ धमका
आषाढ़ का पहला दिन
लिपट गए शिखरों से घनघोर बादल
महामत्त गजराज मिट्टी के ढूहों से
भिड़े हों ज्यों सिर के बल। पूर्वमेघ-२।

देखते ही मेघ
जग पड़े चिरसुप्त अभिलाष
कथंचित् सँभलकर खड़ा हुआ यक्ष उसके सामने
रोककर नयननीर
खिन्नमन बेसुध शरीर
सोचता ही रह गया बड़ी ही देर तक

राजराजेश्वर कुबेर का अभागा अनुचर
देखकर घनघटा
व्याकुल हो उठते जब सुखी प्रेमियों के जोड़े
तो फिर उसका क्या कहना
पड़ी हो दूर देश में
गले लगने को आतुर प्रणयिनी जिसकी ? पूर्वमेघ-३ ।

सोचा बेचारे ने : निकट है सावन
कैसे सँभालेगी अपने को प्रियतमा मेरी ?
क्यों न मैं बेचारी तक इन मेघों के द्वारा
भेज दूँ अपना कुशल-समाचार ?
तत्पश्चात् निवेदित करके कुटज के टटके फूल
प्यार-भरे शब्दों में बोला विनीत यक्ष—
बन्धुवर मेघ, स्वागत हो तुम्हारा
तापतप्त जग के एकमात्र तुम हो सहारा। पूर्वमेघ-४ ।

घनश्याम जलद अहे जीवनदाता
एकमात्र तुम हो तापतप्तों के त्राता
धनपति कुबेर के कोप का हूँ शिकार
प्रेयसी तक पहुँचा दो शब्द मेरे दो-चार
हे सहृदय बन्धु, मुझ पर दया करो
यक्षों की बस्ती अलका तुम्हें जाना है
जगमगाए रहती है जिसके महलों को
उपवन-स्थित शंकर के भालचन्द्र की चाँदनी। पूर्वमेघ-६

लौ लगाए गिन रही होगी मेरे लौटने के दिन
सकुशल होगी तुम्हारी भाभी
तुम उसे देखोगे अवश्य
स-चराचर सृष्टि में अ-प्रतिहतगति हे प्रियबन्धु !

प्रेमल कुसुमसम भंगुर स्त्री-हृदय को
टिकाये रहता है विरह की अवधि में
आशा का बन्धन ही प्रायः। पूर्वमेघ-९।

पावस के प्रिय मेघ
सुन-सुनकर तुम्हारा गर्जन
उग आएँगे कुकुरमुत्तों के अँखुए
हो उठेंगे राजहंस मानसरोवर में जाने को उतावले;
चोंच में लिए
कमलनाल के टूसों की टुकड़ियाँ
उड़ते हुए जाएंगे साथ कैलाश तक ! पूर्वमेघ-११।

बता दूं पहले तुम्हें वह राह
जिधर से जाने में सुभीता होगा
पीछे सुन लेना श्रुतिमधुर सन्देशा
थको तो पहाड़ों पर सुस्ता-सुस्ता के जाना
सूखो तो झरनों का हलका पानी पी-पी के तर होना। पूर्वमेघ-१३।

तुम पर है निर्भर खेती-किसानी
ऐसा सोच-सोचकर
तुम्हारी ही ओर रहेंगे खुले एकटक
ग्रामांचलवासिनी सुहासिनी बहुओं के
नेह-छोह-भरे किन्तु तिर्छी चितवनों से कोरे नयन !
हाल की जुती सोंधीं-सोंधी उस मालवभूमि पर
मित्र मेरे, थोड़ा ही सही मगर बरसना जरूर
हर्ज क्या जरा-सा पच्छिम जाना पड़ेगा
फिर द्रुतिगति से कर लेना अपना रुख उत्तर की ओर। पूर्वमेघ-१६

फुहारें बरसाते हुए
मजे में चलते जाना
राह बताएँगे तुम्हें
कदम्ब के अर्धस्फुटित केसरों वाले—
हरे-पीले फूलों पर मँडराते भौंरे;
कछारों में अभी-अभी मुकुलित कन्दलियाँ चरते हरिण;
तीखी गन्धवाली धरती को सूँघते हाथी। पूर्वमेघ-२२

मेरा काम करने को आतुर, मीत प्यारे
पता है मुझे कि तुम रुकना नहीं चाहोगे
किन्तु कुटज-कुसुमों से सुरभित पहाड़ों पर
कैसे नहीं बिलमोगे, यह तो बताओ!
करके 'कें-कें-कें'
सजलनयन वाले मोर करेंगे स्वागत
तुम परन्तु झटपट—
आगे बढ़ जाने की कोशिश करना! पूर्वमेघ-२३।

परम प्रथित नगरी वह विदिशा…
सुलभ होंगे सभी साधन विलासिता के वहाँ
देर है पहुँचने-भर की!
बेतवा नदी के किनारे रुकना
मीठे-मीठे हौले-हौले गरजना
पीना जल उसका चपल-तरंगमय
बंकिम भ्रू वाली वनिता का अधरमधु—
पीता ज्यों रसिक नटनागर। पूर्वमेघ-२५।

जंगली नदियों के किनारे-किनारे
फैले होंगे जुही के बाग
थकावट मिटा चुको तो

ताज़ा फुहारों से उन्हें सींचते जाना
गालों क पसीने से म्लान—
लटकते होंगे उनके कानों से नील कमल
रखना ध्यान, बचे रहें घाम से
फूल चुनने वाली मालिनों के मुख;
क्षण-भर को सही परिचित हो लेना उनसे। पूर्वमेघ-२

पहुँचना अवन्ति, जहाँ गँवई पोढ़े-पुराने
सुनाते नहीं थकते उदयन की कहानियाँ!
धनधान्यपुष्ट, तुष्टजनशोभित
आकर्षित करेगी तुम्हें वह उज्जयिनी;
स्वर्गवास की अवधि समाप्त होने के पूर्व ही
शेष अल्पपुण्य के बदले कृती सज्जन
लाये साथ दिव्यलोक का यह चमकीला टुकड़ा:
ऐसा भ्रम होता, जिस नगरी को देखकर!! पूर्वमेघ-३२।

देखना भला—
ललित रमणियों के लाक्षारंजित चरण-चिह्नों
की सुषमा
थकावट मिटाना भला—
उज्जैन की कुसुम-सुरभित महलों में
सुगन्धित करके सुन्दरियों के बाल
झरोखों से निकलता होगा अगर की धूप का धुआँ
कर लेना उससे शरीर अपना पुष्ट;
बन्धु-सुलभ स्नेह से अभिभूत पालतू मयूर
देंगे तुम्हें नृत्य का उपहार। पूर्वमेघ-३६।

अड़हुल के टटके फूल की तरह
सान्ध्य लालिमा लिए हुए

छा जाना बाँहों के ऊँचे-ऊँचे पेड़ों पर
आरती के बाद,
आरम्भ होगा भगवान् पशुपतिनाथ का ताण्डव नृत्य
पूरी करना तुम आर्द्र गजचर्म ओढ़ने की उनकी
अभिलाषा पहले चकित, फिर शान्तचित्त
—देखती रहेगी तुम्हें भवानी दुर्गा
सराहेगी मन-ही-मन शिव के प्रति इस भक्ति भाव को ! पूर्वमेघ-४०।

चिर-विलास के कारण थकी हुई
प्रेयसी अपनी विद्युत् को लेकर
बिता देना किसी ऐसे मकान की छत पे रात
—सोए पड़े हों जहाँ कबूतर
फिर वहाँ से चल देना सूरज निकलते सबेरे-सवेरे
लेकर मित्रों के काम की जिम्मेवारी
ढीले नहीं पड़ते कभी भले आदमी। पूर्वमेघ-४२।

गम्भीरा नदी का जल है
चित्त की तरह प्रसन्न-निर्मल
छायामय मेघ, पड़ेंगी उसमें श्यामल प्रतिच्छवि
सहज-सलोने तुम्हारे तन की
कुमुद-धवल चपल मछलियाँ—
लोटती-पलोटतीं, किया करतीं किलोल
वस्तुतः यही तो तुम्हारी उस प्रेयसी की होंगी
शोख चितवनें
आसान नहीं होगा उनकी उपेक्षा करना। पूर्वमेघ-४४।

अपना रुख करना तब देवगिरि की ओर
बहती होगी नीचे ठण्डी-ठण्डी हवा—
फुहारों से उच्छ्वसित धरती की ताजी-सोंधी

वास लिए,
उठाकर सूंड़ पी रहे होंगे वही हवा हाथी
हल्की-हल्की चिंघाड़ भर रही होगी दिशाओं में
मादक सिहरन
पक रहे होंगे जंगली गूलर
--पा पाकर जादुई परस उसी बयार की। पूर्वमेघ ४६।

विष्णु की कान्ति के चोर हे प्रिय बन्धु
चम्बल नदी में उतरोगे जब तुम पानी लेने
पतला-पतला-सा लगेगा उसका मोटा प्रवाह
देख-देख के उस दृश्य की ओर ऊपर से
देवयोनि के गगन विहारी जीव
बताऊँ, क्या समझेंगे तुम दोनों को ?
धरती के वक्षस्थल पर
लम्बी-पतली लड़ी मोतियों की पड़ी है एक
बीचा में गुंथा है स्थूलतम दाना नीलमणि का···। पूर्वमेघ-५०।

छायामात्र से ब्रह्मावर्त को अनुगृहीत करके
कुरुक्षेत्र जाना
जूझे थे, हुए थे ढेर लाखों-लाख क्षत्रिय···
इस तथ्य का साक्षी···
कौरव-पाण्डव दलों का परम प्रथित युद्धस्थल !
छिन्न-भिन्न कर डाले राजपुत्रों के मुख
गाण्डीवी अर्जुन ने तीखे शरों की अभिवृष्टि से
करते हो कमलों का वही हाल
भारी बौछारों से तुम भी तो ! पूर्वमेघ-५२।

आगे पड़ेगा कनखल
नीचे उतरती जहाँ गंगा जन्हुनंदिनी

शैलराज हिमालय की तलहटी छोड़कर
अभिशप्त सगरपुत्रों के स्वर्ग-गमन निमित्त
बना दी थी उसने सीढ़ियों की कतार
सौतिया डाह के कारण गौरी
मुंह चिढ़ाती रही, करती रही भ्रूभंग
मगर गंगा ही कहाँ की कम थी !
छोड़-छोड़कर ढेरों झाग करती रही गौरी का
परिहास
भालचन्द्रस्पर्शी तरंग-हाथों से
पकड़ लिए आखिर उसने शिव के वाल। पूर्वमेघ-५४

हवा चलने पर
परस्पर यदि रगड़ खा जायँ सरल-द्रुम
हो उठें गरम; चिनगारियाँ निकाले
फैल जाए यदि देवदारुवन में अग्नि विकराल
जल उठें यदि चमरी गायों के झबरीले बाल
तो तुम मूसलधार अपनी सौ-सौ बौछारों से
प्रशमित कर देना वह दावानल
करती ही आई है काम दीन-दुखमोचन का
भलों की सम्पदा ! पूर्वमेघ ५७ !

मीठे-मीठे बज रहे होंगे
पवन-पूरित स-छिद्र जंगली बाँस
गा रही होंगी हिल-मिल के किन्नरियाँ
त्रिपुरासुर-विजय के गीत;
पूर्ण हो जाएगा संगीत का आयोजन
गर्जन तुम्हारा यदि हो उठे प्रतिध्वनित
ठीक उसी वक्त गुफाओं के अन्दर। पूर्वमेघ-६०।

हिमालय के कंगूरों से गुज़रते हुए
देखते हुए उसकी खूबियाँ
पहुंचना उस सँकरी घाटी के निकट
कहते हैं जिसे क्रौंच द्वार—
भृगुपति परशराम ने करके छेद
जिसमें से निज कीर्ति को बढ़ा लिया था आगे ।
तुम भी बढ़ना आगे उत्तर की ओर
उसी क्रौंचरन्ध्र में से होकर
दीखेगी उस समय तुम्हारी आकृति तिर्छी-लम्बी
राजा बलि को अनुशासित करते समय
तिर्छे-लम्बे ऊपर उठे साँवले पैर की तरह
वामनरूपधारी विष्णु के ! पूर्वमेघ-६१ ।

हाथी-दाँत के ताज़ा-ताज़ा तराशे हुए टुकड़े की तरह
गोरा है कैलाश !
भली-भाँति वने काजल की तरह
तुम हो चिकने-काले
बताऊँ, सटोगे उससे तो कैसे लगोगे ?
पड़ी हो नीली चादर ज्यों गौरांग बलदेव के कन्धों पर
साँवले-सलोने प्रिय मित्र मेघ
दीखोगे उसी तरह धवलगिरि पर—
ठगी-पगी आँखों से एकटक देखने लायक ! पूर्वमेघ-६३

प्रियतम की गोद में प्रेयसी की तरह
कैलाश की गोद में शोभित है अलका नगरी···
नीचे खिसकी जा रही गंगा, शाल-समान !
हो नहीं सकता कि तुम पहचानो न अलका को···
ऊँचे भवनों वाली उस नगरी पर
छाए ही रहते हैं वरसते वादल तुम्हारे मौसम में
कि मोतियों की झालरें ज्यों
कामिनी के कुन्तलकलाप पर ! पूर्वमेघ-६७ ।

खिले-अधखिले फूलों से
लदे रहते हैं सदा ही पेड़
सुनाई पड़ती है मदमस्त भौंरों की गुंजन हमेशा
घेरे रहती हैं हंस की पाँतें
बावड़ियों में सदाबहार कमलों की
जगमग-पंख उन्नत-शिर पालतू मोर
बोलते रहते हैं दिन-रात
रातों पर करती है पोंची पै पोंची—
महीने में तीसो दिन अँजोरिया। उत्तरमेघ-३।

आनन्द के कारण ही
सजल हो आती हैं आँखें,
अन्यथा देख नहीं पाओगे आँसू
लगते कामदेव के तीर बस तभी पैदा होती है जलन
—जिसका प्रतिकार है इच्छित-जन-समागम !
करते हैं चुहलबाज आपस में प्यार के झगड़े···
बिछुड़ते हैं जान-बूझकर; यही बस बिछोह है
उनके यहाँ !
बचपन न बुढ़ापा, जवानी-ही-जवानी होती है
समूची आयु !
धनपति यक्षों का कुछ ऐसा ही होता है अनोखा संसार···। उत्तरमेघ

रात के वक्त, प्रेमी-जनों के पास जाती हैं प्रेयसियाँ
बिजली की फुर्ती से उठते हैं पैर
खिसक-खिसक पड़ते हैं पथ पर
अलकावली—गुम्फित फूल
कानों से गिर-गिर पड़ते—
छिदी-भिदी पंखुड़ियों वाले स्वर्ण कमल
बिखरे रहते हैं मोती उभरी छातियों के दबाव से
टूटे हार
अगले सबेरे सूचित हो जाता है इस प्रकार
सुन्दरियों के निशाविहार का मार्ग। उत्तरमेघ-११।

अलका की उसी मनोरम नगरी में
दूर से ही दिखाई देगा मेरा मकान तुम्हें—
कुबेर के राजकीय प्रासादों से ज़रा हटकर,
उत्तर की तरफ।
इन्द्रधनु-तुल्य सतरंगी तोरण के कारण
आसान होगी उसकी पहचान
पास ही लहराता है तरुण मन्दार तरु
मेरी प्रेयसी द्वारा सन्तान की भाँति लालित-पालित
खड़े-खड़े छू लेगा कोई भी फुनगी पर का पल्लव। उत्तरमेघ-१५।

मित्रवर मेघ !
इन निशानों को भलीभाँति रखना याद
इन्हीं के सहारे पहचान लोगे तुम मेरा मकान
एक ओर शंख, दूसरी ओर अंकित है पद्म···
देख लेना द्वार···
चारों ओर छा रही होगी
मेरे अभाव में अभी वहाँ उदासी;
सूर्य न हो तो खो बैठता है कमल
अपनी स्वाभाविक शोभा ! उत्तरमेघ-२०।

फिर पीछे उतर आना नीचे
धारण कर लेना तरुण हाथों की भूमिका
बैठ जाना क्रीड़ा-पर्वत के सुभग शिखर पर
वहाँ बैठे-बैठे
हमारे घर के अन्दर
हौले-हौले फेंकना बिजली की निगाहें
जुगनुओं की जगमगाहट की तरह। उत्तरमेघ-२१।

गोरी छरहरी…
सम स्निग्ध सुकान्त सुपंक्ति दाँतों वाली
बिम्ब के पके फलों जैसे होंगे लाल-कोमल रसीले होंठ
चौंकी हिरनी की-सी होंगी आँखें
कमर होगी बेहद पतली
गहरी होगी नाभि
चाल को नियन्त्रित करता होगा नितम्बों का बोझ
तनिक-सी झुकी होगी स्तनों की उभार के कारण…

हमारे घर के भीतर
बहुत सारी युवतियों के बीच जो कोई हो ऐसी
विधाता की सर्वप्रथम कृति-सी
समझ लेना, बस वही है दूसरी मेरी जान
सहचर के अभाव में कम बोलने वाली चकई
बहुतों के नीच भी अकेली
बड़ी ही बेचैनी से काट रही होगी वियोग के ये दिन
दिखाई देती होगी
शिशिर ऋतु में पालों से बर्बाद कमलिनी की तरह
या ऐसी ही किसी दूसरी वस्तु-सी लगती होगी ! उत्तरमेघ-२२-२३ ।

ज़ोर की रुलाइयों से सूज आई होंगी आँखें
गरम-गरम साँसों से फीके पड़ गए होंगे होंठ
हथेली पर रखा होगा गाल
समूचा नहीं दीखता होगा मुख
क्योंकि आते होंगे सामने फिर-फिर सूखे-लम्बे बाल
हाय ! तुम करते हो पीछा तो चाँद का भी
होता है यही हाल। उत्तरमेघ-२४।

बताऊँ मित्र, तुम्हें वह क्या करती मिलेगी
सजा रही होगी देव-देवियों के निमित्त नैवेद्य
या कि रही होगी आँक कल्पना प्रसूत विरह-खिन्न
मेरा यह शरीर

या कि रही होगी पूछ पिंजड़े में टँगी मिठबोली मैना से...
बोल री गुनवन्ती बोल, आते भी हैं वह तुम्हें याद ?
तू तो उन्हें जान से प्यारी थी !
या कि गोद में बीन लिए मलिन वसना बेचारी
गाने ही वाली होगी मेरे नाम के गीत
आँसुओं से भींग-भींग जाते होंगे तार
कस रही होगी इन्हें बार-बार
रह-रह के भूलती होगी अपने ही स्वरों के चढ़ाव-उतार
या कि देहरी पर बैठी होगी, पड़े होंगे सामने फूल
उन्हीं के सहारे गिन रही होगी
विरह की अवधि के बाकी महीने
या फिर बिताए दिनों के सम्पर्क-सुख की
अनुभूतियों का ले रही होगी मन-ही-मन स्वाद
प्रीतम से बिछुड़ी प्यारी के यही तो होते हैं
विनोद के साधन। उत्तरमेघ-२५ से २७।

बिछोह की शुरुआत के दिन
माला खोलाकर बाँध ली थी उसने इकहरी चोटी
श्राप की अवधि का होगा अन्त
तब प्रसन्नतापूर्वक मैं ही उस चोटी को सँवारूँगा
अभी तो हो गई होगी रूखी, कड़ी, विषम
गालों प' बार-बार छितरा जाती होगी
सँभालती होगी कैसे उसे प्रियतमा मेरी
नाखूनी उँगलियों वाले हाथ से ?। उत्तरमेघ ३४।

आभूषणशून्य कोमल शरीर को
सँभाले होगी जैसे-तैसे
बिस्तरे पर मुश्किल से पड़ी, अतिशय दुर्बल।
अपनी इस दुर्दशा से
बिना रुलाये न रहेगी वह तुम्हें भी
टपकेंगी नए पानी की बूंदें आँसू होकर

हुआ ही करते हैं करुण प्रकृति के व्यक्ति
भीगी अन्तरात्मा वाले। उत्तरमेघ ३५।

सामने हिल रही होंगी लटें
काजल के अभाव में आया होगा निखर रूखापन
भूल गई होगी भौंहें चलाना
—मुद्दत से मदिरा न पीने के कारण।
पाकर तुम्हें निकट, फड़क उठेंगी ऊपर की ओर
मृगनयनी की आँखें···
पाकर मछली की चाल हिल उठें जैसे नील कमल
वैसा ही लगेंगी उस वक्त मेरी प्रेयसी की आँखें। उत्तरमेघ ३७।

लगने देना उसकी देह में फुहारों से ठण्डी अपनी बयार,
खुलने देना पलकों को अपने-आप।
मालती की अभिनव कलियों के समान
कोमल-कमनीय है मेरी प्रेयसी के अंग
उनमें तुम धीरे-धीरे स्पन्दन भरना।
झरोखे पर बैठे होगे तुम,
एकटक निगाहों से तुम्हारी तरफ देखती वह होगी;
ध्यान रहे, उस वक्त कौंध न जाए कहीं बिजली।
मानमयी मेरी प्रियतमा से
मृदु-मधुर गर्जनों में कहना—
"सुहागिन तुम्हारे पति का प्रिय मित्र मैं हूँ
मेघ, वरिवाहन···
हृदय में निधि की तरह सम्हालकर लाया हूँ
सन्देश यहाँ।
राह में सुस्ताते होते हैं प्रवासी पथिकों के गिरोह,
मन्द-मधुर-स्निग्ध अपनी ध्वनियों से
भरा करता हूँ मैं उनके अन्दर लौटने की
उतावली"। उत्तरमेघ ४०-४१।

इतना सुनते ही खिल पड़ेगी,
मुंह उठा के ऊपर निहारने लगेगी,
मन-ही-मन करेगी सत्कार तुम्हारा,
उत्कण्ठित-हृदया प्रेयसी मेरी
सुनकर पवन-पुत्र से पति के सन्देश का प्रथम पद
हो उठी थी जिस प्रकार उच्छ्वसित-उन्मुख
वियोगिनी मैथिल-कन्या सीता।
इसके बाद सुनेगी आगे का सन्देश
होकर अति सावधान
तुम्हारे मुंह से मेरे मेघ, भद्रकान्त !
सखा के मुख से प्राप्त कुशल-समाचार पति का
तनिक ही कम होता साक्षात् मिलन की अपेक्षा
सुहागिनों के लेखे। उत्तरमेघ-४२।

कहना—
निरुपाय पड़ा है दूर—बहुत दूर तुम्हारा प्रीतम,
बैरी विधाता रोके बैठे हैं लौटने की उसकी राह।
मनोरथों के द्वारा पहुंचता रहता है फिर भी—
तुम तक।
दुबलापन, जलन, लगातार बहते हुए आंसू,
गरम-गरम सांसें, मिलने की आकुलता···
यह सब किधर थोड़े हैं, किधर अधिक—
महा कठिन है समझना !
पा लेता है वह तो भी तुम्हारे दुख की बहुत कुछ थाह
करके अनुभव अपने तन-मन की दुःस्थिति का। उत्तरमेघ-४४।

कहलवाया है—
सिलेटी पत्थर पर गेरु आदि से
करता हूं तैयार आंक-आंक के
प्यार में रूठी हुई आकृति तुम्हारी।
फिर मनाने के निमित्त

तुम्हारे पैरों पर गिरते हुए
दिखाना चाहता हूँ अपने को उसी में।
कि इतने में उमड़ आते हैं अपरिमित आँसू,
लुप्त हो जाती है दृष्टि की क्षमता,
कर सकता सहन नहीं निठुर विधाता
इस प्रकार भी हमारा मिलना-जुलना। उत्तरमेघ-४७।

कहलवाया है—
झटके से तोड़कर देवदार के टटके टूसे
लेकर उनके रस का सौरभ
आता ही रहता है दक्षिण की ओर हिमालय का
शीतल समीर
लगा लिया करता हूँ मैं उसे वक्ष से, प्यारी!
यही समझकर कि आए होंगे देह छूकर तुम्हारी! उत्तरमेघ-५०।

कहलवाया है—
आगे-पीछे बहुत-कुछ सोच-विचारकर
स्वयं ही मैं लेता हूँ थाम अपने आपको।
सो, तुम भी होना मत बे-सम्हाल मेरी सुहागिन!
कौन है, जिसको सुख-ही-सुख मिला सदैव?
कौन है, जिसको दुख-ही-दुख मिला सदैव?
नीचे-ऊपर होते ही रहते हैं ये
पहिए के धुरी के समान। उत्तरमेघ-५२।

कहलवाया है—
पहचान की इन बातों से समझ लेना कि मैं कुशल हूँ,

अफवाहों की ओर लगाना मत कान
शक न करना, भरोसा रखना
चंचल नयनों वाली मेरी प्यारी !
व्यर्थ ही कहते हैं लोग कि विरह में मर जाता है प्रेम
वस्तुत: मिलती नहीं जब मन चाही चीज
बहुत बढ़ जाती है उसे पाने की प्यास ।
इकट्ठा हो जाता है फिर ढेर-सा प्यार :
विरह की स्थिति में प्रेम बढ़ता ही जाता है इस
प्रकार । उत्तरमेघ-५५ ।

प्रिय भाई,
मेरा यह काम पूरा करोगे न ?
आखिर, तुमने इस बारे में क्या तय किया ?
रहने दो अपार आस्था है मुझे तुम पर ।
समझता हूँ मैं तुम्हारे मौन का तात्पर्य
'हाँ' या 'हुँ' करो, तभी तसल्ली होगी···
ऐसी कोई बात नहीं ।
जानता हूँ, तुम्हीं हो कि माँगने पर
दिया करते हो चुपचाप चातकों को पानी ।
मालूम हो जाने पर चुपके से कर देते हैं काम—
याचकों के प्रति यही जवाब हुआ करता है
सज्जनों का । उत्तरमेघ-५७ ।

मित्रवर मेघ !
तुम्हारे योग्य नहीं है यह काम
क्षमा करना बहुत बड़ी ढिठाई की मैंने ।
मित्र हूँ, विरही हूँ, दया का पात्र हूँ···
चाहे कुछ भी समझो !
मान लेना मेरी प्रार्थना,
कर देना काम पूरा ।